目录
MU LU

第一章　美术和儿童美术 / 1
第一节　美术 / 5
第二节　儿童美术 / 12
第三节　儿童美术与儿童心理 / 15

第二章　儿童美术的发展 / 21
第一节　儿童美术的发展过程 / 23
第二节　儿童美术的特征和表现方式 / 34

第三章　学前儿童美术能力的发展阶段与特点 / 49
第一节　儿童绘画能力的发展 / 53
第二节　儿童手工制作能力的发展 / 66
第三节　儿童美术欣赏能力的发展 / 70

第四章　学前儿童美术教育的含义与发展 / 77
第一节　学前儿童美术教育的含义 / 81
第二节　学前儿童美术教育发展概述 / 86

第五章　学前儿童美术教育的目的论 / 95

第一节　关于学前儿童美术教育目的的几种主要理论 / 99
第二节　学前儿童美术教育的功能与目的 / 105

第六章　学前儿童美术教育活动的目标和内容 / 109

第一节　学前儿童美术教育活动目标的取向及制定依据 / 113
第二节　学前儿童美术教育的目标体系 / 116
第三节　学前儿童美术教育的内容 / 124

第七章　学前儿童美术教育的途径和方法 / 137

第一节　学前儿童美术教育的途径 / 141
第二节　学前儿童美术教学方法 / 149

第八章　学前儿童美术教育活动设计和实施 / 161

第一节　单一学科的美术教育活动 / 165
第二节　主题活动中的美术教育活动 / 175
第三节　区角活动中的美术教育活动 / 180

第九章　美术教育与其他教育的整合 / 191

第一节　美术教育与音乐教育的整合 / 196
第二节　美术教育与科学教育的整合 / 200
第三节　美术教育与语言教育的整合 / 205
第四节　美术教育与健康教育的整合 / 221
第五节　美术教育与社会教育的整合 / 226

教师教育精品教材·学前教育专业系列

学前儿童美术教育与活动指导

林琳 朱家雄 ◎ 编著

| 第 4 版 |

华东师范大学出版社
·上海·

图书在版编目(CIP)数据

学前儿童美术教育与活动指导/林琳,朱家雄编著.—4版.—上海:华东师范大学出版社,2022
学前教育专业系列教材
ISBN 978-7-5760-2454-8

Ⅰ.①学… Ⅱ.①林…②朱… Ⅲ.①学前教育-美术教育-高等学校-教材 Ⅳ.①G613.6

中国版本图书馆CIP数据核字(2022)第033384号

学前教育专业系列教材
学前儿童美术教育与活动指导(第4版)

编　　著	林　琳　朱家雄
责任编辑	余思洋
特约审读	劳律嘉
责任校对	丁　莹　时东明
版式设计	俞　越
封面设计	庄玉侠

出版发行	华东师范大学出版社
社　　址	上海市中山北路3663号　邮编 200062
网　　址	www.ecnupress.com.cn
电　　话	021-60821666　行政传真 021-62572105
客服电话	021-62865537　门市(邮购)电话 021-62869887
地　　址	上海市中山北路3663号华东师范大学校内先锋路口
网　　店	http://hdsdcbs.tmall.com
印刷者	上海景条印刷有限公司
开　　本	787毫米×1092毫米　1/16
印　　张	17.75
字　　数	375千字
版　　次	2022年6月第4版
印　　次	2025年7月第5次
书　　号	ISBN 978-7-5760-2454-8
定　　价	49.00元

出版人　王　焰

(如发现本版图书有印订质量问题,请寄回本社客服中心调换或电话021-62865537联系)

第十章 学前儿童美术教育评价 / 231

第一节 学前儿童美术教育评价的目的和原则 / 235
第二节 学前儿童美术教育评价的内容和标准 / 236
第三节 学前儿童美术教育评价的设计举例 / 246

附录 幼儿园美术教育活动设计案例 / 250

参考文献 / 273

后记 / 277

第一章 美术和儿童美术

知识要点

- 美术的起源和发展
- 美术的本质
- 美术的特征
- 儿童美术的特点
- 儿童美术与儿童心理

思维导图

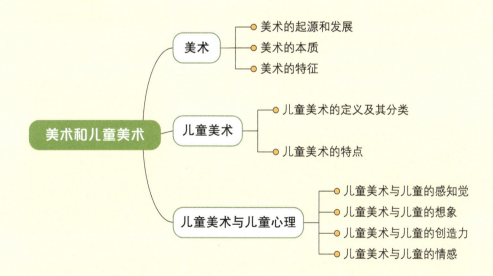

> **内容导入**

美术是一种基本的人类行为,是人类用于获得想象形式、美化环境的基本方法。人类活动的最早的证据是用视觉形式记录的。由此可见,人们创造和运用美术来表达感情、交流观念。

一、美术的起源和特点

关于美术起源的问题,历代的哲学家、美学家和文艺理论家们分别从理论上进行了不懈的探索,产生了许多不同的体系,形成了种种不同的解释,其中影响较大的主要有以下几种:模仿说、游戏说、巫术说、表现说。这些学说可以帮助我们从不同方面了解原始艺术的起源及其原因。作为美术的起源,它们虽然与儿童的美术在本质上有所不同,但在发生动因及其表现形态方面却有不少相似之处。因此,了解人类美术的发生对我们正确地认识和理解儿童的美术活动具有借鉴作用。

同时,作为艺术的一大门类,美术具有与其他艺术形式不同的特征,主要可概括为视觉形象性、瞬间性和永固性等基本特征。

二、儿童美术及其特征

儿童美术指的是儿童所从事的造型艺术活动,它反映了儿童对周围世界的认识、情感和思想。儿童美术是儿童把握世界的一种方式,也是他们进行情感表达与交流的工具。

儿童美术具有以下一些本质特征:美术是其发展的一种表现;美术是其自我表现的一种方式;美术是其探索美术媒介,并使自我得以肯定的一条途径;美术是对其实施审美教育的一条重要途径。

三、儿童美术与儿童心理

儿童美术是随着儿童身心的发展而产生并持续发展的,与儿童的感知觉、想象、思维、情感等有着密切的关系,同时也受到生活经验、环境的影响。

（一）儿童美术与儿童的感知觉

感知能力是人类存在和发展的基本能力。每个人情感的生成、智慧的发展,都是建立在基本感知能力的基础之上的,而在人的感知系统中,尤以视觉的作用最为显著。美术活动有助于培养儿童感知觉的灵敏度、活跃性,能激发儿童对生命特有形式的感受能力,从而强化儿童对事物的感知,培养敏锐的审美感知能力。

（二）儿童美术与儿童的想象

一般来说,儿童的想象仍然是以再造想象占主导地位。因此,在儿童的绘画作品中模仿的成分较大,创造的成分还很有限。但是,不管怎样,正如爱因斯坦所说:"想象力比知识更重要,因为知识是有限的,而想象力概括着世界上的一切。"儿童画是儿童心灵的写照,充满了想象和创造。儿童画不仅反映了儿童眼中的世界,也反映了儿童心中的世界。

（三）儿童美术与儿童的创造力

对儿童而言,其创造力显然是与他们所进行的活动密不可分的。由于在不同的年龄阶段,儿童活动的方式和内容不同,因此其创造力的表现也随之发生变化。儿童有限的知识经验和能力水平决定了学前儿童只能进行直观的、具体的、形象的创造。这种创造大多脱离现实,带有很大的夸张成分,不符合逻辑规范和规则。但正是在这种不受规范、习惯的限制和制约的创造活动中,儿童才能自然地、真实地表达自我,从而使美术作品中具有更多的自在性、生动性和独特性。

（四）儿童美术与儿童的情感

美术是儿童表现自我、抒发情绪和情感的一条重要途径,也是外化儿童情感最直接和最有效的方式之一。儿童可借由线条、形象和色彩,直接地表达自己的喜怒哀乐。美感是儿童高级情感中的一种,是人对事物审美的体验,也是根据一定的美的评价而产生的。儿童对美的体验,有一个逐步发展的过程。

教与学的建议

1. 建议学生在课后去博物馆参观有关陶器、青铜器的展览,教师可以指导学生通过这些文物了解美术的起源和发展,更直观地体会中国文化艺术的源远流长。

2. 教师可以引导学生收集儿童的绘画作品,从中分析儿童的感知、想象、创造力和情感等在绘画作品中的反映。

第一节 美 术

一、美术的起源和发展

美术是一种基本的人类行为，是人类用于获得想象形式、美化环境的基本方法。人类活动的最早的证据是用视觉形式记录的。由此可见，人们创造和运用美术以表达感情、交流观念。

"美术"一词源于古罗马的拉丁文"art"，泛指各种工艺美术以及文学、戏剧、音乐等，广义的概念还包括拳术、魔术、医学等。在欧美拉丁语系国家中，"art"既作"艺术"解，又有"美术"解。《中国美术名作鉴赏辞典》中这样写道："中国美术博大精深，气象万千，其由绘画、雕塑、工艺、书法篆刻、建筑等构成一个有机整体，这个体系有着与西方明显不同的艺术特点和审美价值。"

谈到美术，我们自然就会面对这样一个问题：什么是美？美一般是指"某一事物引起人们愉悦情感的一种属性"。汉字"美"是由"羊"和"大"所组成的，由此而延伸出其美的含义。各个时代或者民族对于美的定义是不同的，但都表示漂亮、好看的意思。美是具体事物的组成部分，是具体环境、现象、事情、行为、物体对人类的生存发展具有的特殊性能、正面意义和正向价值，是人们在密切接触具体事物，受其刺激和影响产生了愉悦和满足的美好感觉后，从具体事物中分解和抽取出来的有别于丑的相对抽象的事物或实体。美术作为艺术的一个分支，也称造型艺术、视觉艺术或空间艺术，是运用一定的物质材料（如绘画用颜料、纸、布、绢；雕塑用木、石、泥、铜等）和手段，通过自己独特的艺术语言（如线条、形体、色彩等）塑造的静态的、在一定范围内展现的视觉形象，表达作者对客观世界中具体事物的情感和美化生活的一种艺术形式。

（一）美术起源的理论

关于美术起源的问题，历代的哲学家、美学家和文艺理论家们分别从理论上进行了不懈的探索，产生了许多不同的体系，形成了种种不同的解释，其中影响较大的主要有以下几种。

1. 模仿说

这是一种关于美术起源问题的最古老的理论，是古希腊哲学家德谟克利特在他的《著作残篇》中提出的。之后，亚里士多德认为："艺术模仿的对象是实实在在的现实世界，艺术不仅反映事物的外观形态，而且反映事物的内在规律和本质，艺术创造靠模仿能力，而模仿能力是人从孩提时就有的天性和本能。"在古希腊哲学家之后的达·芬奇、狄德罗、车尔尼雪夫斯基等人都不同程度地继承和发展了这一学说,这种理论直到19世纪末仍然具有极大的影响。通过观察一些古代洞穴中的壁画,我们可以清晰地看到,人类对自然环境的最初模仿是大部分原始美术创作的基本方法。

今天,坚持模仿说作为美术起源的动力的美学家已经不多了。但模仿说仍有其一定的价值,它揭示了人类一种比较原始的心理倾向,这种倾向与美术是相通的。一方面,对客观事物的模仿也是一种对事物的把握方式,它使人从中看到自己的智慧和能力,从而引起心理上的快乐和满足。另一方面,原始美术本身(如史前洞穴壁画上的动物轮廓)无疑是由模仿得来的,模仿即便不是动因,至少也是一种必不可少的手段。从我们今天所发现的原始美术作品中可以看出,模仿是大部分原始美术创作和制作的主要方法,而其他诸如表现和象征的方法也都是从模仿中发展演变而来的。

2. 游戏说

德国美学家席勒在《美育书简》中,通过对游戏与审美自由之间的比较研究,首先提出了美术起源于游戏的观点。席勒认为,审美发生的真正动力是以外观为目的的游戏冲动,它既是人的感性冲动与理性冲动的辩证统一,也是人类脱离动物界的标志。"野蛮人以什么来宣布他达到的人性呢?不论我们深入多么远,这种现象在摆脱了动物状态的奴役作用的一切民族中间总是一样的:对外观的喜悦,对装饰和游戏的爱好。"①在《美育书简》的第27封信中,席勒还把游戏冲动视为一个从低级状态向高级形式发展进化的序列。

席勒的游戏说强调了游戏的冲动、审美自由和人性完善之间的重要联系,对于我们理解原始美术的审美发生具有重要价值。他的游戏论中关于动物过剩精力的发泄与游戏之间关系的论述,对于我们从生物学的角度探讨人的本能冲动和需要对美术发生的作用也有启发。但是,从动物的游戏冲动、过剩精力的发泄,发展到人类喜爱外观装饰的审美自由的游戏冲动的过程中,仅凭游戏活动本身是不可能产生人类社会的美术的,它应另有动力和根源,那就是人类的劳动实践。发展席勒游戏说的是英国学者斯宾塞,人们因此把游戏说称之为"席勒—斯宾塞理论"。斯宾塞同席勒一样,也认为游戏是过剩精力的发泄,它虽然没有什么直接的实用价值,但却因有助于游戏者器官间的联系而具有生物学上的意义。所以,游戏冲动也有益于个体和整个民族的生存。斯宾塞认为游戏在这一点上与艺术有同样的价值。

在席勒和斯宾塞之后,仍有一些学者从游戏角度研究美术的发生。但研究的问题已集中到游戏的根源方面。如德国美学家卡尔·格罗斯就否认游戏是过剩精力发泄的观点。他从个体发生学的立场出发,认为幼小动物和儿童的游戏活动并不是以过剩精力为根本条件的,因为他们在筋疲力尽后只要稍加休息,就又可游戏起来。所以,他认为游戏的真正根源

---

① [德]席勒.美育书简(第26封信)[M]//古典文艺理论译丛编辑委员会.古典文艺理论译丛(五).北京:人民文学出版社,1963.

是儿童为了未来的生活需要而做的准备活动,它先于儿童未来的生活,而又从美术发生的动力来看,游戏也确实是一个重要的因素,但把美术看成是脱离社会实践的绝对自由的娱乐性活动,且偏重从生物学的意义上来看待美术的起因,则过分强调了美术与功利的对立,有绝对化和片面性的弊病。

3. 巫术说

与游戏说不同,巫术说是在直接研究原始美术作品与原始宗教巫术活动之间关系的基础上提出来的,所以,在西方艺术起源的理论中,成为了最有影响力的一种观点。巫术说的代表人物有泰勒、弗雷泽、雷纳克等。英国人类学家泰勒认为:"野蛮人的世界观就是给一切现象凭空加上无所不在的人格化的神灵以任性作用。……古代的野蛮人让这些幻想来塞满自己的住宅、周围的环境、广大的地面和天空。"[①]他用实用性来解释美术的起源,认为在原始人心目中,最初的美术具有极大的实用功利价值。按照这种理论,原始人所描绘的史前洞穴中虽然有许多在我们今天看来是美丽的动物形象,但当时却是出于一种与审美无关的动机,即巫术的动机。如这些壁画所处的位置之所以在洞穴中最黑暗和难以接近的地方,是因为这些壁画本身不是为了欣赏而制作的,而是史前人类企图以巫术为手段来促使动物繁殖或保证狩猎成功的。还有一些动物身上画有或刻有被利器、棍棒刺中和打过的痕迹,这是因为原始部落存在着一种交感巫术,原始人认为任何事物的形象与实际对应的事物都有一种内在的联系,如果对事物的形象施加影响,实际上也就是对这个事物本身施加影响,如在动物身上画上伤痕也就意味着他们在实际的狩猎中可以顺利地打到猎物。原始壁画中这些被人为伤害的动物形象,是支持美术起源于巫术学说的有力证据之一。现存于澳洲等地的岩画也能证明这种巫术目的的存在。

巫术说对于我们理解原始美术发生的动力,以及它在当时历史条件下非审美的性质具有重大意义。但巫术论者把精神动机视为原始美术发生的唯一动力,忽略了隐藏在精神动机背后的动因,即人类的物质生产活动,因而也不能完满地解释原始美术发生的真正原因。

4. 表现说

这种学说认为美术起源于人类表现和情感交流的需要。情感表现是美术最主要的功能,也是美术发生的主要动因。持此理论的主要有英国诗人雪莱、俄国文学家托尔斯泰,还有一些欧美的现当代美学家。在这种学说看来,原始人所有的美术只有一个最主要的推动力,那就是他们通过各种美术来表达他们的情感,从而促成了美术的发生和发展。如托尔斯泰认为:"艺术起源于一个人为了要把自己体验过的感情传达给别人,于是在自己心里重新唤起这种感情,并用某种外在的标志表达出来。"这些外在标志就是用动作、线条、色彩、声音以及言词所表达的美术形象,通过这些美术形象的传达,使别人也能体验到同样的感情。如

---

① 转引自:朱狄.艺术的起源[M].北京:中国社会科学出版社,1982:131.

此，作者所体验到的感情便感染了观众或听众，这就是美术活动。

如果说科学主要是与理性、认知相联系的话，美术则更多的是和感性、情感等联系在一起。表现和交流情感的确是美术的一个重要特征，因此表现情感也是推动美术发生和发展的重要心理动力。但是人类表达情感的方式是多样的，如语言、表情都能表达情感，而且美术也不仅仅是表达情感的工具，因此这一学说并不能完全说明美术起源的全部原因。

关于美术起源的学说，无论是模仿说、游戏说、巫术说，还是表现说，都可以帮助我们从不同方面了解原始美术的起源及其原因。原始美术与儿童的美术虽然有本质的不同，但它们在发生动因及其表现形态方面却有不少相似之处，因此，了解人类美术的发生对我们正确地认识和理解儿童的美术活动具有借鉴作用。

（二）美术的发展

与美术的起源相同，美术的发展与人类历史的发展是同步的。人类发展最重要的是生产力的发展。劳动是与人类生存最密切的活动，劳动使人的手、眼、脑协调发展，从而为美术活动提供了必要的生理基础。劳动离不开工具，制造工具的同时又孕育了美术的造型活动。大约五万年前，经"早期智人"加工过的石斧，可以说是最原始的劳动工具，也是最能体现原始审美意识的工艺美术品。这把石斧虽然抽象混沌，但却融合了生产工具的功能性和合乎实用要求的形式美感。就此，人们关于形式和功能关系的意识以及创造活动也逐渐发展起来了。创造活动的本身给人们带来了各种愉悦，是从物质上升到精神的一种活动。

人类社会还处在原始社会时就已产生了原始美术。最初，在强大的自然力面前感到自己软弱无力时，原始人便转向对外部力量的依赖和祈求，由此产生了原始的宗教。原始宗教利用了造型艺术特有的形象性，把造型艺术品作为祖先灵魂、神灵、动物灵魂的寓所和化身，成为祖先崇拜、灵魂崇拜、图腾崇拜的直接对象，为求种族兴旺、生活物品的丰饶富足或消灭灾祸而顶礼膜拜，于是美术作品成为了崇拜对象的替代物。

除了宗教崇拜以外，原始人为了记录重大事件、悼念亡灵、传递信息、抒发情感，也在艺术中找到了理想的表达形式。随着生产力的发展，人与人之间的交往越来越广泛，在尚未创造出文字的情况下，造型艺术，特别是绘画，便以其生动的形象性，成为人们交往的有效手段。它具有语言所没有的记录功能。象形文字就是从原始的图形记录中逐步演变发展而来的。

在现已发现的人类最早的美术遗产中，最重要的是旧石器时代晚期人类的一些装饰品，如我国现已发现的"山顶洞人"佩戴过的石珠、穿孔砾石、鹿牙、鱼骨、骨管等装饰品。原始人类还用赤铁矿做颜料，把装饰品染成红色。这些都足见原始人对美的追求和创造才能。到了新石器时代早期，居住在我国黄河流域的原始人类就制作了绘画、雕塑等艺术品。那时人们的艺术活动和生产劳动有着密切联系，艺术兴趣表现在对物质产品的艺术加工上。最有代表性的是画在彩陶上的各种图案，其中最著名的就是西安半坡遗址出土的鱼纹彩陶盆。

被认为是人类最早的美术遗产的还有欧洲发现的洞穴壁画和一些小型雕刻。最著名的两处是西班牙的阿尔塔米拉洞穴壁画和法国拉斯科洞穴壁画。前一个洞穴内画有野牛、野猪、鹿、马等各种动物。这些动物虽然没有内在的联系，但它们的形态生动、画法简练，并有使用多种颜料的痕迹。后一个洞穴的岩壁上亦画有许多野马、大牦牛、驯鹿、山羊等动物。此外，在法国比利牛斯山的罗尔特洞内发现的雕刻在碎骨片上正在渡河的鹿群，对鹿群过河的情景刻画得非常生动有趣。非洲原始民族雕刻艺术中最为著名的是小雕像和面具木雕，其创作和用途也都与宗教信仰有联系，这是人类原始艺术的一大特征。

人类社会进入奴隶制社会以后，影响着美术发展的是各个时期的先进技术和生产，"青铜时代"就在这时铸就了辉煌。冶铜术的发展促成了中国古代铜器在工艺上的卓越成就。无论东西方，雕塑、绘画、建筑都在历史上留下了璀璨的痕迹，如克里特早期的彩陶、罗马的庞贝古城遗迹等都已达到了极高的艺术水平。

随着职业画家、雕刻家、工艺师等职业的出现，美术得到了更快的发展。在西方，有宫廷画家、宗教画师；在中国，除了有宫廷画家，还有大量的画工、画师和手工艺师，他们都创造了大量的优秀美术作品。中国绘画史上的人物画家有画《女史箴图》的顾恺之、画《清明上河图》的张择端；山水画家则有画《万壑松风图》的李唐、画《富春山居图》的黄公望；花鸟画家有黄筌、徐熙、崔白等；元代以后的文人画，则强调画家所具有的文学修养，在中国美术史上也形成了一个庞大的分支。值得一提的还有从汉魏发展并兴盛起来的石窟艺术，以敦煌莫高窟最具盛名，虽然题材以宗教居多，但也在不同程度上反映了时代与现实的痕迹，显示了画者丰富的想象力和创造力。

经历了中世纪黑暗期的欧洲资产阶级革命时期的美术，达到了现实主义的高潮。文艺复兴运动在追随古希腊精神中，显示出人文主义思想的崭新面貌。代表人物当首推达·芬奇，他不但是美术家，而且在数学、物理学、工程学和人体解剖学等方面也颇有造诣，代表作《蒙娜丽莎》更是令世人瞩目。雕塑巨匠米开朗基罗的雕塑和壁画，虽多取自宗教题材，但都散发出了人体艺术造型的宏伟气魄，《大卫》等雕塑至今仍是美术学院学生学习素描的精彩典范。

17世纪欧洲出现了伦勃朗、委拉斯贵支、鲁本斯等古典油画大师。法国路易时代，巴洛克艺术日趋浮华。18世纪的洛可可艺术大行其道，样式日趋靡丽。法国大革命前夕，进步的美术家又一次追随古希腊、古罗马的英雄主义遗风，形成了新古典艺术。当人类社会进入19世纪资产阶级革命后期，以德拉克罗瓦为代表的美术家竭力反对古典样式的拘谨和呆板，衍生了浪漫主义艺术，其油画《自由引导人民》和吕德的浮雕《马赛曲》被公认为是杰出的浪漫主义作品。巴黎公社美术委员会主席库尔贝是写实主义艺术的倡导者。批判现实主义在东欧产生了普遍的影响，在俄罗斯就产生了列宾、苏里科夫等大画家。与此同时，法国的巴比松画派所推崇的自然主义风景画风遍及整个欧洲。19世纪末，印象派绘画受近代科学的启示，充分发挥了油画的技术优势，出现了前所未有的盛况。20世纪的艺术更是达到了一个新的顶峰,产生了异彩纷呈的现代艺术流派。

二、美术的本质

所谓本质,是指事物的根本性质,以及此事物与彼事物之间的内在联系。美术的本质就是指美术这一事物的根本性质,以及美术与其他诸如政治、经济、哲学、宗教、文学等的内在联系。

(一) 美术具有社会本质

美术来源于社会,美术能全面地反映社会生活。美术家对于题材、表现对象与表现手法的选择并不能规定美术的本质,但他们的任何选择都在某个方面、以某种方式反映了社会生活。美术不仅可以反映社会的经济关系、生产关系和阶级关系,也可以反映处在一定社会生活中人们的政治观点、法律观点、道德观念、宗教观念、哲学思想和文艺思想,以及人们的各种梦想、幻想、情感、情绪、愿望、审美趣味和审美理想等。可以说,人类社会生活的一切方面,都在美术的视野之内,也都可以成为美术的表现领域与对象。这一点是美术的根本社会性质。

(二) 美术具有认识本质

所谓美术是社会生活的反映,实际上就是对社会生活、对世界的一种认识。而所谓美术作品是"社会生活在人类头脑中反映的产物",就是人类对社会生活或对世界的一种认识的物化形态。从认识论的角度来看,美术是对世界的一种能动的认识,而不是被动、机械的反应。所以不仅关系到感性,同时也关系到理性。正是在理性认识中积极地进行形象思维活动,才使美术能动地反映个别事物的表象,并通过个别的属性特征表现一般的属性特征,从而创造出一个新的视觉形象。

从根源上看,美术以及一切文学艺术并不是超然于现实而与社会生活隔绝的,而都是客观现实世界中的反映,是人对于现实的社会生活的一种认识。美术这种精神现象是对客观现实世界的一种特殊的反映形式或认识形式。美术作为一种精神生产活动,只能以客观世界为基础,从现实的社会生活出发,在获得了对生活的独特的审美认识后才能进行创作和表现。或者说,美术认识世界、反映社会生活的方式,是运用视觉形象进行创造性想象活动,认识的重点是事物的特征、个性和美感,以高度概括的、具体可感的视觉形式和形象揭示事物的本质及普遍性。

(三) 美术具有审美本质

美术既反映现实美,又能创造艺术美。所谓现实美,是指现实中各种事物的美。现实美可以分为自然美与社会美两大类。自然美是指自然界中存在的美,即自然事物的美;社会美是指人类社会关系中的美,即社会事物的美。现实的社会生活是丰富多彩的,而美术正是以现实生活为源泉而创造的。现实美是美术创作的主要依据,而反映现实美则是美术创作的主要目的之一。艺术美,是指艺术作品的美,是由创作主体根据一定的审美目标、审美实践要求和审美认识的指引,按照美的规则所创造的一种综合美。

美术作品的美即艺术美,是美术家根据美的现实而创造出来的。美术作为"艺术生产",是一种自由的精神生产、审美创造,因而审美也是它的本质特征之一。

美术的特征

作为艺术的一大门类,美术具有同其他艺术形式不同的特征,其基本特征主要表现在以下方面。

(一) 视觉形象性

形象性可以说是各艺术门类共同的特征。没有形象,就没有艺术,"丢失"了形象性这一基本特征的作品,便不能称作艺术作品。但是,美术较之文学、音乐等其他文艺形式,其形象性的特点表现得更为突出和直接,即形象的直观性、确定性和可视性。文学作品中的形象是不能凭感官直接把握的,而是需要通过语言充当中介,经过读者的联想与想象才能得以实现;音乐虽可以直接作用于人们的听觉,但其创造的形象却不够明晰和确定,仍然需要通过声音充当中介,引起听众的联想与想象。美术则不同,绘画、雕刻等作品中的艺术形象是视觉形象,在空间中有着确定的、明晰的形式,可以直接为欣赏者的眼睛所关注。所以,视觉形象性是美术的基本特征和根本特点。各种类型的美术作品都体现为具体可视的、占有一定空间形式的实体。美术创作的目标就是造型,所采用的题材主要是通过外在形状来表现人和事物。但是,美术作品的造型应当是外形与内涵的统一体,即通过可视的外形来表达蕴藏在深层的神韵与情感,就像中国传统画论所说的"以形写神",从而达到"形神兼备"和"情景交融"的境界。

(二) 瞬间性和永固性

美术作品是静止的,即使描绘一个运动过程也只能截取其中一个瞬间。这个瞬间一旦被美术作品创造为形象,就永久固定下来。不过,美术的特点使其在反映现实和表现题材方面具有一定的局限性,如不能直接表现运动或情节发展过程,也难以表现图像所能显示的视觉范围之外的事物。但是,美术作品因其各种直观形象所表现出来的凝练、所具有的独特审美效果,而在艺术世界中独树一帜,具有永恒的魅力。例如,中国明代著名画家徐渭的绘画新颖奇特,打破了花鸟画、山水画、人物画之间的题材界限,水墨大写意,花鸟笔势狂逸、墨汁淋漓,以写意之笔抒发胸中之意,并将自然物体的美好瞬间呈现于笔端,使其得以永恒;西方艺术中的雕塑《断臂的维纳斯》,端庄的身材,丰艳的肌肤,典雅的面庞,扭转的站姿宛如天成，优美的瞬间体态在此得以定格。整个形象给人以矜持而智慧的亲切感，雕刻家确实创造了一个人化的神。几百年来，这一直是世界上最负盛名的雕像之一，艺术魅力永恒而无限。

第二节 儿童美术

一、儿童美术的定义及其分类

儿童美术指的是儿童所从事的造型艺术活动，它反映了儿童对周围世界的认识、情感和思想。儿童美术是儿童把握世界的一种方式，也是他们进行情感表达与交流的工具。我们从儿童所呈现的作品中的线条特性、色彩喜好以及感兴趣的题材等方面均可观察到儿童个性的表现。因此，可以这样说，每个儿童都是艺术家，每个儿童在美术方面都有着成人美术所无法比拟的独特魅力。

儿童所从事的美术活动，大致可以分为绘画、手工、美术欣赏三大类。各类美术活动又因其性质的不同而细分若干不同的内容。

(一) 绘画

绘画是儿童运用笔、纸等工具材料，通过点、线、面、色彩、构图等造型手段，在一个平面上创造出直接可感的，具有一定形状、体积、空间感的艺术形象。绘画作为一种视觉艺术，具有强烈的直观性，对儿童有很大的感染力。儿童在绘画中所创造的艺术形象既是对他们周围生活环境的反映，又是他们对事物主观的审美感受和评价。

根据绘画时所使用的工具、材料的不同，绘画可以分为蜡笔画、油画棒画、彩色铅笔画、蜡笔水彩画、水墨画、手指画、棉签画等；根据绘画内容的命题与否，绘画可以分为命题画和意愿画；根据绘画所表现的内容，绘画还可以分为物体画、情节画和装饰画等。

(二) 手工

手工是指儿童运用一些物质材料，如纸、黏土、废旧材料、自然材料等，借助手和一些简单的工具，通过折、剪、编、插、粘贴等手段，制作完成平面或立体的物体形象，表达了儿童的审美感受。

儿童手工因其所使用材料、制作工艺等的不同而具有不同的类型。一般来说，根据使用材料的不同，手工可分为纸工、泥工、木工、布工等；根据制作工艺的不同，手工可划分为雕刻、塑造、编织、印染、刺绣、缝纫等；根据作品的功能还可以把手工划分为观赏性手工、实用性手工、娱乐性手工和科技性手工等。

(三) 美术欣赏

儿童的美术欣赏是儿童通过对美术作品、自然景物和周围环境中美好事物的认识与欣赏，从中受到艺术的感染，并丰富艺术联想，以提高对艺术美的感受能力、欣赏能力。美术欣赏是一种审美活动，欣赏的过程充满了联想和想象，带有浓厚的主观色彩。以美术为对象的特殊的审美经验活动，是一种融合感性与理性的复杂的心理活动。欣赏活动是对各种造型艺术作品和具有美学特征的环境的观赏。

美术欣赏从对象的不同来分，主要包括自然景物、艺术作品和社会生活等方面。

儿童阶段具有对美的欣赏的需求，因此让儿童从小懂得倾听自然，用心去感受周围生活中美的事物，对培养儿童的美术欣赏能力来说是很有必要的。通过美术欣赏的途径，可以让儿童拥有一双发现美的眼睛。

当前幼儿园美术教育已经将绘画、手工和美术欣赏进行了有机的整合，同时也渗透到其他领域的教育活动中，如语言教育、社会教育、科学教育、健康教育等，通过综合的、渗透的美术活动，让儿童自主学习、充分表达，从而不断获得美的体验。

儿童美术是儿童感知世界的一种方式。儿童感知世界时，采用的是非逻辑的方法，主要包括想象、幻想、直觉、灵感、猜测等，具有"非逻辑、无固定秩序和固定操作步骤"[①]的特点。在儿童绘画中，儿童就是这样凭着想象、直觉来夸大或着意刻画他们的所见所闻的。在"我的爸爸"主题绘画活动中，有的幼儿把爸爸的脸部画得黝黑，只露出眼睛、牙齿三处白色，然后把小小的、白白的自己倚在画面的一角；还有的幼儿把爸爸的脸画成方方正正的样子，还在四周画上黑黑的粗线或者点上密密麻麻的小黑点，以表现记忆中爸爸的外貌特征。儿童通过绘画把这些感性特点毫无保留、生动有趣地描绘了出来。也正是这样的大胆表现，才使得儿童的绘画充满生命力。

儿童美术是儿童自我表达的一种语言。美术可以使他们把自己的想象、愿望变成可见的作品表达出来。绘画更是儿童表达自己对周围事物的感受和内心意愿的最主要方式之一。儿童都愿意，甚或是无意识地用"涂鸦"来表达自己的所见、所想、所感，这几乎是每一个儿童的天性。换言之，儿童的绘画、泥塑、雕塑、纸工等作品以及其他的表征物都可看作是儿童的一种语言。这种语言表现了儿童对外部世界的感知、理解、建构，以及他们内心情绪情感的波动。虽然在表现形式上会混沌、不合乎逻辑，但却代表了儿童对周围世界的初步认识和把握，并且也是儿童成长活动中的一种需要。

二 儿童美术的特点

美术对于儿童和成人的意义不完全相同。对成人来说，美术这个词有着严格的内涵，它

---

① 马奇.西方美学史资料选编(下卷)[M].上海：上海人民出版社，1987：847.

意味着博物馆中的作品、不修边幅的画家、逼真的复制品、艺术家的阁楼、人体模特和文化名流等。美术被普遍地认为是高雅的东西，是人类视觉意象的升华，是人类智慧的结晶，是人类表现的最高形式。优秀的美术作品因为能够折射出创造者所代表的那个社会或时代，所以经常是价值连城的，受到人们的珍视，被收藏家们珍藏。

　　对儿童，特别是学前儿童而言，美术这个词的含义就有所不同了。"在儿童时代里，一切事物都是互相渗透的——自我与外界、梦与清醒、现实与幻想、昨日与明日、概念与迹象、思想与感觉。对于受到更大激励的儿童来说，几何图形不光是可见的概念，而且还是外在世界的客体，是神秘力量的象征。成人几乎再也理解不了一对有意义的直线会有怎样惊人的力量。但对于成长中的儿童来说，他所得出的简单轮廓——与一切低于人类的动物形成对照——即意味着一个完整的世界。"①

　　对儿童，特别是学前儿童而言，美术首先是其发展的一种表现。在儿童发展的过程中，不同年龄阶段的儿童对外部世界的认识和理解是不相同的，表达自己的情绪情感的方式也是各有差异的。每个儿童都以有别于他人的方式作用于外部世界，这是儿童独特个性的表现。美术能反映儿童的发展水平和个体差异。美术是儿童身心活动的反映，是儿童表象的图式化。由于受儿童动作和认知发展水平的制约，儿童美术可以在一定程度上反映儿童动作和认知发展的状况。美术是儿童表达自己的情绪情感和个性的一条重要途径。由于儿童的情绪情感和个性也有其自身的发展特点，所以儿童美术可以在一定程度上反映儿童情绪情感和个性发展的状况。正是因为儿童美术是儿童发展的一种表现，儿童美术作品有时也被人用作衡量儿童动作、认知、情绪和人格发展水平的指标。有些儿童教育工作者还会根据儿童美术的表现形式将儿童美术的发展分为若干个发展阶段，以此说明儿童身心发展的特点。

　　对于儿童，特别是学前儿童，美术还是其自我表现的一种方式。每个人都有表现自我和与人交流的需要。当年幼的儿童尚不能自如地运用语言文字这种成人约定俗成的符号系统来表现自我和与人交流时，他会运用其他一些符号系统来表现自己、满足自己，美术正是这些符号系统中的一种。正如，成人常常对儿童不经教育就开始画画这种魔法似的现象感到疑惑。他们看见儿童的小拳头握住一支笔就会把握对象的特征，各种痕迹就会跃然纸上，他们和儿童都会为此而兴奋。这种过程一再重复，儿童依然兴奋，但是成人却很快厌烦和焦虑起来，终于会产生一连串的疑问："为什么他们老是这样涂抹？为什么他们一再重复同一图案或符号？他们想表达什么意思？为什么他们的画还是这样混乱？为什么色彩调得像泥浆一样？为什么4岁儿童只画头和手而不画身体？是否出现了异常的现象？……"②美术具有一种语言功能，在儿童发展和成长的过程中，美术是一种比语言文字更早被儿童用来表述思

---

① ［德］玛克斯·德索.美学与艺术理论[M].兰金仁，译.北京：中国社会科学出版社，1987：224—225.
② ［美］鲁斯·斯特劳斯·盖纳，伊莱恩·皮尔·科汉.美术，另一种学习的语言[M].尹少淳，译.长沙：湖南美术出版社，1992：6.

想、宣泄情绪、想象和创造自己世界的有效途径。随着年龄的增长,儿童会越来越多地依赖语言文字表现自我,并与他人交流,而越来越少地运用美术这种符号系统。

对于儿童,特别是学前儿童,美术还是其探索美术媒介,并使自我得以肯定的一条途径。常言道,儿童是天生的艺术家,人世间能与真正的艺术家媲美的只有儿童,这句话并不夸张。年幼的儿童在美术方面常会表现出令成人难以想象的才能和潜在力量,他们有天赋的平衡感和秩序感,对具有美感的东西充满追求,对传统文化的无知和对他人行为方式的不敏感,使他们在探索美术媒介时比青少年或者成人更为自由。由于儿童不受时空关系的束缚,没有美术技法的清规戒律,也不受客观情理的限制,他们可以在创作过程中完全自由自在地流露自己的思想和情感,表达自己的意愿和对未来的希望。因此,他们的美术作品常表现出没有雕琢过的儿童心灵的纯真,具有直接的思考和欲求。这就使其作品有可能达到别开生面的艺术境界,使人们为之赞美,为之倾倒,并使儿童的自我得到充分的肯定。有学者注意到在10岁以后,儿童对美术活动的兴趣以及美术的技能技巧等方面都有可能出现衰退。这种现象反映了随着认知和情感的复杂性的加深,儿童对美术的平衡感和秩序感出现了退化。这时,儿童应更多地用理智去支配自己的美术活动。从另一个角度说,这也就给儿童天真自由的创造活动增加了束缚。

对于儿童,特别是学前儿童,美术还是一条对其实施审美教育的重要途径。对年幼儿童实施的审美教育,不是以抽象的说理去灌输,而是以直观的视觉艺术形象去打动儿童的心灵,唤起儿童内在的审美情感,使儿童在美的感受和熏陶下,受到潜移默化的审美教育。

第三节　儿童美术与儿童心理

一　儿童美术与儿童的感知觉

感知能力是人类存在和发展的基本能力,每个人情感的生成、智慧的发展,都是建立在基本感知能力的基础之上的。而人的感知系统中,尤以视觉的作用最为巨大。研究证明,一个人所获信息的80%以上都是由视觉提供的。因此,视觉是人的心灵与外界沟通的重要通道。

美术是诉诸视觉的艺术,所以通过美术活动能有效地训练儿童的视知觉。尹少淳在《美术及其教育》一书中提出:"视知觉能力无论作为智力发展的一个因素,还是作为智力的一个因素,都是十分重要的。因此,从智力发展的角度着眼,训练和发展学生的视知觉能力,的确是教育的一大任务。"[①]同时,儿童通过亲身体验,包括看、听、触、摸、嗅等多种感觉通道的协

---

① 尹少淳.美术及其教育[M].长沙:湖南美术出版社,1995:147.

同活动来感知和感受现象世界,并利用审美直觉来加以表现、表达。因此,美术活动还有助于培养儿童感知觉的灵敏度、活跃性,激活儿童对生命特有形式的感受能力,从而强化儿童对事物的感知,培养敏锐的审美感知能力。

在美术活动中的审美感知是视觉器官对由欣赏对象的形状、色彩、光线、空间、张力等要素所组成的形象的整体性把握,是审美主体的一种积极主动的心理活动。美国心理学家鲁道夫·阿恩海姆认为:"在不涉及知觉因素和再现因素下,对视觉符号所作的那些研究,不能算是全面的研究。""视觉乃是一种积极的器官。在观看一个物体时,我们总是主动地去探察它。"①

在美术活动中,儿童总是选择那些对他们来说富有审美意义的形象及具有结构特征的对象作为欣赏对象,在表现物体时常常突出和夸大那些与他们审美趣味吻合的部分,而淡化或忽略那些与自己审美趣味无关的部分。因此,那些富有生命力的色彩、线条、形象等便跃然纸上,形成儿童独特的表达方式。图1-1是一个大班幼儿画的"快乐元宵节",幼儿描绘了欢度元宵节的景象,纸的最上端画了一排整齐的灯笼,中间两排是人们在吃汤圆,幼儿用了夸张的方法进行表现,盛放汤圆的碗比人还要大,汤圆也非常大,且排列整齐。纸的最下端画着人们在舞龙,龙的身子从左到右横跨整个画面。画面层次清晰,显示出强烈的节奏感和装饰美。

图1-1 快乐元宵节

由此可见,儿童通过美术活动来获得更多的视觉经验,发挥视觉感知的潜力,并以艺术的眼光去发现世界上存在的真谛。

儿童美术与儿童的想象

想象是指人脑对原有表象进行加工改造而建立新形象的心理过程。想象是将大脑皮层上过去形成的暂时联系重新筛选、组合、搭配和接通,形成新联系的过程。想象按其创造性的成分可以分为创造想象与再造想象。再造想象是根据某一事物的图样、图解或言语描述,在头脑中产生关于这一事物的新形象。创造想象是人们按照一定目的在头脑中独特地创造某一事物的新形象。

儿童想象的表现约在2岁左右才能观察到。他们常把日常生活中的某些简单的行为反

---

① [美]鲁道夫·阿恩海姆.艺术与视知觉——视觉艺术心理学[M].滕守尧,朱疆源,译.北京:中国社会科学出版社,1984:280.

映到自己的游戏中去,开始出现象征性游戏。例如,把肥皂盒放在浴缸里当船开,把圆纸片当饼干喂洋娃娃,所有这些都表明了儿童象征想象的存在。

幼儿初期的想象常与知觉过程联系在一起。这是因为他们缺乏足够的经验,因而只能用想象来补充他们所感知的东西。例如,小班幼儿在绘画时,常常对自己所画的一些线条、图形进行漫无目的的想象:弯弯的一条线是一只在奔跑的小狗,也可能是一条躲藏在草丛中的蛇;两三个重叠的圆是宝宝的玩具,也可能是一条小青虫。

逐渐地,幼儿开始脱离实际物体在符号意义上进行自由自在、天马行空的想象。他们能通过想象勾勒出不在眼前的物体的形象,一边画一边喃喃自语。他们感兴趣的是绘画的创作过程。由于该时期的幼儿想象的目的性不强,因此绘画主题常常发生变化,如刚开始说要画一个电视机,结果却画成了一辆汽车。

随着知识经验的丰富以及抽象概括能力的提高,幼儿的绘画作品中开始出现了一些创造性因素。他们的想象已经不再完全依照成人的描述或指示,而能根据自己的想象进行加工。幼儿在绘画时,能先构思再动笔,在内容上能反映丰富多彩的周围事物,在所画形象上能围绕主题展开。此时的儿童画表现了他们天真的构思和奇妙的幻想。例如,幼儿对自己的手进行想象,有的幼儿把它变成了威猛的猎豹(见图1-2),有的把它变成了美丽的孔雀(见图1-3),有的把它变成了鸵鸟(见图1-4),有的把它变成了在地上散步的乌龟(见图1-5),还有的幼儿甚至把它变成了戴帽子的人(见图1-6)。

图1-2 猎豹

图1-3 孔雀

图1-4 鸵鸟

图1-5 乌龟

图1-6 戴帽子的人

然而，创造想象毕竟是一项比较复杂的心理活动，需要较多的独立性和创造性。一般来说，幼儿的想象仍以再造想象占主导地位。因此，在幼儿的绘画作品中模仿的成分较大，创造的成分还很有限。但是，不管怎样，正如爱因斯坦所说："想象力比知识更重要，因为知识是有限的，而想象力概括着世界上的一切。"儿童画是儿童心灵的写照，充满了想象和创造。儿童画不仅反映了儿童眼中的世界，也反映了儿童心中的世界。

三 儿童美术与儿童的创造力

创造力是人类区别于动物的最根本的特性和标志之一。创造力是通过具体的创造活动和创造产品表现出来的。美国的美术教育家罗恩菲尔德指出："创造性是人类所具有的本能，是一项天生的直觉，它是我们解决和表现生活困难的主要直觉，儿童尚未学习如何去使用它以前，就懂得使用它。"[1][2]对儿童而言，其创造力显然是与他们所进行的活动密不可分的。由于在不同的年龄阶段，儿童的活动方式和内容不同，因此其创造力的表现也随之而发生变化。

儿童最初的创造应该说始于模仿。通过模仿，新生儿获得了关于动作、事物间的联系的知识经验，为下一步的创造提供了条件和基础。随着年龄的增长以及生理和心理的发展，特别是当儿童的想象开始萌芽、思维具有初步的独立性之后，儿童便能进行初步简单的创造活动了，如绘画、手工制作等美术活动。

儿童的创造力贯穿于儿童绘画发展之中。从最初的乱涂乱画，到画出一些符号和形状，再到把各种基本形状有选择地结合在一起构成图像，如人物、动物、植物、交通工具等，儿童的创造力通过绘画作品表现出来，同时也在绘画中不断得到发展。

值得一提的是，不同的绘画类型对于儿童创造力发展的作用也是各不相同的。幼儿园的绘画中，最常见的是物体画、情节画、装饰画和意愿画。

物体画是在儿童感知基础上，围绕某一主题，通过记忆和经验加工而画成的。因此，这类绘画能激起每个儿童对于同一主题中不同内容的遐想，儿童在绘画中有充分的想象余地和表现自由，通过创造想象来表现新的形象。

情节画要求儿童根据自己的生活经验或听过的故事来构思画面，以表现一定的情节。那些鲜明的人物形象、有趣的情节、新颖的内容都能激发儿童的想象力，开拓他们的思路，从而创造出具有一定情节的画面来。

装饰画虽然要求儿童在一定的几何图形或日常生活用品的纸形上用花纹、图案进行对称的、均衡的、有规律的装饰，但孩子们一样也能运用各种不同的色彩，构成千变万化的图案，同样有助于儿童创造力的发挥和表现。

---

① ［美］罗恩菲尔德.创造与心智的成长［M］.王德育，译.长沙：湖南美术出版社，1993：59.
② 编者注：脚注①中的原作者 Victor Lowenfeld，现多译为维克多·罗恩菲尔德，故本书中均以罗恩菲尔德指称。

最能培养儿童创造力的是意愿画。意愿画是儿童根据自己的意愿,画自己想象出来的或是喜欢的事物。意愿画能满足儿童想象的欲望,同时也能使儿童的想象力在绘制意愿画的过程中得到充分的发挥。

任何创造力都不是无源之水、无本之木,而是建立在相应的心理水平和知识经验之上的。有限的知识经验和能力水平决定了学前儿童只能进行直观的、具体的、形象的创造。这种创造大多脱离现实,带有很大的夸张成分,不符合逻辑规范和规则。但正是在这种不受规范、习惯的限制和制约的创造活动中,儿童才能自然地、真实地表达自我,从而使美术作品中具有更多的自在性、生动性和独特性。

四、儿童美术与儿童的情感

情感是人对待周围现实和对待自身态度的一种稳定而持久的体验。情感既反映人对人的态度,也反映人对事物的态度,因此是反映现实的特殊形式。情感作为人的心理现象,在人的认识与实践活动中扮演着十分重要的角色。

初生的婴儿就有情绪反应,如新生儿或哭,或安静,或四肢舞动等,这些原始的、基本的情绪是与生俱来的。儿童先天就有情绪反应。这种情绪反应与生理需要是否得到满足有直接关系。婴儿在出生一段时间后,在成熟和后天环境的作用下,情绪会不断分化。

随着儿童的成长,其情绪、情感不断地丰富和深刻化。同时,对情绪、情感过程的自我调节也越来越强。情绪的冲动性逐渐减少,情绪的稳定性逐渐提高,情绪、情感也逐步从外露到内隐。

美术是儿童表现自我、抒发情绪和情感的一个重要途径,也是外化儿童情感的最直接和最有效的方式之一。儿童可借由线条、形象和色彩,直观地表达自己的喜怒哀乐。美术作为一种视觉的语言,它比一般文字更直接,也更具包容性。当一个孩子发现笔可以在纸上或者墙上制造出运动的轨迹的那一刻,产生的兴奋只有身处其中的孩子才可以理解。在美术活动中,孩子除了体会画笔的痕迹给他自身带来的新鲜兴奋以外,还会发现,原来他可以这样把心门打开。因此,有人曾说:"孩子的绘画作品中,即使是一根非常简单的线条,也表达了他们的情绪和情感。"

美感是儿童高级情感中的一种,是人对事物审美的体验,它是根据一定的美的评价而产生的。儿童对美的体验,也有一个逐步发展的过程。众所周知,婴儿从小就喜欢色彩鲜艳的东西。有人进行过这样一项试验:给婴儿看两个颜色不同的圆盘,测量他们定睛注视圆盘的时间,发现3个月的婴儿,注视彩色圆盘的时间较长,注视灰色圆盘的时间较短,在具体时间上,前者差不多是后者的两倍。这说明,婴儿不仅能辨别彩色和非彩色,而且表现出对彩色的"视觉偏好"。[①] 有研究表明,新生儿已经倾向于注视完整的人脸,而不喜欢五官凌乱颠倒

---

① 陈帼眉,冯晓霞,庞丽娟.学前儿童发展心理学[M].北京:北京师范大学出版社,1995:98—99.

的人脸。处于幼儿初期的孩子对色彩鲜明的玩具、饰物、图片等具有一定偏好,并且具备了初步的感知美术作品的能力。在环境和教育的影响下,孩子逐渐形成审美的标准。同时,他们也能够从绘画活动、手工制作活动和美术欣赏活动中体验到美,而且对美的评价标准日渐提高,从而促进了美感的良性发展。

在很早的时候,人类就已经发现美术能够外化人的情感,减弱人的心理压力,保护人的健康。在美术教育不断改革的今天,我们更应该让儿童无拘无束地利用美术表达内心的情感,发挥美术的独特价值。

本章思考题

1. 关于美术的起源有哪几种理论?其各自的观点是什么?
2. 美术有哪几种本质?美术的基本特征是什么?
3. 儿童美术具有哪些方面的特点?并举例说明。
4. 收集三张中班或大班幼儿不同内容的绘画作品,分析幼儿的感知、想象、创造力和情感等在其绘画作品中的反映。

拓展资源

王宏建,袁宝林.美术概论[M].北京:高等教育出版社,1994.

该书分为上、下两编,上编为美术的基本原理,阐释了美术的本质论、创作论和接受论,力图对人类广泛的美术创作初衷作出科学的概括和总结;下编为美术的历史发展,包括美术的发生论、发展论和门类论。该书从历史发展的角度探寻美术的客观规律,解释美术不断发展的创作实践和不断出现的新现象。

第二章 儿童美术的发展

知识要点

- 儿童美术呈现的一般的自然发展过程
- 儿童美术随着儿童年龄增长呈现的共同的特征和表现方式

思维导图

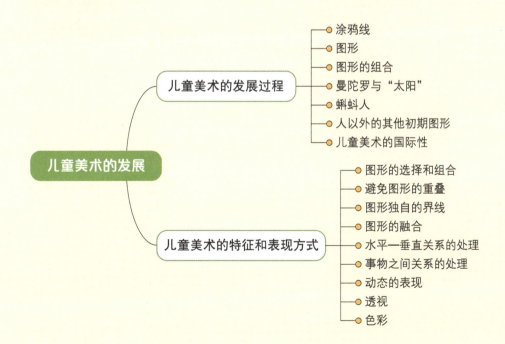

> **内容导入**

在探讨学前儿童美术教育时,对学前儿童美术的自然发展过程及表现特征有所了解,有益于通过解读儿童的美术作品去理解儿童的思想和行为,去思考学前儿童美术教育的问题。尽管全世界的儿童在地域、肤色、文化、语言等方面存在差异,但他们在绘画、手工等方面都有相似的发展规律和表现形式。

一、儿童美术的发展过程

基于对一百万张儿童画所进行的研究,研究者归纳了儿童从动作到有意义的表征的自然发展过程:涂鸦线—图形—图形的组合—曼陀罗与"太阳"—蝌蚪人—人以外的其他初期图形。

二、儿童美术的特征和表现方式

儿童的美术表现,呈现出一个由简单到复杂、由不分化到分化的发展过程,在"图形的选择和组合""避免图形的重叠""图形独自的界线""图形的融合""水平—垂直关系的处理""事物之间关系的处理""动态的表现""透视""色彩"等方面,表现出与成人美术不同的特征,反映了儿童与成人的不同思维方式和表现方式。

> **教与学的建议**

1. 可让学生从幼儿教育机构内收集一些儿童画,启发学生尝试分析儿童画的特点及表现方式,从而反思作为教师该做些什么。

2. 组织学生讨论:"为什么学前儿童美术教育是一把双刃剑,教得太多必然伤害孩子,教得太少,光有开花没有结果?"

儿童自出生起即开始表现自己,从某些本能的欲望出发,借助各种"语言"(符号系统)表达思想和情感,并与他人沟通。儿童,无论是身心发展正常的儿童,还是有特殊需要的儿童,从他能用笔进行随意涂抹的瞬间起,就开始自发地运用"美术语言"表现自我。儿童"美术语言"的发展与儿童的身心发展是平行的。

第一节 儿童美术的发展过程

儿童的美术活动引起了人们的广泛兴趣,许多学者对儿童美术的发展过程进行过研究。正如美国学者加德纳所言:"2 岁的孩子抓起一支粉笔在其遇到的任何东西的表面上起劲地涂抹着。3 岁的孩子则画出大量不同的几何形状,其中包括谜一般的曼陀罗形状——把一个十字形置于圆圈式的方块之中。4—5 岁的孩子则在再现对象方面进行不停的创造与再创造……这些画生机勃勃,表现力强,体现出对形式的牢牢控制和突出的美。实际上,我们可以毫不夸张地说,儿童绘画经历了儿童自身的一个完整的生命循环。仿佛他们刚刚脱离了襁褓,又开始创造起自己的后代一样——这是一个完全不同的世界,这个世界里存在着标记、形式、对象、场景及幼稚的艺术作品。谁也没有去教这些孩子们如何去干——但同样令人惊讶的是,每一个正常的按其自己的速度发展起来的幼儿似乎都要经历这样的过程。"①②

美国美术教育家凯洛格对约一百万张儿童画进行了研究,归纳了儿童从动作到有意义表征的发展过程。

一 涂鸦线

大约在 1 岁半左右,儿童开始用笔在纸上涂画,所画的东西纯属涂鸦,在画面上只是一些杂乱的线条,这类线条被称为涂鸦线。画涂鸦线的时期被称作涂鸦期,它可能要持续到 3—4 岁。

(一) 基本的涂鸦线

凯洛格把 2 岁或者 2 岁以下的儿童在无意识的状态下所画的涂鸦线称作基本的涂鸦线。儿童开始画画时,似乎完全沉浸于自己的动作中,满足动觉是最基本的动机因素。这时,儿童只是将笔抓握在手中,靠手臂的来回摆动决定线条的方向和长短,无需经由眼的控制,也无需手腕做太多的动作。这种涂鸦动作,与婴儿无意识地摇动手臂,或者用手举着玩具挥舞

---

① [美]H·加登纳.艺术涂抹——论儿童绘画的意义[M].兰金仁,高金利,译.北京:中国商业出版社,1994:2—3.
② 编者注:脚注①中的原作者 Howard Gardner,现多译为霍华德·加德纳,故本书中均以加德纳指称。

图 2-1 儿童涂鸦线的 20 种基本类型

的动作是类似的。

凯洛格把这类基本的涂鸦线分为 20 种基本类型（见图 2-1）。

凯洛格认为,很多动物也能用其趾爪在一些不同材料的表面抓画出不同的线条,但是只有人类才有可能画出这 20 种基本涂鸦线的全部类型。人类在其神经系统协调下产生的肌肉活动所能达到的水平,是其他任何动物都达不到的。这 20 种基本的涂鸦线与儿童绘画的关系,同砖瓦与建筑物之间的关系是一样的。

（二）样式配置

在涂鸦的过程中,儿童逐渐地发展了控制涂鸦动作的能力。凯洛格将儿童在绘画时注意到的涂鸦线与纸面的配置关系称为样式配置。

当儿童所画的涂鸦线的周边有了明显的轮廓时,说明了这些涂鸦线已具有某种结构。样式配置与基本的涂鸦线的不同之处在于儿童在画基本涂鸦线时无需视觉的参与,而样式配置则要运用眼参与控制。儿童在画具有样式配置特征的涂鸦线时,手的动作虽然还谈不上与大脑和眼睛高度协调,但已具有某种目的性,即有意画成半圆、1/4 圆、矩形、三角形、弧形或其他各种形状。这种动作的出现无需成人的指导,是自然发展的结果,即儿童在涂鸦过程中逐渐发现了某种形状的结果。样式配置暗示了形状的存在。因此,儿童只要画出具有象征意义的轮廓线,或者强调某个部分,形状就会自然地出现了。

凯洛格在对儿童画的研究中,共发现了 17 种样式配置的类型,它们是儿童画中最为原始的图形（见图 2-2）。

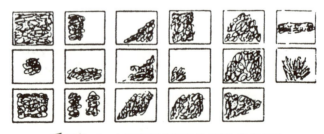

图 2-2 在涂鸦期中出现的 17 种样式配置

（三）偶发的图形

儿童 2 岁后,有能力使所画的形状与画纸保持配置关系,在 3 岁以前能以单线画出十字形、圆、三角形和其他不同的图形。在这两个水平之间,儿童有可能画出偶发的图形。偶发的图形不一定与画纸的四周有固定的关系,而且图形的形状也不一定清晰可辨,但它们确实暗示了图形所要表示的意思。

经过分类后,凯洛格将偶发的图形区分为17种类型(样例见图2-3)。其中,前9种偶发的图形都包含了交叉点,它们是儿童在3岁时画出的正十字形和斜十字形的雏形,其余8种偶发的图形则是除十字形以外的图形的雏形。

图2-3 偶发的图形样例

二、图形

儿童画中的图形可以分为6种,它们是矩形(含正方形)、椭圆形(含圆形)、三角形、十字形、斜十字形和不定形,其中前5种是具有几何意义的图形。

儿童所画的图形,就其视觉特征而言,与样式配置或偶发的图形有许多相同之处。但从发展的角度看,这个时期的儿童在画线时除了更具有手眼协调能力外,其记忆能力也已达到了一定的水平。这就是说,在一般情况下,图形是儿童经过思考和计划后画出的,如儿童常想起自己画过的图形,并自发、自愿地再现它们。

三、图形的组合

在儿童画中,图形常常不是单独出现的,而是与其他涂鸦线或者其他图形相伴出现的。

(一) 结合体

凯洛格把两个图形结合在一起所形成的图形称作结合体。从理论上说,如果图形的结合不涉及以哪个图形为主,那么组合的可能性共有21种;如若考虑两个图形以哪个为主,哪个为辅,即在组合中区分诸如椭圆中的三角形与三角形中的椭圆,那么组合的可能性共有36种(见表2-1);如若不仅考虑两个图形以谁为主的问题,同时又要考虑两种图形在分离、重复和彼此包含等状况下的组合,那么组合的类型就有60种之多(见表2-2)。此外,还可以有其他的考虑儿童画结合体的组合方式。

表2-1 图形的36种可能的结合体(模拟)

表2-2　图形的60种可能的结合体(模拟)

图　　形	分　离	重　叠	包　含
矩形和矩形	▭ ▭	▣	▭
矩形和椭圆形	▭ ○	▭○	▣ ⊙
矩形和三角形	▭ △	▭△	△ ▭
矩形和不定形	▭ ◌	▭◌	▣ ▭
矩形和正十字形	▭ +	▭+	⊞
矩形和斜十字形	▭ ×	▭×	⊠
椭圆形和椭圆形	○ ○	◯◯	⊙
椭圆形和三角形	○ △	○△	◎ △
椭圆形和不定形	○ ◌	○◌	⊙ ◌
椭圆形和正十字形	○ +	○+	⊕
椭圆形和斜十字形	○ ×	○×	⊗
三角形和三角形	△ △	△△	△
三角形和不定形	△ ◌	△◌	△ ◌
三角形和正十字形	△ +	△+	△
三角形和斜十字形	△ ×	△×	△
不定形和不定形	◌ ◌	◌◌	◌
不定形和正十字形	◌ +	◌+	◌
不定形和斜十字形	◌ ×	◌×	◌
正十字形和正十字形	+ +	╫	※
正十字形和斜十字形	+ ×	※	※
斜十字形和斜十字形	× ×	※	※

但实际上,儿童并不是以理论假设的方式画结合体的,有些在理论上存在的结合体在儿童画中几乎无法找到。在儿童画中最常出现的结合体有正十字形、斜十字形、矩形、圆形、不定形与正或斜十字形的结合,或者圆形与圆形、矩形与矩形的结合。

(二) 集合体

凯洛格把三个或者三个以上的图形结合而形成的图形称作集合体。当儿童能画出集合体时,我们认为他已经发展出了属于其个人的绘画方式,从而使别人能够清楚地区分出他的作品与其他儿童作品之间的差异。在没有成人指导或者干预的情况下,每个儿童都会自发地以与他人迥然不同的方式画出自己最喜爱的图形样式。这种绘画的图形样式既具有儿童绘画的一般特征,又具有属于儿童自己的、独一无二的特征。

在3—5岁儿童的绘画中,集合体占据相当大的分量。在画集合体时,儿童常沉浸于他的绘画过程之中,乐此不疲,而且能反映出与生俱来的讲究均衡性和规则性等美术特征的偏好。儿童绘画中常见的集合体如图2-4所示。

儿童在画集合体时对图形均衡性和规则性的追求是具有发展意义的。研究者对儿童选择和组合图形的原则与方法等问题进行研究,结果表明:重复、简化、对称、旋转等是儿童常选择和组合图形的方式;追求图画整体的组织秩序与平衡则是儿童选择和组合图形的基本原则。由此可见,儿童在对图画整体的均衡性和规则性的追求过程中,知觉和记忆都得到了良好的发展。

图2-4 儿童画中常见的集合体举例

在儿童的美术活动中,图形组合的原则和方式不仅在以纸和笔为主要媒介的绘画活动中存在,而且也在以其他材料为媒介的各类美术活动中存在。因此,儿童用黏土做成的集合体在本质上与儿童画的集合体是相同的。

四、曼陀罗与"太阳"

(一)曼陀罗

曼陀罗(mandalas)在梵语中是"魔圈"的意思。它有时用来指所有那些包括圈形主题的符号再现,有时又特别指一种其中结合着直线的圆圈样式。荣格把曼陀罗看成是人类大脑的结构及人类的意识和无意识的终极根源,是一种最高和谐的印象。里德则把曼陀罗看作是几十万年以来残留在人类内心深处的原型遗迹中的一种。曼陀罗具有圆满、完整无缺、统合的印象,它包含了深思熟虑和无限的冥想。

曼陀罗是一种结合体或者集合体,但它与许多种理论上假设存在的结合体或者集合体又不同。曼陀罗是儿童和成人共同喜爱的、具有良好视觉形象的、平衡而协调的图形组合。这类图形的组合,儿童会将它贮存在记忆中,并在以后的美术表现活动中不断地加以重复运用。

凯洛格认为,曼陀罗对儿童具有如此吸引力,其理由之一在于它完全均衡的结构。她认为,曼陀罗是由抽象而达到某种绘画途径的重要一环,而且更是儿童美术与成人美术之间一座不可或缺的桥梁。

儿童所画的曼陀罗，以椭圆（含圆）、矩形（含正方形）与正或斜十字形构成的结合体居多（见图2-5）；其次是椭圆、矩形与正、斜两种十字形构成的集合体（见图2-6）；此外，同心圆和同心正方形等结合体或集合体也是儿童画中常见的曼陀罗（见图2-7）。

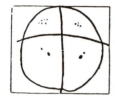
图2-5 圆与十字构成的曼陀罗

图2-6 圆与正、斜两个十字构成的曼陀罗

图2-7 同心圆构成的曼陀罗

（二）"太阳"

2岁的儿童已能画出直线和曲线，这些直线和曲线都可以成为儿童画"太阳"的组成成分。虽然"太阳"的结构看上去简单，但儿童在会画复杂的集合体之前是不会画出"太阳"的。

凯洛格在研究中观察到，儿童在能够画曼陀罗之前没有出现过像"太阳"这样的"形"。由此，她确信由曼陀罗到"太阳"，是儿童画的发展顺序。儿童最初画"太阳"，只是喜爱这种有良好视觉形象的图形，并不是真的在画天空中的太阳。在儿童美术的发展过程中，凯洛格认为这是儿童画与成人画之间的又一座桥梁。

凯洛格将儿童所画的各种类型的"太阳"进行了分类。其中，她所谓的"中空的太阳"明显地表示了由曼陀罗或某种圆的集合体分离出来的特征，而这种分离须经过一段时日（见图2-8）。而凯洛格所谓的"太阳的脸"和"太阳人"（见图2-9、图2-10），原是"太阳"和圆的集合体。"太阳的脸"和"太阳人"中的五官、头发、胡须、睫毛等，多出于成人的附加想法，儿

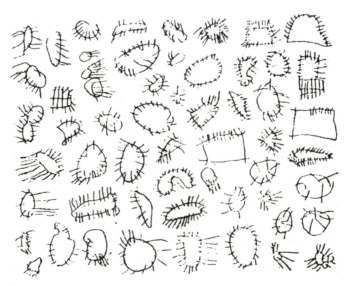
图2-8 "中空的太阳"——在各种不同圆形的周围描画交叉的短线

将它们称作五官和毛发，只是出于对成人说法的认同。在儿童美术的发展过程中，由成人命名的线条是不能算作儿童画的，因为成人所命名的这些线条在以后儿童绘画"人物"时并不经常出现。这就是说，儿童之所以画这些线条，是由于儿童受到了自己以前描绘的"太阳"的启发。

图2-9 "太阳的脸"

图2-10 "太阳人"

图2-11 曼陀罗和"太阳"常被儿童反复地运用

曼陀罗和"太阳"这样一些儿童所喜爱画的图形，常成为儿童以后表现较为复杂的事物时的组成单位。例如，有的儿童将"太阳"作为人的手，把曼陀罗作为人的躯干（见图2-11）。

五、蝌蚪人

儿童美术教育工作者通过大量的研究发现，"人"是儿童美术作品中最为常见的题材之一。儿童早期画的"人"使人联想到蝌蚪，光光的脑袋上长着长长的尾巴，于是人们便称之为蝌蚪人。

儿童最熟悉的是人，但儿童画"人"时并非基于他对周围人的观察和认识，儿童所画的"人"也不一定是现实生活中的人。凯洛格认为，画"人"的行为是儿童由早期绘画自发而又自然演化而成的，它反映的只是儿童对均衡性和规则性等形式美的追求。儿童往往也会接受和认同成人对他所画的"人"的各个部分的命名。然而，他们自己的表现形式还是与成人的认识相去甚远。

凯洛格对儿童从会画"太阳的脸"和"太阳人"发展到画"人"的这一过程进行了分析研究，发现儿童所画的初期的"人"有各种类型：或是头上画了头发（见图2-12）；或是头上没有画任何图形（见图2-13）；或者没有手臂（见图2-14）；或者具有各种躯干部（见图2-15）；或者在躯干部上有手臂（见图2-16）；最后接近完整的人物。图2-17是凯洛格模拟的儿童画，

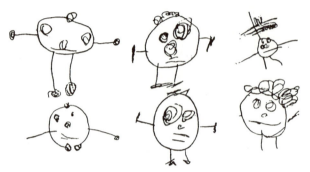

图2-12 "人"的"头"上添上了其他的图形

图2-13 "头"上无任何图形的"人"

图2-14 没有"手臂"的"人"

图2-15 有各种"躯干"的"人"

图2-16 "躯干"上有"手臂"的"人"

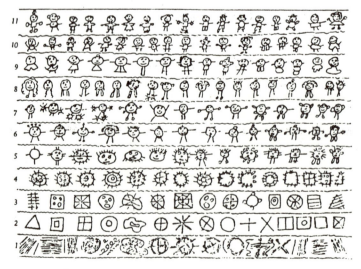

图2-17 从涂鸦期到画"人"的演变过程（模拟）

它反映了儿童从涂鸦初期到画"人"的演变过程。

儿童不仅在纸上画"人",而且运用其他的美术材料作为媒介,以同样的形式表现"人"。

在成人的眼里,蝌蚪人是不完整的,不是缺少了躯干部,就是缺少了上肢,或者缺少了身体其他的一些部位。对此,人们提出了各种假设:有人认为,儿童往往粗枝大叶,所以漏画了部分肢体;有人认为,儿童以为躯干部不重要,因而有意将躯干部省略了;也有人认为,儿童动作发育不成熟,绘画技能较低,不能完整地表现人物形象;还有人认为,儿童运用了夸张和省略的手法,强调头部的重要性,而将身体其他部位只用两条竖直的线条表示……其实,这些说法都很牵强,只是站在成人的立场去推测儿童画蝌蚪人的理由。根据凯洛格的解释,儿童画"人"不是以现实生活为依据的,而是儿童从动作到表征,即发展美术符号系统并表现自我的一个环节。

阿恩海姆从他的"知觉分化"理论出发,解释了儿童画蝌蚪人的理由有其合理之处。根据阿恩海姆的理论,早期儿童由于知觉尚未分化,其绘画样式十分简化。随着儿童的成长,其知觉能力不断分化,绘画样式也趋于复杂。在早期阶段儿童的知觉中,对人体各部分的认识尚未分化,因此儿童用圆表现的不只是人的头部,而往往是整个人体。随着儿童的成长,儿童所画的图形的象征意义才越来越狭窄,也越来越明确且具有特定的含义。3—4岁的儿童一般都会根据成人的要求指出人体的一些部位和器官,或者在别人所画的人物中找出这些对应的部位和器官。但是,儿童绘画的样式仍服从于其知觉分化的水平,如用圆和最简单的图形表现人体的各个部位。要证明这一点并不困难,如果要求儿童在蝌蚪人上画上肚脐眼或者衣服的纽扣,儿童有时会不假思索地在蝌蚪人嘴的下方画上小圆圈(见图2-18),有时则会在头部下方的两条竖线之间画上小圆圈(见图2-19)。在前一种情况下,儿童所画的圆既代表了头部,又代表了躯干部;在后一种情况下,两条竖直的线条既代表了躯干部,也代表了下肢。

图2-18 肚脐眼或者衣服的纽扣画在嘴的下面

图2-19 两条竖线既代表躯干也代表下肢,这时肚脐眼或者衣服的纽扣被画在两条竖线之间

六 人以外的其他初期图形

除了"人"以外,初期的儿童画还有"动物""植物",以及"建筑物""交通工具"等图形。

(一)"动物"

在儿童初期的画中,要区别"动物"和"人"是困难的。一些儿童画,既可以称之为"动物",也可以称之为"人"。因为儿童自发的、自己创造的美术符号系统中的"人"并不一定是真正意义上的人,"动物"也并不一定是真正意义上的"动物"(见图 2-20)。

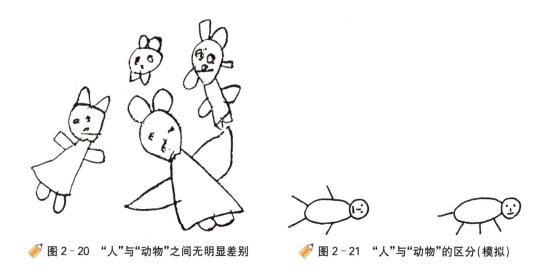

图 2-20 "人"与"动物"之间无明显差别

图 2-21 "人"与"动物"的区分(模拟)

凯洛格认为,只有当儿童能将水平位置的图形中的"手"和"脚"的位置加以调整时,儿童才能将"动物"与"人"的图形作明确的区分(见图 2-21)。而对 4—5 岁的儿童来说,他们已经能完成这一调整过程,即能从成人的画中认识到动物的形状,并在自己的画中加以认同,使所画的"人"与动物加以区分(见图 2-22)。

图 2-22 儿童画的动物

(二)"植物"

儿童初期所画的"植物"与没有手臂的"人"十分相似,因此可以推论:儿童所画的"植物"

也是经由涂鸦线、图形、结合体、集合体、曼陀罗、"太阳"及蝌蚪人这样一条途径发展而来的。在儿童初期所画的"花""树木"等植物中,经常含有曼陀罗、"太阳"等样式的成分(见图2-23)。随着儿童的发展,儿童可能认同成人画中的植物样式,并使自己所画的植物与成人的日益趋同。

图2-23 与"人"相似的"植物"　　　　图2-24 儿童所画的各类建筑物和交通工具举例

(三) 其他图形

儿童在其美术发展的过程中,所画的"建筑物""交通工具"等图形往往不是儿童观察了这些实物之后照样子画出来的,而是从结合体和集合体等发展而来的(见图2-24)。儿童画中表现出来的特有的、原型的图形在全世界具有共性,这是儿童美术发展的自然结果。

案例分享

陈鹤琴先生在其子陈一鸣身上曾做过一个"从一个儿童的图画发展过程看儿童心理之发展"的研究,其中一幅画展现了童年时期的陈一鸣存在与同龄儿童同样的绘画表现方式——正面画人,侧面画动物(见图2-25)。这是儿童绘画的一种特征,是儿童发展过程中所需要经历的一个阶段。

图2-25 陈鹤琴先生的研究

七、儿童美术的国际性

全世界各国儿童的早期美术作品有惊人的相似之处,很难从他们的美术作品中区分他们的国籍。如果说,在他们的美术作品中还能找出一些差异的话,那么这种差异可能更多地与儿童使用的美术工具和材料有关,而不是与国籍有关。

凯洛格曾收集了数十个国家的儿童画,并对它们进行比较。她发现,各国儿童都以几乎同样的方式发明和创造自己的"美术语言"。有人更是直截了当地指出,绘画形式的发展主要取决于儿童神经系统的基本特征,而世界各国儿童的神经系统的基本特征不随文化的改变而发生变化;随着年龄的增长,儿童受其所处社会文化的影响越来越大,才在他们的画中显示出日益明显的社会文化差异。

里德在评述凯洛格的研究结果时指出,根据凯洛格的假设,所有儿童都是依靠象征化这种能力的发展,而经历了同样的绘画发展历程,即从不固定、无意识的涂鸦开始,到能画几个基本图形,而后进步到把图形与一个及以上的图形组合,达到了人们能够认识的象征阶段,世界各国的儿童都要经历这一绘画的发展过程。

不仅是绘画,研究表明,全世界各国儿童早期的手工(如泥工、纸工等)也有类似的发展过程。

第二节 儿童美术的特征和表现方式

许多年来,人们一直尝试着从儿童美术作品中归纳和提炼出儿童美术的特征与表现方式。但由于儿童美术作品的丰富多彩、变化多端,儿童美术活动过程的自由化、个性化,因此这类努力往往难以达到预期结果。特别是在归纳和提炼的过程中,如果还是站在成人的立场上,就会对儿童美术发展的过程认识不透彻,那么所谓的"特征"和"表现方式"只能成为强加于儿童身上的"包袱"。

儿童美术的特征和表现方式在儿童美术发展的过程中不是静态的、一成不变的,而是一个动态的,由简单到复杂的、由不分化到分化的发展过程。若不树立这种观点,是难以把握儿童美术的本质及其表现特征的。

一、图形的选择和组合

儿童画常由一些图形以一定的方式组合而成,研究儿童画,必定要涉及与此有关的一系列问题:儿童在绘画时是如何对图形进行选择的?儿童组合这些图形的原则和方法是什么?

选择某些图形进行某种组合会产生什么样的结果？等等。在对这些问题的众多研究中，比较有代表性的是阿恩海姆、凯洛格和布斯。

阿恩海姆研究的主要兴趣在于美术是如何与视知觉和视觉思维联系在一起的。他提出，画并不是它所要表达的事物的复制品，而是原事物的等同物，这意味着在画面上出现的东西仅仅包含了原事物的某些性质而已。儿童对图形的选择和安排，主要取决于原事物的"结构"，这些图形表达的是原事物的形式的基本方面。例如，人物的基本"结构"是通过垂直轴表达的。儿童在绘画时就是将这种"垂直的结构"加以具体化。在绘画媒介的限制范围内，儿童往往根据简化的原则，经常以某种秩序重复地运用某一图形，以此作为表达事物的等同物。

凯洛格认为，儿童对图形的组织秩序和平衡的追求是十分重要的。儿童在绘画发展过程中所保留并经常重复画的都是一些有良好视觉形象、有秩序、平衡的图形，如同心圆、"太阳"等。

布斯感兴趣的是儿童图案的样式。她通过研究线和点这两种最简单的图形，探索儿童是如何通过重复、对称、围绕一个中心点旋转等方式将这些最简单的图形转换成较为复杂的图形的。

这些研究为人们理解儿童美术的特征和表现手法提供了思路。根据这些研究，重复、对称、旋转等是儿童经常用于组织和安排图形的方式；追求图形的组织秩序和平衡，对有秩序的和平衡的图形的偏好与选择，将简单的图形转换成复杂的图形，将前阶段形成的复杂图形转成后阶段更复杂图形的组成部分等，都是儿童美术表现的原则和方法。

二、避免图形的重叠

年幼的儿童在画一个事物的时候，不能理解在某一空间里既可以画一个图形，还可以画另一个图形。他们认为，每个图形都应该有其自己的空间。这样，在绘画时，儿童总是有意无意地避免所画的图形之间相互遮盖或重叠。随着年龄的增长，儿童逐渐学会运用图形间的相互遮盖来表示深浅远近等关系。

儿童画一堆苹果，会把每个苹果都分开画，苹果与苹果之间不会相互重叠或遮盖（见图2-26a）。对儿童来说，要画相互重叠或遮盖的苹果，在绘画技能上并不困难，只是他们不采用这样的表现手法。等到儿童会画相互重叠或遮盖的图形（见图2-26b），并以此表现深度概念时，说明儿童的绘画表现能力有了提高，这种情况一般要到学龄期才会出现。

古德诺等人曾做过这样一个实验：他们给儿童一些画，

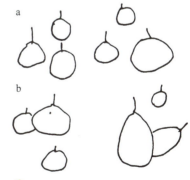

图2-26　a. 儿童画的苹果，常常是单个的苹果
b. 到学龄期，儿童才会以重叠或遮盖方式画苹果（模拟）

画面上画了一节火车车厢，车厢下已画有两个大车轮，它们差不多占据了全部可以画车轮的空间，要求儿童在画上画出另外两个大车轮。在成人能够接受的画法中，新添的两个车轮应该与两个已有的车轮有同样的大小和形状，应该是画在车厢的底下且不可超出车厢的长度。为了呈现这样的效果，轮子可以重叠或遮盖的方式，即两个非整圆的形式画出。然而，儿童通常不是这样画的，为了避免图形的重叠，他们要么改变新添轮子的大小或形状，要么打破原来要求的限制，给车厢添画上额外的部分（见图2-27），只有很少有儿童会用重叠的方式画车轮（见图2-28）。

图2-27　a和b，儿童改变新添轮子的形状或大小
　　　　　c和d，儿童给车厢增加额外的部分来解决问题

图2-28　在小年龄儿童中，只有少数人用重叠的方式画车轮

古德诺等人做的另一个实验也同样证实了儿童绘画的这种特征和表现方式：给儿童一些画，画面上画了一个"披了长发的蝌蚪人"，让儿童为这个蝌蚪人上画上"手臂"。儿童在画人时，人体上的头、腿、手臂、头发、耳等各部位都占据独立的空间，一般都不相互重叠或遮盖，即表现这些部位的线条相互之间不交叉。在解决这个实验任务时，大部分儿童不是从"头部"引出两条向下的斜线以避开"头发"，就是从两条竖直的线条上画出线条以表示"手臂"（见图2-29），只有很少的儿童才会使添加的"手臂"与给予的蝌蚪人的"头发"发生交叉或重叠（见图2-30）。

图2-29　大部分儿童都运用各种不同的方法避免手臂和头发的相互交叉

图2-30　只有很少的儿童会使手臂和头发相互交叉或重叠

图形之间的相互遮盖或重叠，是绘画中经常运用的一种方法。在画面中，虽然被遮盖或重叠的图形部分或全部看不见了，但是它们并没有显得残缺不齐，相反依然保持了原图形的

完整性。以上述画火车车轮为例,在原来的圆的边上画上两个不完整的圆,即使这两个圆的大部分被遮盖了,给人的视觉感受仍然是两个整圆,而且反映了有关远近关系的深度知觉(见图2-31)。对于儿童来说,运用这种手法表现事物还需他们认知水平的进一步提高。

图2-31　运用遮盖或重叠的方法能表现远近关系(模拟)

图形独自的界线

年幼的儿童不能理解一条线不仅可以用于表示一个事物的某一部分,还可以用于表示另一个事物的某一部分。也就是说,他们不能理解两个事物可以共用一条线来表现。他们认为,每个事物都应是独立的,在画面上每个图形都有其单独的界线。

让儿童画一垛砖墙,或者一堆书,儿童会为每一块砖或者每一本书都画上各自的界线(见图2-32)。福门在描述儿童的认知特征及其绘画表现时曾举过这样一个例子:让儿童去画一个被平均切成6块的意大利馅饼,儿童往往画一个整圆表示整个馅饼,而用12条切割线把饼分成6块。他们认为,在用刀切割了馅饼以后,每块馅饼都有自己的"界线",因为他们不能理解一根线条既可以表示这块被分割的馅饼,又可以同时表示相邻的那块被分割的馅饼(见图2-33)。换言之,在绘画时,儿童经常会在两个相连的图形之间添画上在成人看来是多余的线条。

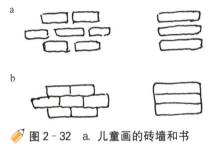

图2-32　a. 儿童画的砖墙和书
　　　　　b. 成人画的砖墙和书(模拟)

图2-33　a. 小年龄的儿童用12条切割线表示6块被分割的馅饼
　　　　　b. 成人画的用3条切割线表示6块被分割的馅饼(模拟)

随着儿童认知水平的提高,他们开始理解一根线条能同时被两个图形合用,可以既是这个图形的界线,同时又是那个图形的界线。比如,很多儿童都十分醉心于用蜡笔在纸上画天空中的彩虹。年幼的儿童常会把一道彩虹中的各种颜色分开来,这不仅是因为他们的手眼协调动作没有发育完善,还不能较为准确地运笔,而且还因为他们要保证每种颜色都要有自己的界线。随着儿童年龄的增长和认知的发展,儿童画的彩虹逐渐会一条紧挨着另一条,逐渐达到相邻颜色共用一条界线的状态。如果他们运用彩色笔画彩虹,那么他们会以一种颜色紧挨着另一种颜色的彩虹线的方式画彩虹。这时,两种不同颜色的交界处就成了相邻颜色共同的界线。

四、图形的融合

在年幼的儿童的画中,他所画的各种物体一般都是由椭圆、矩形、三角形和梯形等图形拼搭而成的,各种图形常常清晰可辨。例如,儿童将一个圆、一个矩形和四条直线组合成一个人物,且人物身上的各个图形明晰可辨,基本上都是独立的。

随着儿童认知的发展和手眼的逐渐协调,儿童画中的各个独立图形会出现融合的趋势。儿童会用轮廓线勾画出两个或者两个以上图形的外部界线,而图形之间相互结合的部位则融合成一体,此时图形之间的界线消失了。这种图形与图形的融合使线条具有更强的表现力,图形更具整体感,事物的形象也更为生动。图2-34中,儿童运用一条轮廓线就将史前动物的躯干、头、颈和肢体的各个图形勾画出来了。由于儿童运用轮廓线把动物身体各部融合成一体,所以史前动物的形象显得栩栩如生。可以设想,若这两个动物是由一些半圆、矩形、椭圆、三角形等图形拼组而成的,那么史前动物就可能会像机器动物一样缺乏生气。

图2-34 儿童用一条轮廓线,就将史前动物的形象勾画出来了

运用图形与图形相互融合的方式绘画,既是一种较为高级的思维活动,也是一种需要视觉与动作较高程度协调的活动。儿童必须对其所画事物的整体结构特征有较为清晰的认识,把一个复杂的物体看成是一个整体,在视觉上较为准确地把握它的外部轮廓线,引导画笔沿着视觉印象中的轮廓准确地运动,勾画出复杂的封闭式图形。在开始运用这种方式绘画时,儿童不能"一步到位"地把握好轮廓线的运用,因此运用这种方式绘制的画可能显得十分奇特有趣(见图2-35)。当儿童逐渐能领会这种方式,使轮廓线变得流畅起来时,其表现事物的准确性也就提高了。在一幅"打雪仗"的儿童画中,儿童运用了融合的方式表现打雪仗的孩子,大大增强了画面中人物的运动感,生动地再现了一个孩子弯腰搓雪球的动作(见图2-36中左侧的人物形象)。

图2-35 用融合的方式将人的手指等细节也画出来,使图形显得十分奇特

图2-36 运用融合的方法,增强了画面中人物的运动感

五、水平—垂直关系的处理

年幼儿童的思维受知觉的限制,只能感知到事物的某一个方面,而不能感知到事物的所有方面,在解决问题的时候,往往不能从全局考虑。这一特征常会在儿童的美术活动中表现出来,即年幼的儿童在绘画时不能运用水平—垂直关系作为稳定的参照构架,而是以局部的垂直关系替代整个画面的水平—垂直关系。

例如,儿童画道路两侧的房屋,他们常常只以局部道路作为参照点,不懂得画面所在的基底线是整个画面中任何事物位置的参照标准,缺乏对整体的水平—垂直关系参照系统的认识。儿童在绘画时会将每幢房屋的位置画得局部地垂直于道路(见图2-37)。同样,儿童在画房屋斜顶上的烟囱时,常会将烟囱画得垂直于屋顶斜面,而不是垂直于整个画面的基底线,于是,画面上会出现烟囱歪斜的奇特景象(见图2-38)。

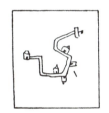
图2-37 房屋垂直于道路

图2-38 烟囱垂直于屋顶

以局部的垂直关系替代整体的水平—垂直参照系统,这是儿童在没有建立起水平—垂直参照系统前经常采用的方式。如儿童画一组人围着圈子跳舞,每个人都局部地垂直于这个圆圈。这样的画给成人的感觉是一组人围着圈趴在地上,但是对这个年龄阶段的儿童而言,却是在表现围着圈跳舞(见图2-39)。儿童画一些人坐在马车上,两侧的轮子分别地垂直于马车车厢,人垂直于车厢前侧,马垂直于地面。这样的画给成人的感觉是绘画者从多个视角在画同一张画,这种关系在现实中是难以成立的,但是对年幼的儿童而言,却能轻松地认识到这是一张反映一匹马拉着一车人在大路上行驶的画(见图2-40)。

图2-39 一组人围着圈跳舞

图2-40 一匹马拉着一车人在大路上奔驰

皮亚杰认为,发现儿童是否已经能够自发地运用水平—垂直参照系统进行构图,这是十分重要的。朱家雄等人曾做过这样的实验,试图发现儿童在什么年龄阶段开始,能发展出这样一种参照系统进行构图:他们给被试一张画有一座小山的纸,在小山的顶上已画了一幢小房子和两棵树,在山坡的平坦之处也已经画了一个垂钓的人,其余的山坡都很陡峭,要求被试将另一幢房屋画在山坡上。他们发现,儿童在画房屋时会出现4种不同的情况:(1)房屋垂直于画面的基底线,坐落在山坡之上(见图2-41);(2)房屋垂直于画面的基底线,但是没有任何支撑,飘悬在半空之中(见图2-42);(3)房屋垂直于山坡(见图2-43);(4)不会画。很明显,第(2)种情况是第(1)和第(3)种情况之间的过渡形式,那些儿童已经知道房屋应该与地面保持垂直关系,但是由于山坡太陡,不能画下这幢房屋,只能画这种"空中楼阁"。研究的结果是,能将房屋画得垂直于画面的基底线并坐落在山坡上的大、中班儿童分别为35.0%和12.7%;将房屋画成垂直于山坡的大、中班儿童分别为15.0%和19.0%;处于过渡状态的大、中班儿童分别为50.0%和39.7%;还有28.6%的中班儿童不知道应该怎么画。这个研究结果说明,5—7岁的儿童正在逐渐地建立起水平—垂直的参照系统。[①]

图2-41 房子垂直于画面的基底线,坐落在山坡之上

图2-42 房子虽垂直于画面的基底线,却飘悬在半空之中

图2-43 房子垂直于倾斜的山坡

一旦儿童能够运用水平—垂直关系的参照系统构图,他们的画就比较忠实于它所表现的事物的视觉概念,与成人的构图方式相统一。从以局部的垂直关系替代整体的水平—垂直关系,到能够运用水平—垂直关系的参照系统构图,这一发展过程虽说几乎是一个跳跃式的过程,但儿童刚开始运用水平—垂直参照系统进行构图时似乎还有些呆板和模式化。例如,处于这个过渡阶段的儿童,所画的人,不管这些人在做什么,上肢往往都是平举的,形同稻田里的"稻草人"(见图2-44)。画面中,人物的躯干、四肢、树木、标牌等,要么是水平线构画,要么是垂直线构画(见图2-45),十分机械地遵循着水平—垂直参照系统的构图原则。

图2-44 不管画中的人做的是什么动作,两只手都是平举的,形同"稻草人"

图2-45 画中的人、标牌、树木花草等都十分机械地遵循着水平—垂直参照系统的构图原则

[①] 朱家雄.儿童绘画心理与绘画指导[M].上海:上海教育出版社,1991:47.

随着儿童认知的发展,他们会逐渐地对自己那种过多地使用水平线和垂直线的构图表现出不满,开始试图运用倾斜关系来表现复杂的事物,使构图向更为高级的阶段发展。当儿童不仅能够在水平—垂直关系的参照系统里运用水平线和垂直线表现事物,而且还能熟练地在此系统里运用不同倾斜度的线条表现事物时,儿童的表现能力就大大增加了。例如,他们不仅能用直线和斜线将倾盆大雨和狂风暴雨区别开来,而且还能用不同的倾斜度表示风的强烈程度或人在奔跑时的速度。这样,儿童的美术作品就显得更为逼真,更有表现力。

我们以三张模拟图来说明用倾斜关系替代机械的水平—垂直关系能使画面更具表现力(见图2-46)。一棵直挺挺的树,每根树枝和树干之间,以及每一片树叶和树枝之间如果是垂直关系,那么这棵树给人的视觉印象是僵化的;如用较为简单的倾斜关系替代"横平竖直"的表现模式,那么树开始出现了一点生气;如用复杂的倾斜关系表示树干、树枝和树叶之间的关系,那么所画的树就能给人以一种生机勃勃、具有活力的视觉印象。儿童运用复杂的倾斜关系替代机械的水平或垂直关系表现事物,是一个逐渐发展的过程。

图2-46 用倾斜关系替代水平—垂直关系(模拟)

六、事物之间关系的处理

儿童在美术活动中表现事物与事物之间的关系,比儿童表现某一孤立的事物要困难得多。这就与儿童理解一辆汽车比另一辆汽车开得快要比仅理解汽车这个物体本身更为困难一样。

年幼的儿童常将事物看作是独立的个体,他们在纸上画的物体往往是一个个单独的存在,与其他事物缺乏联系,而且还常是飘浮在空中的,与地面也没有关系。例如,儿童画一个人戴一顶帽子,这顶帽子可以与人的头部没有任何接触,而是飘浮在空中的(见图2-47)。

图2-47 帽子飘浮在空中

随着认知水平的提高,儿童在绘画时开始意识到一个事物与另一个事物发生了联系。在开始阶段,儿童是以十分简单的方式处理事物之间的这种关系的。例如,当儿童画一个人骑在动物身上或者坐在一张椅子上时,他们只是将所画的人的躯干紧贴着坐骑的背部或者椅面,人的腿"消失"了,人和动物或者人和椅子双边的关系仅仅表现为紧密接触,但"互不侵犯"(见图2-48)。有些儿童在处理类似问题时,仍然画出人和动物或者人和椅子双方的完整图形,并且简单地将双方重叠在一起,使它们之间形成一个同属于双方的部分,产生了 X 光式的图画,给人以一种动物或者椅子是透明的感觉(见图 2-49)。

图 2-48 人和动物或人和椅子的关系仅表现为紧密接触,但"互不侵犯"

图 2-49 人和动物或者人和椅子双方都保持完整的图形,并相互重叠在一起,形成 X 光式的图画

图 2-50 只画出了人的一条腿,另一条被动物遮盖了

儿童在处理事物与事物之间的关系时,更为高级的水平是 X 光式图画的消失。以人骑在动物身上为例,儿童在处理人与动物之间的关系时,如果只画出人的一条腿,而不再画出坐在动物身上后的另一侧看不到的腿(见图 2-50),就说明儿童的表现方式已与成人的表现方式十分接近,已能较为客观地反映出事物本来的面目了。

儿童在绘画时,所画人物的肢体残缺不全是常见的事。当儿童在画人时不再出现"缺胳膊少腿"的现象,能根据所画的人和坐骑之间的关系有意地不再画上另一条看不到的腿时,这就说明儿童已经能进行较为高级的思维活动了。因为儿童若要完成这个任务,就必须摆脱将各种事物仅作为单独存在的实体来看待的方式,从整体上把握事物之间的关系,并能在绘画时将这种关系表现出来。

七、动态的表现

对年幼的儿童来说,表现事物的动态不是一件容易的事。我们不能将儿童喜欢画活动的对象(如人、动物等)这一现象直接地演绎为儿童的美术具有动态性的特征。

儿童在绘画时,表现人的行走和跑步的动态有一个缓慢的发展过程。年幼的儿童所画的人,即使是在行走或者跑步,也常以正面直立的方式加以表现。有一些 5—6 岁的儿童,开始用动态的方式表现人的行走和跑步的动作。但是,这种表现的手法仍然是十分简单的,只是将正面直立的人物的下肢的位置画得分开一些而已,下肢分得越开,表示人的行走或者跑步的速度越快(见图 2-51)。

图 2-51 正面直立人物的行走或跑步动态

通过对大量的儿童画的分析,我们可以发现儿童很少画侧身的人,但画侧身的动物却很多。用侧面的方式画人物的动态活动,是一种较为高级的表现方式,只有在学龄期儿童的画中才能经常见到。与画人物正面的行走和奔跑相类似,儿童一开始只是将下肢画得分开一些,以表示行走或跑步的动态,下肢分得越开,就表示行走或跑步的速度越快(见图2-52)。以后,除了所画人物的下肢位置变化以外,儿童还采用改变人物手臂的位置的方式来表示人的行走和跑步的动作(见图2-53),然而与下肢的位置变化相比,上肢的位置变化显得并不很重要,一般只是起辅助作用。衣服和头发的随风飘动,以及表示运动的线条(这些线条在实际中并不存在,它只是人们用以表示动态时常用的图形符号)等,也是常被年龄稍大的儿童所运用的表现人物行走或者跑步的一种方式(见图2-54)。但是,在大多数儿童的绘画作品中,尽管所画的四肢、头发、衣服等的位置发生了这样那样的变化,人物躯干部的主轴线却始终保持不变,就是说,它是始终垂直于地面的。

   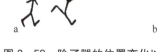 

图2-52 侧面人物的行走或跑步动态

图2-53 除了腿的位置变化以外,儿童还采用改变人的手臂位置的方式表示行走和跑步的动作

图2-54 a.衣服和头发的随风飘动
b.代表运动的线条,也常被年龄较大的儿童用以表示行走或跑步

表现人物的行走或者跑步动态的一种更为高级的方式是人物的主轴线的变化,即人的主轴线不再僵直地垂直于地平面,而是发生了倾斜(见图2-55),但是躯体的各个部位仍然是同轴的。一般只有在8—9岁以后的儿童所画的画中才能见到儿童用这种表现方式表现人物行走或者跑步的动态。

在表现"一个人弯腰去捡地上的皮球"的动态中,不同年龄的儿童有不同的表现方式。将这些表现方式联成一体,能在一定程度上反映出儿童动态表现方式的发展过程。

图2-55 人与地面的角度变化是表示运动动作的更高级的方式

年幼的儿童画一个人捡皮球的动作,只是将其所画的人和皮球尽可能地相互接近(见图2-56)。在这种情况下,人是站立着的,皮球还是在地上。有些儿童则用另一种方式表现这一动作,那就是将皮球画在人的手中(见图2-57)。还有些儿童采用的表现手法是增加所画的人物的手臂长度,使之能捡取地上的皮球(见图2-58)。这三种表现方式有一个共同的特

图2-56 儿童只是将所画的人和皮球尽可能地相互接近　　图2-57 将皮球画在人的手中　　图2-58 增加了人的手臂长度,使之能直接捡取地上的皮球

点,那就是儿童所画人物的主轴线始终是垂直于地面的。

随着儿童认知的发展,儿童所画的人的主轴线发生了变化,开始时,人物的主轴线相对地面发生倾斜(见图2-59);以后,人物的主轴线可能呈现倒"V"形或者倒"U"形(见图2-60)。但是,要在真正意义上表现人捡皮球的动态,人物的主轴线应是不规则的(见图2-61),是依据所表现的动作而确定的。不过总体而言,儿童所画的一个人在地上捡皮球的动作中,不管人物的主轴线发生了何种变化,都较主轴线垂直于地面的表现方式更高级。

图2-59 人相对地面发生倾斜　　图2-60 人物的主轴线呈现倒"V"形或倒"U"形　　图2-61 颈、胸、腰、膝盖等部位根据需要发生了弯曲

八、透视

学前儿童一般不会用透视的方法构图。按照透视规律显示三维空间的构图,一般要在10岁以后的儿童身上才会发生。

以儿童画立方体为例,年幼的儿童只能把三维的立方体画成二维的正方形;慢慢地,他们会用多视点构图的方式尝试画立方体;到了一定的年龄,且常常是接受了一定的教学和训练后,才使所画的立方体最终符合透视规律,成为能理想地表示三维立方体的图形(见图2-62)。

图2-62 儿童画立方体的发展过程

儿童画立方体的发展过程同样在其画其他事物中可以看到。例如,儿童画房屋,年幼的儿童画的房屋是平面的,年长的儿童会用透视法画出三维的房屋。而在会画三维的房屋以前,儿童常用多视点的构图方式画房屋(见图2-63),用以表现房屋的立体形象。

图2-63 在运用透视法画房屋以前,儿童常用多视点的构图方式画房屋

有人对5—17岁儿童画桌子以及桌子上摆放的杂物进行了研究,发现不同年龄的儿童会运用不同的方式构图,将这些不同的构图方式连贯起来,可以显示出儿童掌握透视规律的发展过程(见图2-64):5—6岁的儿童会把桌面画成一个矩形,桌面朝外,桌上的东西全都飘浮在空中;7—8岁的儿童会把桌面画成近乎一条直线,各种杂物都画在这条直线之上;大约从9岁起,儿童开始尝试画立体画,他们把桌面画成矩形,各种杂物与这个矩形的面相接触;大约从14岁起,儿童才开始真正学会画透视画。运用透视规律进行构图,大部分儿童并不能够自发学会,不少人由于没有系统地学习过这种方法,即使到了成人期,也不能正确运用透视规律绘画。

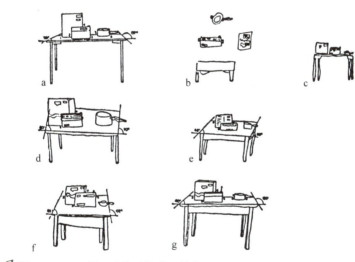

图2-64　a. 用正确的透视法画的桌子
　　　　b. 5—6岁儿童画的桌子
　　　　c. 7—8岁儿童画的桌子
　　　　d. 9岁以后,儿童尝试画立体画,把桌面画成矩形
　　　　e, f, g. 大约14岁开始,儿童越来越准确地运用透视规律画桌子

九、色彩

在绘画过程中,最初使儿童感到激动和兴奋的是绘画本身,而不是色彩。儿童更多重视的是造型,而不是色彩。例如,儿童在涂鸦期一般对绘画所运用的色彩的选择并不给予太多的理会,他们或者只是使用单色笔在纸上涂画,或者偶尔地交替着使用两种不同颜色的笔重复地涂画。这并不是说那时的儿童不懂得色彩,而是说明儿童所具备的运笔能力占据了核

心地位。

有研究表明：2.5—3岁的儿童对红色的识别力最好，绿色次之，蓝色较差，总体而言，还没有最终形成色感。此外，女性儿童与男性儿童在形成色感时存在着差异，女性儿童在14个月时就能感受到红色，而男性儿童则要晚2个月左右；而最终完成色感的确立，女性儿童是7.5岁，男性儿童是8岁。

儿童对红色、黄色等波长较长的温暖色比较喜爱，而对波长较短的冷色，如蓝色、紫色等则不喜爱；对于明亮的色彩比较喜爱，而对暗淡的色彩则不喜爱。在一般情况下，儿童在绘画时最常选用的是红色、黄色等一些比较鲜艳的颜色，使画面显得十分艳丽和醒目。

很少有人研究儿童在绘画中颜色选择的发展意义。艾修勒和哈特薇克曾在一项绘画与儿童人格之间关系的研究中提出，儿童在运用色彩方面，有一个早期主要运用暖色到后期再运用冷色的发展过程。同时，他们还将儿童对暖色调的运用与儿童的冲动性行为，以及即时的内在需要的满足联系在一起。他们认为，儿童对冷色的运用是否占主导地位，反映了其对冲动的控制和对社会环境的适应等方面的能力。色彩是儿童直接表达情感、冲突和困扰的理想媒介，颜色是情感的语言，是儿童情绪生活的性质和强度的最初指征。

一些研究试图揭示儿童选择和运用的色彩与儿童情绪情感及人格之间的关系。例如，有人分析了3—4岁的儿童绘画作品，提出色彩与儿童的性格有如下的关系：红色表示儿童具有表达爱的能力；绿色表示儿童具有克制情感的控制能力；黄色表示儿童有很强的依赖性；蓝色，尤其是大面积涂抹的蓝色常表明儿童内心充满不安和恐惧的情绪；黑色表明儿童的恐惧和忧郁；橙黄则显示儿童性格较为活泼，适应能力强，但是性格怯懦的儿童却常以它表现内心的焦虑不安。这一类的研究往往会遇到方法学上的困难，研究的结果不是很稳定，因而较难被广泛地接受。

对于儿童在美术活动中运用色彩较为一致的看法是：儿童以其与众不同的方式选择和运用色彩，并不太多地顾及它们的现实价值，而发展的趋势是越来越向现实靠拢。

本章思考题

1. 基本涂鸦线与样式配置有何异同？
2. 曼陀罗、"太阳"的出现对儿童有何发展意义？
3. 阿恩海姆是如何解释儿童画蝌蚪人的？
4. 举例说明儿童在绘画时避免图形重叠的现象。
5. 举例说明儿童在绘画时图形都有独自的界线的现象。
6. 描述儿童逐步建立水平—垂直参照系统进行绘画的发展过程。
7. 描述儿童在绘画中处理事物之间关系的发展过程。

拓展资源

> 李慰宜,侯小燕.幼儿美术欣赏与表现[M].上海:上海社会科学出版社,2005.

该书的作者是从事了五六十多年幼儿美术教育工作的特级教师,对于幼儿美术的发展、特征及表现形式相当有经验、体验和研究。书中精选了美术家和儿童的作品,配以精简的文字对美术作品作了细致的解读,对于学生了解、认识幼儿的美术发展及表现颇有裨益。有人认为,有些著名的画作与儿童画有"异曲同工"之妙,学生也能在书中看到对此类内容的比较与分析。

第三章 学前儿童美术能力的发展阶段与特点

知识要点

- 学前儿童绘画能力发展的阶段与特点
- 学前儿童绘画的特殊表现
- 学前儿童手工制作能力发展的阶段与特点
- 学前儿童美术欣赏能力发展的阶段与特点

思维导图

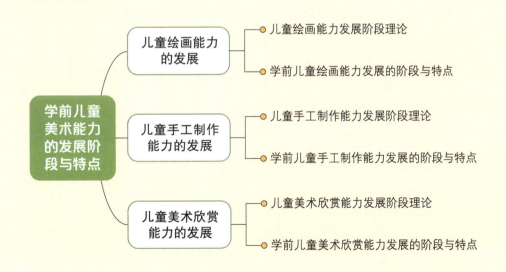

内容导入

学前儿童美术能力发展的阶段与特点是设计和实施美术教育活动的基础、依据，本章介绍了学前儿童在绘画、手工制作和美术欣赏三方面的发展阶段与特点。

一、儿童绘画能力发展的阶段与特点

首先介绍了国内外具有代表性的关于儿童美术能力发展的阶段理论。其中，国外有代表性的理论主要有以下几种：柯思修泰纳的儿童绘画能力发展阶段；白特的儿童绘画能力发展阶段理论；赫伯特·里德的儿童绘画能力发展阶段理论；维克多·罗恩菲尔德的儿童绘画能力发展阶段理论。国内有代表性的理论主要有以下几种：陈鹤琴的儿童绘画能力发展阶段理论；黄翼的儿童绘画能力发展阶段理论；屠美如的儿童绘画能力发展阶段理论；杜玫的儿童绘画能力发展阶段理论。

根据上述主要的绘画能力发展的阶段理论，我们综合和归纳了学龄前儿童在绘画发展上的阶段，主要有：涂鸦阶段、象征阶段和图式阶段。涂鸦阶段的儿童，随着其手眼脑的不断成熟，经历了从无控制的涂鸦，到有控制的涂鸦，再到命名涂鸦的发展过程，儿童逐渐地将所画内容与周围事物结合起来。到了象征阶段，儿童能用简单的线条画出象征物体的外部轮廓，并逐步开始将基本形状结合在一起构成形象，以表现物体的基本结构和特征。在色彩上，五颜六色是该阶段儿童画面色彩的显著特点，儿童逐渐地能够按物择色，涂色技能从疏密不均到逐步能够涂在轮廓线内。物体在空间安排上从最初的相互独立，开始逐步发现"在空间关系里存在着明确的秩序"，并出现一定空间关系。图式阶段的儿童在造型上，已能用流畅的线条来表现物体的结构，并用细节突出物体的特征，从组合逐渐到融合，反映其对物体结构的认知从部分发展到了整体。对于色彩的认知，除了颜色种类的不断增多，儿童还能逐渐地运用色彩的对比、同种色的表现等使画面色彩进一步协调，同时运用色彩表达自己情绪情感的能力也在持续发展。画面内容逐步地围绕主题展开，形象和形象之间有了一定的联系，并开始尝试表现出动物和人物的动态。

在象征阶段和图式阶段，由于儿童心理发展的特点，使得他们在绘画中常常用主观的"知的运用"与"空间概念"去描绘物体，从而出现了拟人化、透明式、夸张式和展开式等特殊的表现特征，但这些特征会随着儿童年龄的增加、观察的逐渐客观化、绘画表现的越来越自然化而逐步消失。

二、 儿童手工制作能力发展的阶段与特点

儿童从很早的时候就萌发了制作活动的意愿,从撕纸、反复地玩弄手中的泥块,到用各种工具和材料制作出平面的或立体的作品,他们的技能日趋成熟。可是,与绘画能力发展的研究相比,人们对儿童手工制作能力的研究却非常少。

本书主要介绍了孔启英和徐德成的相关理论,并在此基础上,归纳了学前儿童手工制作能力发展的阶段:玩耍阶段、直觉表现阶段和灵活表现阶段。之所以称第一个阶段为玩耍阶段,主要是因为在该阶段中,儿童只是通过玩各种纸张、黏土等来了解这些材料的特性,为之后的手工制作打下基础。到了直觉表现阶段,儿童已能用简单的工具和材料制作出作品来,但是表现出来的作品仍带有直觉性,这是由于儿童还不能熟练地运用各种手工制作技能,因此制作出的作品显得较为幼稚、粗糙。灵活表现阶段的作品看上去已经比较复杂,并具有一定的情节性,这是因为这一阶段的儿童随着手腕动作和手眼脑的不断协调与发展,已不能满足于仅用一两种技能制作简单的物体形象,希望能够用各种工具和材料制作出他们喜欢的、较复杂的物体形象。

三、 儿童美术欣赏能力发展的阶段与特点

关于儿童美术欣赏能力的发展阶段理论,主要介绍了加德纳的儿童审美感知发展阶段;帕森斯的儿童审美感知发展阶段;瓦伦汀的有关儿童审美偏爱的研究以及屠美如的儿童美术欣赏发展阶段理论。根据上述阶段理论把学龄前儿童美术欣赏能力的发展分为以下两个阶段:生理性的直接感知阶段和主观的审美感知阶段。虽然在生理性的直接感知阶段中,2岁以内的儿童,感知能力和审美感知能力一般还没有分化,但是他们的感知觉的发展为其审美偏爱和审美感知奠定了基础。随着儿童认知能力的发展,其美术欣赏感知和理解方面不断地发展,到了主观的审美感知阶段时,他们表现出以下几个特点:一是强烈地注意颜色;二是对绘画题材产生自由联想的反应;三是关注画面的局部特征。

总之,儿童美术能力是随着其生理、知觉能力、情感态度、智力和生活经验的发展而发展的。儿童美术能力在其发展过程中体现出以下特点:第一,儿童美术能力的发展既有连续性又有阶段性;第二,儿童美术能力发展的历程基本上是一致的;第三,儿童美术能力的发展体现出较为明显的从自我中心向客观化发展的趋势。

教与学的建议

1. 教师可带领学生参观当地一所幼儿园，指导学生观摩幼儿园集体美术教学活动，引导学生观察儿童在不同美术教育活动中的行为表现，并进行记录，以增强学生对儿童不同美术能力发展特点的了解。

2. 学生可以收集 2—3 幅象征阶段和图示阶段儿童的绘画作品，从中找出儿童作品中所表现的拟人化、透明式、夸张式和展开式的特征并作分析，更好地理解儿童独特的表现。

了解学前儿童美术能力的发展是进行学前儿童美术教育的基础。学前儿童美术教育工作者必须了解学前儿童美术能力发展的阶段与特点,并根据学前儿童美术能力发展的实际情况来设计和实施美术教育活动。本章将介绍学前儿童在绘画、手工制作和美术欣赏三方面的发展阶段与特点。

第一节 儿童绘画能力的发展

一、儿童绘画能力发展阶段理论

根据儿童在绘画能力发展中所表现的各种现象和特征,学者们从各自的观点和立场出发,总结出儿童绘画能力发展的规律,提出了儿童绘画能力发展的阶段理论。其中,国内外有代表性的理论主要有以下几种。

(一) 国外学者的儿童绘画能力发展阶段理论

1. 柯思修泰纳的儿童绘画能力发展阶段理论

柯思修泰纳是德国的儿童绘画能力研究者,他用了七年的时间,对三十多万张儿童画进行了分析研究。在他所著的《儿童绘画能力的发展》一书中,把儿童绘画能力的发展分为五个阶段:

涂鸦期 大约2—4岁,只会画人物的局部,整幅画面无系统、无秩序。

图式期 开始能画出形状,但所画的东西仅为一种象征性的图式,如用圆表现人物的脸。

线与形式期 能分辨线的长短和形式。

平面画期 能如实地描绘所见之物,但不能表现事物的远近和明暗。

立体画期 能辨别高、深、宽三个维度,能画出远近和明暗的变化。

2. 白特的儿童绘画能力发展阶段理论

白特在其《心理与学业测验》(*Mental and Scholastic Tests*)一书中所划分的儿童绘画能力发展阶段被里德看作是最有系统的儿童绘画能力进化的发生学理论纲要。白特划分的发展阶段简述如下:

涂鸦阶段 2—3岁,3岁时为巅峰。

划线阶段 4岁,视觉控制已达一定程度,常画蝌蚪人。

图形的象征阶段　5—6岁,人物已画得相当正确,但仍是概略的象征性图形。

图形的写实阶段　7—8岁,儿童画他所知道的而不是所见到的,图式趋于细节。

视觉写实阶段　9—10岁,根据自然状况绘画,先画平面,后画立体。

抑制阶段　11—14岁,兴趣由绘画转移到以语言为媒介进行表现,若继续绘画,已偏爱传统的样式。

艺术复现阶段　青少年早期,绘画成了真正的艺术活动。

白特认为,对于大多数人,只能达到抑制阶段,而永远达不到艺术复现阶段。

3. 赫伯特·里德的儿童绘画能力发展阶段理论

英国艺术教育家赫伯特·里德在其著作《通过艺术的教育》(Education Through Art)中把儿童绘画能力的发展分为七个阶段:[1][2]

错画期　这一时期又可以细分为,一是无目的的铅笔画,通常由右至左、由上而下,是肩部的肌肉动作;二是有目的的铅笔画,能注意自己所画的线条,并说出所画线的名称;三是模仿铅笔画,手腕的动作代替了手臂的动作,手指的活动又代替了手腕的活动,通常努力模仿成人作画的动作;四是部位错画,试着画出对象的特征,是由错画到划线的过渡阶段。

划线阶段　4岁,视觉控制有了进步,喜欢以人为主题,大体上已能画出人的形态,以圆为头部,点为眼睛,两条单线为腿,但人的各部分的结构不完整。

图形的象征主义阶段　5—6岁,人像已能画得相当正确,但仍为概略的象征性图形。在这一阶段,儿童逐步形成自己的图式。

图形的写实主义阶段　7—8岁,还不能客观地描绘他们所看到的东西,只是画其所知,而不是画其所看,对自己感兴趣的物体会描绘其细节。

视觉写实主义阶段　9—10岁,想画得像实物,不但想把轮廓正确地画出来,而且对透视、明暗、立体感也有所考虑,开始由平面造型向立体造型过渡。

抑制阶段　11—14岁,这一时期的儿童由于自身的发展,对自然的观察有了客观的认识,虽试图把自然进行再现描绘,但进步缓慢。对自己不能随心所欲地表现感到失望,因而失去美术学习的兴趣。

艺术的复现　15岁以后,这一时期的绘画中开始有了故事情节。绘画题材具有性别差异性。男孩对技术的、机械的表现产生兴趣,而女孩较喜欢浓艳的色彩、柔媚的形式、美丽的

---

[1] [英]赫伯·里德.通过艺术的教育[M].吕廷和,译.长沙:湖南美术出版社,1993:120—122.
[2] 编者注:脚注①中的原作者Herbert Read,现多译为赫伯特·里德,故本书中均以赫伯特·里德指称。

线条。但是，大多数人也许永远发展不到这一阶段。

4. 维克多·罗恩菲尔德的儿童绘画能力发展阶段理论

罗恩菲尔德在 1947 年出版的《创造与心智的成长》(Creative and Mental Growth)一书中将儿童绘画能力的发展划分为以下几个阶段：

涂鸦期 2—4 岁。

图式前期 4—7 岁。

图式期 7—9 岁。

写实萌发期 9—11 岁。

拟写实期 11—13 岁。

青春危机期 13—17 岁。

将罗恩菲尔德划分的儿童绘画能力的发展阶段与皮亚杰的儿童认知发展阶段作一比较，可以发现两者之间存在惊人的对应性。这种对应性表明：尽管这两位学者研究的领域有所不同，但是得出的儿童发展所遵循的规律是一致的，可以以儿童绘画作为指标，研究儿童认知的发展规律。表 3-1 对皮亚杰的认知发展阶段与罗恩菲尔德的儿童绘画能力发展阶段进行了比较。其中，对学前儿童阶段作了较详细的阐述，对学龄阶段则作略述。

表 3-1 皮亚杰的儿童认知发展阶段与罗恩菲尔德的儿童绘画能力发展阶段对照表

大约年龄（岁）	皮亚杰的认知发展阶段	罗恩菲尔德的儿童绘画能力发展阶段
0—2	感觉运动期的婴儿，其行为取决于反应能力。婴儿按习惯行动，不能在大脑中唤起非眼前的物体。抓握、抚摸以及其他动觉和感觉活动有助于思维的发展。	美术始于感觉与环境的首次接触和儿童对这些感觉经验作出的反应。触摸、感受、看、抚弄、听、嗅是美术活动的基本背景。
2—4	符号功能期的儿童，通过下列活动开始表现非眼前物体和现象： 延迟模仿——模特消失后的模仿； 符号游戏——伪装和假扮等游戏； 绘画——游戏般的愉快练习； 在无目的的涂画中产生形式认识("偶发的现实主义")； 试图从记忆中复制模特——依成人的标准来看，整体中的局部常被误置("错误的现实主义")； 心理意象； 说话。	涂鸦期的儿童，通过下列过程开始形象性的自我表现： 无控制地涂抹——满足动觉经验； 控制重复性运动——加强运动和视觉行为的协调性； 开始命名绘画形式——显示出动觉重点向形象思维过渡的特点，儿童认识到绘画形象与外界之间存在的关系； 能画出非眼前物体与事件； 结果——绘画成为概念和情感的一种记录； 绘画展示了非眼前物体和事件的视觉记忆，即作为阅读能力基础的符号性。

续 表

大约年龄（岁）	皮亚杰的认知发展阶段	罗恩菲尔德的儿童绘画能力发展阶段
4—7	直觉思维期的儿童有以下特征： 自我中心——考虑问题时不能采纳其他观点；画其所知而非所见（"理智现实主义"）；尽管没有视觉观察（如胡萝卜生长在地下，骑手在马背上的两条腿都可看见），但能画出概念属性；儿童自发的几何形与绘画观察相结合（见皮亚杰的《儿童空间概念》）；开始探索近似、分离、封闭和其他拓扑思维关系。	图式前期的儿童有以下特征： 自我中心——自我是空间思维的中心；在自我意识基础上用符号表示人；画其所知而非所见，透明或 X 光画面表示所知的存在，而没有无逻辑的可观性；开始显示出对环境的注意，如儿童开始依靠几何线或几何形描绘空间排列。
7—11	进入具体操作期。	进入图式期（大约 7—9 岁）。 进入写实萌发期（9—11 岁左右）。
11—17	进入形式操作期。	进入拟写实期（11—13 岁）。 进入青春危机期（13—17 岁）。

（二）我国学者的儿童绘画能力发展阶段理论

受欧美相关研究的影响，我国的儿童绘画发展阶段研究兴起于 20 世纪 20 年代。其中，具有代表性的主要有以下几种。

1. 陈鹤琴的儿童绘画能力发展阶段理论

我国儿童心理学家陈鹤琴在其著作《儿童心理之研究》中，根据对其长子陈一鸣的 431 张绘画作品的分析，将儿童绘画能力的发展分为四个时期：[1]

涂鸦期 涂鸦期分为波形图、乱丝图和圆形图三个阶段，波形图是一种从左到右的连续弧形线条，而且这些线条总是略微向上的；乱丝图是由于儿童无法表现不同方向的直线和曲线而画出的类似于乱丝似的涂鸦；圆形图是在儿童执笔作画有了相当经验以后出现的，儿童画圈的方向一般是顺时针的。

象征期 在这个时期，儿童的图画由圆形逐渐分化，所画的图画仅仅具有象征的意义。象征期可以分为普遍性的象征阶段、类别性的象征阶段和个别性的象征阶段。在普遍性的象征阶段，儿童所画的图画具有普遍性的象征意味，如以一个圆代表所有的物体，既可以是水果或房子，也可以是人或其他任何的东西；在类别性的象征阶段，儿童所画的图形开始代表某一类物体；在个别性的象征阶段，儿童的图画已能表现出某个东西的特征，让他人一看就能明白，而不需要解释。

定型期 这时期的儿童绘画，从简单到复杂，从正面到侧面，从呆板到生动，有了性别

---

[1] 北京市教育科学研究所.陈鹤琴全集（第一卷）[M].南京：江苏教育出版社，1987：788—840.

和年龄的区别,出现了时间观念和空间概念,图画里开始表现出人的动作,图画中出现了情节。

写实期 儿童这个时期的绘画基本上能反映客观的现实。随着儿童生活范围的扩大和生活经验的丰富,儿童图画的内容较定型期丰富了许多。

2. 黄翼的儿童绘画能力发展阶段理论

我国儿童心理学家黄翼在《儿童绘画之心理》一书中,将儿童绘画能力的发展分为四个时期:①

涂鸦期 婴儿在未能作画之前,先能涂鸦。这时,儿童所画的是一些无意义的笔画。

象征期 又称过渡期,是介于涂鸦和真正的图画之间的一个时期。儿童所画的线条虽然还和涂鸦一样,但儿童开始为自己的作品命名,说自己画的是某一事物,不过成人很难辨认出儿童所画的事物。

定型期 定型期是儿童绘画能力发展过程中的一个主要时期。在这一时期,儿童所画的形象与实物有些相像。他们画的人、动物、房子、树和花都经历了从不分化到分化、从笼统到具体的过程。从儿童所画的人来看,最初画的是蝌蚪人,然后是逐渐完善的正面人和侧面人,最后是能表现具有动态的人。从儿童画的动物来看,起先大都是画狗、猫、马、牛等常见的四足动物,而禽类次之,画动物的发展步骤和画人极为相似。从儿童画的房屋来看,最初画房屋以类似"梳子"的线条代表屋顶,随后逐渐出现瓦片、烟囱、门窗等元素。屋子里的家具、人物、电灯也一一罗列出来,并使所画房屋朝着立体化发展。

写实期 大约 10 岁左右,儿童开始写实。在这一时期中,有两种不同的发展情况,一些有天赋和有机会受到良好训练的儿童会继续发展,进入写实的、艺术的境界,但大多数儿童由于一般的训练不足而没有进一步朝着艺术的境界发展。换言之,大多数成人也许一生都未能达到写实期。

3. 屠美如的儿童绘画能力发展阶段理论

屠美如在其 1991 年出版的《学前儿童美术教育》一书中,将儿童绘画能力的发展分为以下几个阶段:②

涂鸦期 1.5—4 岁,属于无目的的乱笔画,反映在画面上的是杂乱的线条,缺少视觉控制的肌肉运动。涂鸦后期,出现简单的目的,但不能成形,不注意色彩变化,常常使用单色笔,偶尔换另一种颜色笔涂画。

---

① 张奇.儿童审美心理发展与教育[M].北京:北京师范大学出版社,2000:24—34.
② 屠美如.学前儿童美术教育[M].南京:江苏教育出版社,1991:57—58.

象征期 4—5岁，凭主观知觉印象描绘出物体的粗略形象，以象征物体的外形轮廓，但多半是不完全的、遗漏的，表现的是瞬间的、不明确的感情和意图。

概念画期 5—8岁，也称知觉写实期，以自我为中心观察现实生活，用画来传达各种概念，多半用线条勾出平面的二次元轮廓，形象较完整，并注意用相应的色彩表达。

写实期 8—15岁，进入自然描绘阶段，能根据事物特点作画，并注意出现"三次元期"的立体体验。绘画能力是随着儿童生理的成长和心理的成熟而发展的。

4. 杜玫的儿童绘画能力发展阶段理论

杜玫在其著作《儿童绘画与智力开发》中，将儿童绘画能力的发展划分为五个阶段：

涂鸦期 1—2岁，儿童开始画出的线有波形线、乱丝线、直线、圆形线等。作画时大部分用肘部、腕部用力，从左到右，顺时针方向，作画无目的、无意义，乱画不成形，是一种游戏。儿童对绘画的运动感觉兴奋，对纸上出现的线条从视觉上感到愉悦。

象征期 3—4岁，3岁以后的儿童肌肉控制能力逐步增强，这使儿童能把分离的、乱涂的线条联结起来，成为一些基本形态。最先出现的是圆和椭圆，接着出现较长的垂直线、水平线，以及近似的长方形和正方形。图像逐个出现，形象非常粗略，外形轮廓不明确，情感、意图不稳定。儿童对自己所画图像常加以语言解释，并把自己的动作和想象结合起来作画。

图式期 5—7岁，儿童所画图像逐渐生动，结构逐渐完整。这些图像代表了儿童脑中的实际物体。这时期，儿童组织画面的能力也不断发展，所画形象从最初罗列的、分散的、毫无联系的，到后来能积极思考图画的情节表现。但他们对大小关系不太关心，对空间关系理解不透彻，综合能力也不够。因此，表现出一种以自我为中心的倾向，往往把现实与非现实的东西交织在一起。这时，儿童的主观幻想、创造欲望强盛。这是儿童绘画的特殊阶段。

拟写实期 7—9岁，儿童作画的动机有了明显的改变，由游戏变成了有意识的造型活动。美感意识增强，造型、色彩有了丰富的变化。这时，他们已能把自己的画画得与外界事物比较接近，画面中已去掉基线，改用地平线，能表现物体简单的大小、远近关系，人物、动物出现了性别、年龄等个别差异。可以说，这个时期是主观表现与客观表现的综合期，写实倾向开始萌生。此时，儿童的求知欲望强盛，为了把画画得逼真，他们希望学习绘画技能，并对自己的作品非常重视。

写实期 10—12岁左右，儿童心智发展已开始进入推理阶段，但绘画内容仍以具体的事物为限。对造型特征的表现和对客观事物的观察能力增强，理性占上风。这一时期的儿童已经能细致明确地分辨画与实物之间的差异，也能从审美的角度对自己的画与别人的画进行评估判断。作画已由平面表现进入立体表现。空间观念、视觉感受力逐渐精确，但理解能力高于绘画的表现能力。

二、学前儿童绘画能力发展的阶段与特点

通过对国内外学者的儿童绘画能力发展阶段理论进行梳理,我们可以看到,虽然各种理论在各时期年龄阶段的划分上存在差异,所描述的特征也略有不同,但在儿童绘画能力发展的过程方面基本上是一致的,且各个阶段的核心特征也是相似的。因此,综合各种理论,我们把学前儿童的绘画能力的发展划分为以下几个阶段。

(一)涂鸦阶段

儿童在1岁半左右,甚至更早一些的时候,便开始信手涂鸦,在纸上乱涂乱画。处于涂鸦阶段的儿童,在乱涂乱画的时候极为专心,并经常接二连三地作画。他们仅使用一支画笔,就能一张接一张地画,并不注意颜色,从没想到要用一下其他颜色的笔。

涂鸦阶段,先是无控制的涂鸦,逐渐过渡到有控制的涂鸦,再发展到命名涂鸦,每一阶段都有着各自的发展特点和规律。

1. 无控制的涂鸦

最初,当儿童有机会接触笔、纸时,会在纸上乱涂乱画。他们还不懂得手中的笔是能够供自己驱使的,其结果便显示为无控制的涂鸦,只是依靠手臂在纸上有节律地来回移动。因此,涂鸦的第一阶段是随意涂鸦或是无控制的涂鸦。由于此时他们的肌肉控制能力较差,动作还不协调,经常会把线条涂到纸的外面。画出的线条不分化,横线、竖线、斜线、弧线、锯齿线、螺旋线、点掺杂在一起。从他们的涂鸦作品中,很难看到线条的起始点。不过,孩子们却对涂鸦乐此不疲。为此,有人不明白为什么孩子们会在纸上重复地画那些毫无意义的线条。其实,使孩子们感到有趣的不仅是一种愉快的机械运动,还有笔在纸上留下的各种痕迹。

2. 有控制的涂鸦

孩子们的涂鸦方式是天生的,没有人会坐下来教一个1岁半的孩子乱画。"一旦儿童开始反复他的动作,我们就可以确定,这个儿童已经发现了以视觉来控制动作。从这时候起,儿童会有意识地上下或左右地画线,还经常把可以控制的线条与不能控制的动作混在一起。能控制肌肉动作是儿童一项很重要的经验,他不但从这种控制的感觉中得到信心,同时,他也首次从视觉上体会到肌肉的运动(见图3-1)"。

这一阶段,大部分儿童发现自己的眼、手能协调配合,能较为自如地运用手中的笔。这种发现刺激着他们不断地画出新作品,在他们的涂鸦作品中,逐渐出现了波形线、锯齿线。随着儿童手臂动作灵活性的增加,他们便开始尝试更复杂的动作,这些动作使他们在纸上画出形如圆圈的线条,开始出现各种封口及不封口的圆形、复线圆圈、涡形线等(见图3-2)。

图3-1 有控制的涂鸦

图3-2 线条

3. 命名涂鸦

当有一天,儿童在涂鸦时开始对着自己画的东西讲故事,如指着画上的圆圈说:"这是马路,两边是树(见图3-3)。"虽然我们分辨不出他所画的是人还是树,但是可以肯定儿童已进入了涂鸦的命名阶段。"这种'命名的涂鸦'对儿童进一步的发展却具有极大的意义,因为这种进步显示,儿童的思考已经完全改变了。直到目前为止,儿童才能完全满足于他们自己,此后,儿童便把自己的动作与想象经验联结在一起。他们从单纯的肌肉运动转变为对图画的想象思考。"[①]

图3-3 命名涂鸦

命名涂鸦阶段的儿童开始意识到所画的线条与实物或自己的经验之间的联系,且命名出现在画出图形之后。儿童对图形的命名往往具有不稳定性,会随着时间的变化而不同。

(二) 象征阶段

此阶段的儿童能凭主观直觉印象描绘出物体的粗略形象。所画的形象只是一些简单的符号和标记,看不到完整的形象,但基本保留了对象的形式特征。比如,此阶段儿童所画的蝌蚪人,其头、躯干、四肢等各部分还未分化,仅仅保留了人区别于其他动物的最基本特征。他们画的图像与生活中真实的物体相去甚远,仅具有象征性的意义。因此,我们把这个阶段称为象征阶段。象征阶段具体又可以划分为早期象征阶段和中后期象征阶段。

1. 早期象征阶段

这个时期的儿童视觉形象的感受力有所提高,眼动较有规律,能用简单的线条画出象征物体的外部轮廓。儿童已能把基本形状结合在一起构成形象。他们也意识到自己所画的形象与实物之间的关系,有了想通过绘画表现客观事物的意图。由于知觉的不完善并缺乏综

---

① [美]罗恩菲德.创造与心智的成长[M].王德育,译.长沙:湖南美术出版社,1993:92.

合概括能力,因而儿童所画的物体仍缺乏完整性,往往按照自己的愿望,任意夸大所画对象的某一部分,形象比较粗劣,与实物有很大的差别,还常以娱乐为动机在游戏中作画,并用语言补充画面未能表现出的意图。例如,这一时期所画的蝌蚪人(见图3-4),只有圆圆的头、单线条表现的手和脚,或再加上某些特别注意到的细节,如头发、眉毛等。所画的房屋、动物、交通工具等也是由几个不完整的部分组成的,缺少相应的细节。

图3-4 蝌蚪人

画面上颜色的种类较少,常以线条画为主,偶尔出现小面积的涂色,但涂色不均匀,常涂到轮廓线的外面。图画的颜色与实物的颜色之间并没有关系,涂什么颜色完全取决于这些颜色是否能引起儿童的兴趣。

从空间上看,这个时期儿童所表现的都是独立的事物,事物与事物之间没有任何联系,只是一种想到什么画什么的片段罗列,没有组成统一的画面,也未能形成整体意义。他们把物体随机地排列在纸上,物体在空间里的相互关系并没有任何法则。成人无法明白孩子们所画的东西,他们必须用语言说明才能让人明白自己所表现的形象的意义。

2. 中后期象征阶段

这个时期,儿童已掌握了较多的基本图形和线的组合,已能不断地构成新的图形,同时,描绘的事物也越来越广泛。所画题材开始涉及人物、动物、植物、自然景物、交通工具等。

儿童开始选择自己喜欢的颜色来表现物体。五颜六色是这一时期儿童作品中色彩的典型特点。到了这一阶段的后期,儿童逐步地能按物择色,如用绿色涂树叶,用红色涂太阳,用蓝色涂天空。涂色能力较先前有了一定的进步,并能涂在轮廓线以内(见图3-5)。

图3-5 涂色

另外,这一时期,画面上开始出现空间关系,儿童开始发现"在空间关系里存在着明确的秩序"。他们已开始意识到自己是环境的一部分,并尝试通过基底线将空间关系表现出来,把所有的物体、人物放置在基底线上。

(三) 图式阶段

这个时期的儿童视觉感受性更加敏锐,眼动的轨迹越来越符合物象的外部轮廓,手部的小肌肉进一步发育,作画时能表现物象的主要部分和基本特征,不借助语言也能让他人看出所画的内容。但是,该阶段的儿童常以程式化的图形表现物象,缺乏写实性,形象不完整,喜欢用固定样式和画法表现不同的对象,画得比较概念化。由于儿童表现的方式呈现出符号化、图式化的特征,因此这一阶段被称为图式阶段。该阶段可分为早期和后期两个阶段。

1. 早期图式阶段

在早期图式阶段,还保留有象征阶段的绘画特点。随着儿童认知的发展和手眼的逐渐协调,儿童画中的各个独立图形开始出现融合的趋势。但在刚开始运用这种方式绘画时,他们还不能很好地把握轮廓线,所表现的物体看起来也较死板。

儿童在色彩的认识上越来越精细,对于色彩的明度、饱和度等方面的辨别能力有了较大的提高;能按物择色,根据物体的固有色来着色,并在轮廓线内涂色,但颜色间的协调能力弱。

图3-6 幼儿所绘形象

从空间上来看,逐渐摆脱了基底线,尝试将整张画纸作为地面来表现作品中的形象,构图开始具有层次感,但还不能很好地把握物体的比例和近大远小的透视原理。因此,他们表现的物体、人物,不管远近都大小相同,甚至是"近小远大"。形象与形象之间已有了一定的联系,但这种联系较为简单,常用重叠、透明的方式来表现,所画形象基本上能反映主题(见图3-6)。

2. 后期图式阶段

该阶段儿童已能用流畅的线条来表现物体的整体形象,并用一些细节来表现物体的基本特征。例如,儿童所画的人物形象不仅结构合理,而且能通过服饰、发型等细节来表现人物的性别、年龄、职业身份。又如,儿童在画车子时,除了表现车头、车身、车轮等基本结构以外,还能表现乘坐车子的人、车身上的广告以及车灯等细节,通过对细节的描绘,使所画物体更为具体、生动。他们尝试用立体的方式来表现三维物体,但受到技能的限制,并不能客观地表现三维物体。

此时儿童在按物择色的基础上,能用某种颜色统一画面,形成主色调。如画"过新年"时,儿童大面积地使用红色,形成暖调,突出渲染过年的热烈气氛。该阶段的儿童画的整个画面色调能逐渐达到协调,给人以和谐的美感。

同时,儿童开始用色彩表达自己的情感。例如,用绿色表现生病时候的脸和春天的春意,用红色表现生气时候的脸和夏天的炎热,用金黄色表现秋天的丰收,用白色表现冬天的寒冷,等等。此外,涂色技能有了进一步提高,能均匀地涂在轮廓线之内,并学会用两种颜色的相接来表现色彩的渐变。

该阶段,有部分儿童尝试从一个固定角度出发去表现物体的空间关系,出现了遮挡式构图。此时的作品开始有了一定的主题,且所画形象都与主题有关,画面内容丰富。画面上,一些形象成为主体,另一些形象则构成背景,具有一定的情节(见图3-7)。

图 3-7 画面具有一定情节

（四）绘画中的特殊表现

儿童由于不能协调自己与客体的关系,同时加上缺乏经验和知识,在思维时总是把注意力集中在自己的愿望、需要、动作上,形成了特有的儿童思维的自我中心。因此,在绘画中,他们常常用主观的"知的运用"与"空间概念"去描绘物体。他们的物体画表现出下列几个特点。

1. 拟人化

年幼的儿童相信世间万物都有像人一样的心理和感情,认为世界上所有的东西都是有生命的,他们以自我为中心去推断一切事物。表现在绘画中,最常见的便是给太阳添上五官、把动物画成直立的,除了动物的一些基本特征外,其他都与人物非常相像,并把自己所想的赋予到所画的动物身上(见图3-8)。在图3-9儿童画《奇妙的天空》中,星星在为月亮打扮,月亮戴上了漂亮的头饰、项链,星星围着月亮在跳舞。

图 3-8 拟人化

图 3-9 奇妙的天空

这一特点主要是由于儿童未分化的心理特征引起的,对他们而言,把自己的意识和情感赋予整个世界,使之生命化、拟人化是他们心理发展中泛灵论的反映。

2. 透明式

儿童在表现形象时,常从自己的想象出发,把从视觉上看不到的部分像 X 光透视一样表现出来。例如图 3-10 中,儿童画的是动物妈妈和动物宝宝,透过动物妈妈的肚子,我们能看见里面可爱的动物宝宝。又如图 3-11,孩子用透明的方式将房子里的人们在做些什么透过墙面表现出来。透明式的表现,是孩子们画其所知的表现。儿童还没有学会如何合理地去表现物体之间的关系,透明式的表现是儿童从机械地表现事物之间的关系,如把相关的物体简单地重叠在一起,到客观地表现事物之间关系的过渡。

图 3-10 动物妈妈和动物宝宝

图 3-11 透明的房子

图 3-12 一家人吃饭

3. 展开式

展开式即画中的人物、事物由中心向四周或上下或左右展开的表现方法。如图 3-12,儿童画一家人围着桌子吃饭,画面上的人一个个都"躺"在地上,呈放射状。整幅画呈现出不同的视角:桌子上的一盆盆"菜"由上往下俯瞰,桌边的人是从不同的角度看过去的。因此,画面给人的感觉非常奇怪。

这个时期的儿童为什么会有这种表现方法呢?主要是因为此阶段的儿童在描绘物体时,总是从已有的知识经验出发,想把自己知道的事物全部都画出来,而不考虑当时的观察角度,也就是说,儿童在绘画时,用自己的认识代替了知觉,是"画他所知而非画他所见"。作画时的视点是不固定的,在不断地游走,因此,从儿童的绘画作品中,我们看到他们把在许多个不同视角看到的不同的物体都在同一画面中呈现出来。

4. 夸张式

夸张式是儿童在绘画中的一种主观表现,是他们根据自己的经验作出图式的变化,对自己认为重要的部分、感兴趣的东西画得特别突出或进行仔细表现的方法。

如图 3-13,画面上的男孩在吃西瓜,身旁还有很多筐西瓜等着他去吃。儿童突出表现了男孩的头部,把头画得特别大,头上流着大颗大颗的汗珠,还画了流汗的云,就是为了突出天气的炎热。由此看出,天气有多热!

此处,为了突出天气的炎热,儿童把男孩的头画得很大就是一种夸张的表现。

图3-13 炎热的夏天

图3-14 我在想……

上述这些特殊的表现特征在儿童绘画作品中有时会同时出现几种,如图3-14,儿童画"我在想……"这一主题内容时,画中有一个大大的脑袋,这是一种典型的夸张式的表现。孩子的脑袋里在想什么呢?通过透明式的表现,孩子画出了自己的"想法":有一天,自己变成一个三头六臂的人,可同时玩游戏、看电视、玩玩具,嘴里还不忘吃点零食。

这些特殊的表现特征会随着儿童年龄的增加、观察的逐渐客观化、绘画表现的越来越自然化而逐步消失。

案例分享

在日常实施的有关的名画欣赏实验中,发现幼儿比较关注作品中的色彩,如在感知米罗的《诗人》时,大多数幼儿表示不喜欢,因为作品中较多地运用了黑色,甚至在有的孩子看来,黑色是脏脏的颜色:"这个小朋友的脸怎么洗不干净呀!""全黑的,我不太喜欢黑色"。同时关注作品的局部特征,同样是感知作品《诗人》,有的幼儿喜欢这幅作品,是因为觉得画中的五角星好看。另外,在感知的过程中,幼儿还会对作品内容产生自由联想的反应。如对克利的《鲁杰恩近郊的公园》的感知中,幼儿产生了以下一些联想:"看到有好看的花,有两个亮晶晶的小眼睛,有小树,有黑色的小人倒在树叶的旁边。""五颜六色的,有果子树,还有两个果子从树上掉下来了。""路的拼图拼得很乱,有些拼得对,有些拼得不对。"可见,孩子们对作品中的线条、点展开自由联想,把它们想象成果子、拼图、树、眼睛等。

▲ 图3-15 米罗的《诗人》　　▲ 图3-16 克利的《鲁杰恩近郊的公园》

第二节 儿童手工制作能力的发展

儿童从很早的时候就萌发了制作活动的意愿,从撕纸、反复地玩弄手中的泥块,到用各种工具和材料制作出平面的或立体的作品,他们的动手能力日趋成熟。可是,与绘画教育研究相比,人们对儿童手工制作能力的研究却相对较少。

一、儿童手工制作能力发展阶段理论

(一) 孔起英的学前儿童手工制作能力发展阶段理论

孔起英在《学前儿童美术教育》一书中把学前儿童手工制作能力的发展分为以下几个阶段[①]。

1. 无目的的活动期(2—4岁)

这个时期的儿童由于手部小肌肉的发育不够成熟,认识能力也很有限,所以手工活动并没有明确的目的,而只是一种纯粹的玩耍活动。他们不理解手工工具和材料的性质,还不能正确地使用这些手工工具和材料。如在泥塑活动中,儿童不能有目的地制作出形象。起初,他们只是拍打油泥,时而掰开,时而又揉成一个团,享受油泥的触觉感,以及油泥形态的变化。到这一阶段的后期,儿童能用油泥制作出圆球。在剪纸活动中,儿童还不会正确使用剪

---

① 孔起英.学前儿童美术教育[M].南京:南京师范大学出版社,1998:82—88.

刀,纸和剪刀的配合不协调,即使剪出形状,也是奇形怪状的纸片。在粘贴活动中,儿童还不清楚胶水的作用,因而也不会使用它。

总之,此阶段的儿童还没有表现的意图,只是满足于手工操作的过程,享受着自主活动的快感,体验着手工工具和材料的特性。

2. 基本形状期(4—5岁)

这时的儿童由无目的的动作发展到逐渐呈现出有意图的尝试。4—5岁的儿童常常在开始制作时就宣称,他将要做个什么,然后才开始着手制作。

在泥塑活动中,儿童开始进入用手团圆、搓长的阶段。起初出现的是棒状形式,到本阶段的后期,棒状形式出现了粗细、长短的变化。在剪纸活动中,儿童开始时剪得较为顺手,但只限于剪直线,并且持续很长一段时间而没多少进步。

3. 样式化期(5—7岁)

这一时期,由于学前儿童手部小肌肉的发育和手眼协调能力的增强,又学习了一些基本的手工工具和材料的使用方法,因而他们表现的欲望很旺盛。他们喜欢用各种工具和材料进行制作,以表达自己的意愿。

在泥塑活动中,儿童能搓出各种弯曲的、盘旋的棒状物,还能制作出立方体和圆柱体,并会用棒状形式组合的方式制作出一些复杂的物体。在剪纸活动中,儿童能双手配合着剪曲线,并能剪出自己所希望的形状,如剪窗花等。

(二) 徐德成的儿童泥工能力发展阶段理论

我国台湾学者徐德成结合自己多年的教学经验写成了《玩泥巴的小手——漫游幼儿的黏土创作》一书。在书中,他把儿童泥工能力的发展分为以下几个阶段。

1. 探索时期(2—4岁)

这一时期的儿童除使用大、小肌肉外,还配合着手部的触感来协助创作。该阶段主要有以下一些特点:

分解黏土 通过分解,儿童对自己有能力撕剥黏土而感到自豪,虽然是无意识的动作,但仍可满足他们的探索欲望。

自由组合 儿童把黏土进行堆叠,他们会发现当黏土一块一块地堆上时会产生量的变化,所以将小块的黏土组合成大块的黏土山,以及运用土条或土块的连接形成长条的组合。

命名塑造 儿童在黏土探索的过程中会加入许多个人生活经验的想象,并在作品完成后给予命名。

2. 直觉式的创作(4—6岁)

这一时期,儿童的作品已表现出基本的组织性,造型为半抽象,作品以平面、重点式的呈现为主。其特点是：

平面式的作品　4—6岁的儿童已发展出个人的组织能力，当要表现心中的造型时，能很快地运用直觉创作，但还未能注意作品三维立体空间或站立的问题。因此，中班幼儿的作品大多以平面而非站立的方式呈现。

蝌蚪人　从小班到中班上学期，儿童由于视觉的分化及情感关系，所制作的人大多是没有躯干的头足人，同时以非站立的平躺形式呈现。

不合理的造型表现　在这一阶段的儿童，创作的呈现常按照内容的重要性及习惯性而有不同的表现，会产生不合理的作品风格。例如，儿童认为轮子是圆的，于是就直觉地用圆球来表现车子的轮子，而没有注意到汽车的轮子是扁圆状的。

3. 情感与理性的交融(6—9岁)

在这一阶段，儿童的作品除了感性内容的呈现外，更由于视觉观察的影响，会出现较多的理性思考，其特征表现如下：

强调造型的站立　随着视觉的发展，平躺式造型已不能满足儿童的视觉需求，因此会在制作过程中逐渐发展出站立的造型。

从单一造型发展到具有故事性的空间　黏土是一种实体的造型创作，到了大班阶段，单一造型的思考已不能满足儿童思考的发散性，因此慢慢地发展出具有空间配置的组合性造型创作。

装饰性及细部质感的表现　儿童随着手部小肌肉动作的日趋成熟，再加上观察思考，在造型表现上除基本外形特征外，慢慢会注意到更多细节。

二、学前儿童手工制作能力发展的阶段与特点

综合上述各学者的儿童手工制作能力发展的阶段理论，并根据对儿童手工制作活动的研究，本书把学前儿童手工制作能力的发展划分为以下几个阶段。

(一) 玩耍阶段(2—4岁)

这一阶段初期，儿童的行为并没有明确的目的或意识，只是以纯粹的玩耍为中心。他们用小手紧握黏土、拍打黏土，也会把手边的纸抓起来挥舞、撕破。儿童在玩耍的过程中享受黏土的感触和黏土造型的变化，在把纸张撕破、弄碎时得到一种快感。

此阶段后期，儿童逐渐学会用手掌把黏土压平、伸展，用指尖挖，用手指把纸撕成碎片，或是用剪刀随意地剪出纸条或纸片，并给偶然形成的造型命名。

(二) 直觉表现阶段(4—5岁)

这一时期,儿童的表现欲非常强,喜欢使用剪刀等工具来创作。他们已有一定的制作意图,能利用黏土的可塑性去展开各种尝试,能用纸张折出简单的物体,也能够运用剪刀等工具撕、剪出简单的图形,进而全神贯注地实现自己的意愿。

在泥塑活动中,儿童能运用团、搓、压、捏等技能塑造出物体的基本部分和主要特征,会使用一些简单的辅助材料。但是,在他们的作品中会出现一些非理性的、夸张的表现,如为了让自己制作的车子能站立,便把四个轮子做得很大。

在纸工活动中,儿童能用图形、自然物等进行粘贴,并能用单张纸进行简单的折叠,同时还会通过目测剪(撕)出直线、弧线等。但是,他们制作的作品往往较为粗糙,如折叠不平整,撕剪出的物体轮廓不光滑等。

在废旧材料制作中,能利用现成的废旧材料经过简单的加工制作出作品,但由于儿童还不能熟练地运用各种手工制作技能,因此制作出的东西显得较为幼稚、粗糙。

(三) 灵活表现阶段(5—7岁)

这一阶段,儿童随着手腕动作和手眼协调能力的不断发展,已不能满足于仅用一两种技能制作简单的物体形象,而是希望用各种工具和材料制作出他们喜欢的、较复杂的物体形象,并将这些物体形象组合成具有一定情节的场景。

在泥塑活动中,儿童已能灵活地运用各种泥塑技能,除掌握团、搓、压、捏等技能外,还逐步掌握了拉、雕塑等较为复杂的技能。这时,他们已经能制作出具有一定特征和细节的物体,而且还能变化人物或动物的上、下肢,从而塑造出动作、姿态各异的形象,并组成一定的情节,如"我在看电视""手拿宝剑的士兵""小熊过桥"等。有时,儿童之间还能分工合作,把制作的物体组织成有趣的故事场景或生活情景。

在纸工活动中,儿童能折叠纸张并剪出各种造型的窗花。手与纸的配合不断协调,能自如地运用剪刀自剪自贴,且剪出的图形边线较为光滑、整齐。儿童不仅能用单张纸进行简单的造型活动,还能用两张甚至两张以上的纸折叠成立体的、简单的组合物体造型。

在综合运用各种材料的制作活动中,儿童能通过折、剪、粘贴、连接、弯曲和组装等技能对自然材料与废旧材料进行制作,制作出的物品较之直觉表现阶段更为精细。

第三节 儿童美术欣赏能力的发展

一、儿童美术欣赏能力发展阶段理论

关于儿童美术欣赏能力发展阶段的划分,国内外比较有代表性的主要有以下几种。

(一)加德纳的儿童审美感知发展阶段理论

当代美国著名的儿童审美心理发展研究专家加德纳从美术、音乐和文学等多种艺术领域出发,比较全面地探讨了人从出生到二十岁审美感知的发展历程。他把人的审美感知发展分成五个阶段:①

婴儿的感知(0—2岁) 儿童在出生后的头两年里,还不能把艺术品看成是审美对象,而只能把它们看成是生活中的一般客体。但是,给这个时期的儿童呈现各种艺术品有助于婴儿一般感知能力的发展。更确切地说,2岁以内婴儿的一般感知能力和审美感知能力还没有分化。艺术品的呈现作为一般的刺激物,只起到促进儿童一般感知能力发展的作用。

符号的认识(2—7岁) 婴儿期以后,儿童开始能够用语言去"阅读"自己所接触到的物体和人。到了该阶段末期,儿童能够相当流利地运用口头语言,并能听懂他人语言的意义。所有成形的艺术品,如图画、泥塑作品和雕刻艺术品等都能够被他们理解为真实世界的代表。这个时期的儿童在意识中形成了同类事物的表象,但没有形成艺术风格、艺术技法等艺术概念的表象。儿童在这一阶段对一些美术作品表现出明显的偏爱。"儿童倾向于偏爱那些表面上最吸引人的美术作品:一种是具有明亮色彩的美术品;一种是表现孩子喜欢的事物的美术作品;一种是像它所表现的事物的美术品。"

"写实主义"的高峰(7—9岁) 在这一阶段,儿童用"写实主义"的评价标准来评价作品。这个时期,儿童的艺术偏爱也是十分僵化和呆板的,如不能改变所画物体的颜色,否则就是错的;一幅画必须像实物,否则就不是一幅优秀的作品。照片在儿童眼里是最好的艺术品,因为它最像事物本身。

"写实主义"高峰的衰退和审美感受性的出现(9—13岁) 这一时期是儿童审美感知发展的转变时期。他们开始对标准化的美的事物敞开心扉,并对艺术训练课程表现出极大的开放性和感受性。他们开始在衣着、说话方式,以及在他们中间流行的艺术品的欣赏

---

① 张奇.儿童审美心理发展与教育[M].北京:北京师范大学出版社,2000:194—207.

等方面表现出自己的独特性。这一阶段,儿童开始形成对特定的艺术家和艺术品的偏爱倾向。

审美专注的危机期(13—20岁) 由于情感态度出现较大变化,加上青春期过分的批判能力,许多青少年从各种艺术形式中退出来。他们停止创作艺术品,并对其他人的艺术成果漠不关心。

(二) 帕森斯的儿童审美感知发展阶段理论

美国犹他大学教育系教授帕森斯通过访谈的方法,对从学龄前儿童到艺术学教授的三百名被试者进行了审美感知的研究,研究结果呈现在于1978年出版的《我们如何理解艺术——以认知发展说明美感经验》中,把人的审美感知发展分成五个阶段:[1]

主观偏好(favoritism) 这一阶段的儿童对于画的欣赏有三个特征,即对他所欣赏的画具有直觉性的愉悦,会强烈地注意颜色,对绘画题材产生自由联想的反应。

美与写实(beauty and realism) 这一阶段的儿童会特别注重绘画的题材,而且在欣赏时表现出以下行为特征:一是开始能区分"与绘画有关的美感经验"以及"与绘画无关的经验",以客观观察代替主观偏好;二是认为绘画的题材可以表现实在的事物;三是特别遵从那些需要细心与耐心的绘画技巧。

原创表现(expressiveness) 这一阶段的儿童能透过作品领会创作者所要表达的经验,因此绘画本身的表现强度和趣味性成为主要的评价标准。

形式和风格(form and style) 儿童在这一阶段,将艺术视为社会文化的产物,而不仅仅是个人的成就。

自律(autonomy) 这一阶段的儿童在审美方面,同时重视个人和社会两方面的判断标准,但仍以个人的艺术观为最后的依据,故称"自律"。

(三) 瓦伦汀的有关儿童审美偏爱的研究

英国美学家瓦伦汀在其所著的《实验审美心理学》中,介绍了关于人对色彩美、形状美,以及对美术作品和音乐审美特点的实验研究。其中,绝大部分是有关审美偏爱的实验研究,如对儿童色彩偏爱和图画偏爱的研究。

1. 对儿童色彩偏爱的研究

瓦伦汀在对儿童色彩偏爱进行实验研究后,得出结论:个体在婴儿早期对色彩的偏爱主要是由色彩的刺激性因素决定的,这种刺激性因素就是色彩的亮度。婴儿喜欢明亮的色彩,

---

[1] 崔光宙.美感判断法则研究[M].台北:师大书苑有限公司,1992:25—28.

这些色彩当然是在光谱"暖色"的一端,婴儿不喜欢太暗的色彩。瓦伦汀把这种现象归因为"直接的生理效应"。"早在4岁的时候,一些儿童就已经表现出对于色彩和谐的感知能力。"随着儿童经验的增多、联想内容的丰富,这种生理效应逐渐减弱,而个体的社会性因素、性格因素、民族文化因素等对儿童色彩偏爱的作用逐渐增强,这使得成人的色彩偏爱没有一致性倾向。①

2. 对儿童图画偏爱的研究

瓦伦汀曾经亲自画了一幅由许多毫无联系地分散在纸的各个部位的不同事物,如一朵大花、一只小鸟、一个站在船上的小孩等的图画,然后把这张画纸与同样大小的风景明信片一起呈现给6—7岁的儿童看。孩子们把瓦伦汀的画也当成了一幅风景画,并且对图画中缺少统一性的各事物并未感到有什么欠缺。他们评价说,这是一幅"很好的画",因为"有一艘小船""有一朵花""一只鸟"。瓦伦汀认为,6—7岁的儿童在欣赏图画时显然缺乏一种整体感,他们感兴趣的只是图画中的个别具体事物。②

(四)屠美如的儿童美术欣赏能力发展阶段理论

我国学者屠美如在《儿童美术欣赏教育研究》一书中,根据早期儿童审美心理和认知心理的混沌状态,并在对有关资料和实践经验进行整合的基础上,提出了学前儿童美术欣赏能力发展的阶段。她认为,学前儿童美术欣赏能力发展基本上可以分为两个阶段。③

1. 本能直觉期(0—2岁)

这一时期的欣赏主要表现为对形式审美要素的知觉敏感性和注意的选择性,是纯表面的和本能直觉的。儿童主要通过视、听、动的协调活动进行信息的相互交换。此阶段中,儿童对形状、颜色等美术基本要素的视觉偏爱是由其生理机能决定的,是一种本能的快感,还不能形成真正独立的美感反应。

研究表明,婴儿在出生后的较早时期就已经对美术的形与色有了一定的审美感知能力。尽管这些最初的反应只是一些本能的直觉行为,但这些本能的直觉行为已为日后更高层次的美术欣赏活动做好了心理上的准备。

2. 感知形象期(2—7岁)

2—3岁以后的儿童,随着其认识能力的发展,在美术欣赏感知和理解方面,表现出以下特点:

第一,对作品内容的感知先于对作品形式的感知。当一件美术作品呈现在儿童面前时,他们首先感知到的是这件美术作品的内容,很少有意识地注意到作品的形式审美特征。这

---

① [英]瓦伦汀.实验审美心理学(绘画篇)[M].潘智彪,译.台北:商鼎文化出版社,1991:41—43.
② [英]瓦伦汀.实验审美心理学(绘画篇)[M].潘智彪,译.台北:商鼎文化出版社,1991:141.
③ 屠美如.儿童美术欣赏教育研究[M].北京:教育科学出版社,2001:50—57.

说明此阶段的儿童只持一种"求实"的态度,他们对美术作品内容的感知和欣赏只限于画面上画了些什么。

第二,在教育的干预下,儿童能感知美术作品的某些形式审美特征。此阶段儿童对于作品的造型、设色、构图,以及作品的情感表现、风格等的感知与理解已有所表现。在线条与形状的感知方面,此时的儿童总是喜欢把它与具体的形象联系起来谈论。在色彩的认识方面,儿童从辨认颜色、正确配对逐渐向指认和命名发展。同时,这一阶段儿童对色彩视觉效果的感受性很强,而对色彩情感效果和象征效果的感受性相对较弱。在空间构图感知方面,相当一部分的学前儿童已经具备了感知美术作品空间深度的能力。这种能力随着年龄增长而不断发展。借助教育的作用,学前儿童的整个审美能力都会逐步提高。

第三,儿童更喜欢感知描绘熟悉的物体和令人愉快的现实主义美术作品,以及色彩明快的美术作品。作品的内容是否客观地、真实地再现了现实世界,作品的色彩是否丰富、鲜艳,是儿童判断作品好坏的两个最主要的标准。在对美术作品的偏爱方面,儿童喜欢的是再现性作品和能够识别出作品中所描绘的对象的非再现性作品。

二、学前儿童美术欣赏能力发展的阶段与特点

在综合以上各学者有关儿童美术欣赏能力发展阶段理论的基础上,我们把学前儿童美术欣赏能力的发展分为以下几个阶段。

(一) 生理性的直接感知阶段(0—2岁)

当代发展心理学对婴儿认知研究的新成果表明,婴儿的视觉和听觉的发展已相当活跃:在生命的最初几个月,视觉发展非常之快,6个月婴儿的视觉功能在许多方面已接近成人。视觉集中现象在婴儿出生后2个月表现得比较明显,对鲜艳明亮的物体,尤其是对人脸容易产生视觉集中,表现出强烈的偏好。

美国心理学家范茨通过习惯化行为测量发现,出生2天的新生儿就能注视像面孔一样的模式刺激物,而不喜欢看没有图形模式的圆盘。婴儿似乎对人的面孔有特别的兴趣,他们注视人的面孔的时间比注视其他模式的时间更长。班克等进一步研究发现,引起婴儿视觉注视的是图像的明暗交替模式或轮廓。婴儿在图像识别中,对明暗交替的差异特别敏感。研究者们采用了多种黑白相间的格子或条纹图像进行测试,发现婴儿偏爱明暗对比鲜明或颜色对比鲜明的图像,而不喜欢空白无条纹、无明度和单色的图像。[①]

新生儿出生后不久,就出现了颜色视觉。我国学者冯晓梅通过实验研究发现,80%出生8分钟到13天的新生儿能分辨红和灰,说明出生两周内的新生儿就具有颜色辨别能力。[②] 一

[①] 孟昭兰.婴儿心理学[M].北京:北京大学出版社,1997:155.
[②] 孟昭兰.婴儿心理学[M].北京:北京大学出版社,1997:152—153.

一般认为,婴儿从4个月起,开始对颜色有分化性反应,能辨别彩色和非彩色。波长较长的暖色(如红、橙、黄色)比波长较短的冷色(如蓝、绿、紫色),更容易引起婴儿的喜爱,尤其是红色物体特别容易引起婴儿兴奋。[1]

听觉方面的研究显示,婴儿早期,大脑两半球已经出现处理不同信息的特异化,并能辨别言语和非言语。婴儿特别注意人的嗓音,尤其是女性的嗓音,对自己母亲的声音更为敏感。3个月的婴儿能区分 ba 和 pa。这种精细的分辨能力是天生的。而且,婴儿会很快学会识别他经常听到的单词发音。[2]

加德纳认为,2岁以内的儿童,一般感知能力和审美感知能力还没有分化,但是他们的感知觉的发展为其审美偏爱和审美感知奠定了基础。

(二) 主观的审美感知阶段(2—7岁)

随着儿童认知能力的发展,其美术欣赏感知和理解方面,表现出下列特点。

1. 强烈地注意颜色

儿童在感知作品时很在乎画面的色彩,那些色彩鲜艳的作品往往为他们所喜爱,如马蒂斯的《蜗牛》、梵高的《星月夜》、永田萌的《风中的电话》等。玛丽·卡尔金斯曾把儿童对画的选择与成人的选择作了比较,结论表明"对于儿童来说,色彩的美比形式的美以及没有色彩的光和影更有吸引力"。[3] 我国有学者做过"幼儿对美术作品审美偏爱"的实验研究,其结果也表明"美术作品色彩的丰富和鲜艳程度与幼儿被试偏爱的人数成正比"。[4]

2. 对绘画题材产生自由联想的反应

儿童在感知和理解美术作品的过程中,常常出现对绘画题材的自由联想,且常与自己的生活经验相联系。例如,孩子们在欣赏莱歇的《向路易·大卫致敬》作品时,有孩子指着画中的自行车说:"这辆自行车很好看,几百元钱,骑着到超市去玩,可以买很多吃的东西。"欣赏林风眠的《金秋》时,有孩子说:"河面上漂着的是橘子,回去洗一洗就可以吃了。"被孩子误以为橘子的实际上是飘落的秋叶。由此可见,儿童在感知和理解绘画作品时还不能摆脱认识经验的干扰,总是试图把作品与生活中相似的物品找出来,并对其进行联想,从而获得心理上的满足。

3. 关注画面的局部特征

在感知一幅美术作品时,儿童往往只注意作品中所表现的局部特征。在玛丽·卡尔金斯的实验中,把细节当作偏爱理由的在儿童中占了75%。在瓦伦汀的研究中,9岁的小姑娘喜欢一幅骑士画是因为"他戴着一顶漂亮的帽子,有一头漂亮的卷发,还有那耳环和可爱的

---

[1] 王振宇.学前儿童发展心理学[M].北京:人民教育出版社,2014:41—43.
[2] 王振宇.学前儿童发展心理学[M].北京:人民教育出版社,2014:45—46.
[3] [英]瓦伦汀.实验审美心理学(绘画篇)[M].潘智彪,译.台北:商鼎文化出版社,1991:43.
[4] 张奇.儿童审美心理发展与教育[M].北京:北京师范大学出版社,2000:151.

黑夹克"。从上述例子看出，儿童已经感觉到了单个对象的美与不美，这确实是孩子们对于绘画的典型态度，但未涉及作品的整体感。这种特征"可能是由幼儿视知觉的分析型特征决定的，即幼儿的视知觉往往只注意事物的局部，而不注意事物的整体"。[①]

总之，儿童美术能力是随着其生理、知觉能力、情感态度、智力和生活经验的发展而发展的。儿童美术能力在其发展过程中又体现出以下特点：

第一，儿童美术能力的发展既有连续性又有阶段性。儿童的绘画能力、手工制作能力、美术欣赏能力的发展表现为几个不同水平的阶段。每个阶段都有不同的行为模式和特点，但是这种行为模式是建立在前一阶段发展的基础之上的。同时，每个发展阶段到了后期便出现了下一阶段行为特征的萌芽。由此可见，儿童美术能力的发展是一个由量变到质变的过程。

第二，儿童美术能力发展的历程基本上是一致的。不管是绘画能力发展、手工制作能力发展，还是美术欣赏能力的发展，从发展的第一阶段开始，儿童的行为特征便表现出相似性，其发展的过程也大致相似。在这个发展过程中，每个阶段不能跨越，亦不能颠倒或倒置。不同的儿童只有在各阶段停留时间长短上存在个体差异，而在美术发展的阶段特征上没有实质性差异。虽然，儿童美术发展阶段的发生年龄因个体、文化和环境的差异而有所不同，但无论差异多么巨大，也不能改变其发展的定向性和先后次序。

第三，儿童美术能力的发展体现出较为明显的从自我中心向客观化发展的趋势。儿童美术能力的发展与其年龄相关。例如，在儿童绘画能力发展过程中，就明显地表现出儿童从自我中心到拥有更开阔视野的发展变化。儿童手工制作能力以及美术欣赏能力的发展也是如此。

本章思考题

1. 关于儿童绘画能力发展的理论有哪些？各种理论是如何划分儿童绘画发展阶段的？
2. 收集中班和大班幼儿的绘画作品各三张，要求：
   （1）分别从造型、色彩、构图三方面比较它们的不同。
   （2）找一找作品中表现出了哪些特殊的表现形式？
3. 在美术区角中观察并记录一名幼儿的手工制作活动过程，分析其表现特点。
4. 儿童美术欣赏能力的发展要经历哪几个阶段？各阶段的发展特点是什么？

---

① 张奇.儿童审美心理发展与教育[M].北京：北京师范大学出版社，2000：160.

拓展资源

📄 黄露.儿童的美术语言[M].杭州：浙江人民美术出版社，2019.

美术作为一种语言，包括点、线、面、形、色彩、材质、肌理、空间等造型要素，还包括对称、均衡、协调、对比、节奏、韵律等组织原理。该书以美术语言为线索，运用美术学、教育学、心理学、美学和社会学的知识，对相关问题进行阐释。同时运用了大量统计数据、图像证据，论据充分，可信度高。该书不仅具有带动阅读的叙述性，而且具有引发思考的思辨性。

第四章

学前儿童美术教育的含义与发展

知识要点

- 美术取向学前儿童美术教育的含义
- 教育取向学前儿童美术教育的含义
- 两种不同取向的评述
- 世界各国学前儿童美术教育发展简况

思维导图

学前儿童美术教育的含义与发展
- 学前儿童美术教育的含义
  - 美术取向的学前儿童美术教育
  - 教育取向的学前儿童美术教育
  - 学前儿童美术教育的含义
- 学前儿童美术教育发展概述
  - 外国学前儿童美术教育发展概述
  - 中国学前儿童美术教育发展概述

内容导入

本书的主题是学前儿童美术教育,因此,在探讨学前儿童美术教育前,先要对学前儿童美术教育的含义与发展历史有一个基本的认识。对于学前儿童美术教育的含义有两种不同的取向,其一是以美术为本位,教育为手段;其二是以美术为媒介,教育为本位。两种取向各有偏颇,引发了学前儿童美术教育究竟是重游戏还是重审美的争议。

本章简述了外国美术教育的历史,在此基础上阐述了美国、德国和日本三个国家的现代学前儿童美术教育的发展过程,虽然每个国家都各有千秋,但是其共同之处在于都反映了两种不同的取向之间的"摇摆"和"平衡"。此外也简述了中国学前儿童美术教育的发展历史,特别是一些具有代表性人物的教育思想。

一、学前儿童美术教育的含义

对于学前儿童美术教育的含义,主要存在两种不同的看法,导致对学前儿童教育中理念、行动上都有不同的思考和做法。

美术取向的学前儿童美术教育着眼美术本身,即以美术为本位,以教育为手段,对学前儿童传授美术知识和技能,以发展和延续美术文化。

教育取向的学前儿童美术教育着眼教育,即以美术作为教育的媒介,通过美术教育,追求一般幼儿教育的价值。换言之,就是通过学前儿童美术教育,顺应儿童的自然发展,促进儿童身心健康成长,培养儿童的道德感、审美情趣、认知能力、意志品质以及创造性等。

两种不同取向的学前儿童美术教育反映了人们对学前儿童美术教育含义的认识存在着不同的倾向性,前者更多地考虑学前儿童美术教育的社会性功能,后者则更多地顾及学前儿童美术教育的个体性功能。汲取这两种取向中有价值的部分,使之有机地统一起来,能使我们在更高层次上把握学前儿童美术教育的含义。

二、学前儿童美术教育发展概述

回顾外国美术教育发展历史,美术教育从工匠教育发展到艺术教育,是一些教育家赋予美术的价值。美术教育发展到了现代,由于不同教育思想之间的博弈,从而推进了现代学前儿童美术教育的发展,并影响着当今全世界学前儿童美术教育的理论和实践。中国现代学前儿童美术教育的发展也深受其影响。

教与学的建议

1. 本章内容具有"史论"的性质,主要是思辨性的。建议以教师讲述为主,学生课后阅读梳理教材为辅。

2. 可以组织学生进行辩论,将学生分成甲方和乙方,就"学前儿童美术教育的美术取向与教育取向"等议题展开讨论,鼓励学生查阅资料、收集论据,由教师或学生担任裁判。

美术教育的实践虽然在中国已有较长历史,但是美术教育这一术语起源于19世纪的德国。人们对美术教育这一术语含义的认识不尽相同,一般认为,美术教育至少包括对美术家的教育、对美术爱好者的教育、对美术工艺人员的教育,以及对接受普通教育的儿童的教育。

学前儿童美术教育的对象是学前儿童。学前儿童美术教育具有美术教育的一般含义,但它又具有不同于一般美术教育的一些特征。

第一节　学前儿童美术教育的含义

学前儿童美术教育的含义可以通过美术和教育这两个方面体现出来。根据对美术和教育这两个方面的不同侧重,可以相应地将学前儿童美术教育分为美术取向的学前儿童美术教育和教育取向的学前儿童美术教育。

一、美术取向的学前儿童美术教育

美术取向的学前儿童美术教育着眼于美术本身,即以美术为本位,以教育为手段,对学前儿童传授美术知识和技能,以发展和延续美术文化。

人类的美术活动始于人类早期社会普遍的造型活动。从那时起,美术就成为了人类的文明行为之一,被用来表达观念、传达愿望和情感。在客观上,它也为人类活动的历史提供了记录的途径。

美国著名的美术教育家艾斯纳在述及美术的功能时指出,美术的第一个功能是为人类提供视觉感。该功能的实现至少需要两条途径:首先,美术常被用以表现人类最美好的视觉意象,被用作通过塑造形象而将人类精神变得形象化的手段。当美术发挥这种功能时,它会将个体的言语中难以表达的东西转换为别人能理解的东西,于是对文化的理解就有了共同的意义。其次,美术还被用来表现人类特有的视觉意象,为其恐惧、梦和回忆提供视觉隐喻。

艾斯纳认为,美术的第二个功能是能使人的感觉敏锐,能提供训练人的潜能的题材和媒体。

他提出的美术的第三个功能是能使其他事物变得生动,美术构成了人的视野,捕捉了瞬间。

艾斯纳指出,美术的功能还不止以上这些,它能帮助人们发现视觉世界的含义,发展感知的活力;它还能借助打动情感的力量,在人与人之间传播亲情,创造凝聚力。

作为人类文化的重要组成部分,美术在人类适应和改造环境的实践中发挥了难以取代的作用,同时它还帮助人类不断充实和完善自身。

作为延续和发展人类美术文化的主要方式，美术教育是伴随着美术的诞生而诞生的。从原始人类从事美术活动起，人类就通过各种方式传播已有的美术活动的经验和知识。美术文化正是在这种教育的过程中发展起来的，而美术的诸多功能也正是在这种教育的过程中得到增强的。如今，现代美术教育日益分化和完善。按涉及的领域分类，美术教育包括绘画、雕塑、建筑、工艺、服饰设计等的教育和教学；按涉及的学科分类，美术教育包括美术理论、美术史、美术评论等的教育和教学；按针对的教育对象分类，美术教育包括学前儿童美术教育、中小学美术教育、艺术院校美术教育等。美术取向的学前儿童美术教育是为了延续和发展人类的美术文化而实施的早期教育，而这种价值取向将美术本身及其功能视为首要的东西。幼儿阶段是实现这种价值的最初阶段，它为这种价值的完全实现打下了基础。

三、教育取向的学前儿童美术教育

教育取向的学前儿童美术教育着眼于教育，即以美术作为教育的媒介，通过美术教育，追求一般幼儿教育的价值。具体地说，就是通过学前儿童美术教育，顺应儿童的自然发展，促进儿童身心健康成长，培养儿童的道德感、审美情趣、认知能力、意志品质以及创造性等。

不少思想家、教育家都论及美术教育的德育功能。在人类的早期社会中，德育与美育尚未分化。此后，两者即使"各司其职"，却仍保持千丝万缕的联系。美术教育对道德教化起了很好的宣导作用。

席勒在其著作《美育书简》中反复强调："人必须从单纯物性的境界，通过审美的境地，而达于理智的或道德的境界。"他认为："审美的境界本身并无重要意义——它的全部作用在于使人复归于他自己，从而它能把他自己塑造成他所希望的样子。"他的所谓"他所希望的样子"就是具有足够的社会道德意识。

鲁迅先生在论述美术教育与德育之间的关系时指出："美术可以辅翼道德。美术之目的，虽与道德不尽相符，然其力足以渊邃人之性情，崇高人之好尚，亦可辅翼道德以为治。"

我国近代美术教育家丰子恺先生则认为："道德与艺术殊途同归。所差异者，道德由于意志，艺术由于感情。故'立意'做合乎天理的事，便是道德。'情愿'做合乎天理的事，便是艺术。""艺术是情愿做的道德。"美与善相辅相成，在以美术为媒体的教育中，培养儿童高尚的审美情趣，才能使儿童从小摆脱俗流，避免罪恶，形成良好的道德品质。

此外，一些思想家、教育家也认识到美术教育具有发展智能、培养创造意识和形象思维的教育功能。

法国启蒙思想家卢梭从美术教育的教育学意义出发，着重强调美术教育的智育功能。他认为，美术教育的着眼点并不在美术本身，而在于使儿童获取正确的视觉和敏捷的手法，以帮助他们更好地认识和把握周围的一切。

人们在研究科学家爱因斯坦的思维方式时发现,他的直觉深深根植于古典几何学之中,他有一种非常视觉化的心灵,他是用意象在进行思考。用爱因斯坦自己的话来说,"在我的思维结构中,书面与口头语言所用的文字似乎并不起任何作用。思维中似乎作为因素而存在的心理实体是某种能自行再造或结合的记号及较清晰的意象,……上面所提到的这些因素对于我来说便是视觉的,有的还很强烈。"

罗恩菲尔德则认为美术教育对培养儿童创造力有重要的价值,他明确地提出:"在艺术教育中,艺术只是一种达到目标的方法,而不是一个目标;艺术教育的目标是使人在创造的过程中变得更富于创造力,而不管这种创造力将施用于何处。"美术教育除了具备其他学科教育所具有的一般智育功能外,还具有其他学科教育所不具有的智育功能特点,它能给儿童提供一种有别于抽象思维形式的直觉思维。它是感性的,但积淀着理性,能引导儿童对感性形式及其意味的整体把握和领悟,有益于形象想象等方面能力的培养。

几乎没有人会否认美术教育的美育功能。学前儿童美术教育是学前儿童美育的主要途径之一。教育取向的学前儿童美术教育的特殊性和主要的教育功能毫无疑问是在审美方面。换言之,学前儿童美术教育旨在培养儿童的审美观点,丰富其审美感情,发展他们对美的感受、理解和鉴赏能力以及创造能力。

德国教育家福禄贝尔十分重视美术对儿童美感的培养和性情的陶冶。他认为,绘画对儿童的发展是很有价值的。不论儿童或成人,其绘画的官能都是天生的,但仍需要进一步发展和培养。儿童爱好绘画,对于绘画有一种本能的欲望,儿童在绘画过程中会感到欢愉和满足。福禄贝尔认为,作为一个终极的统一体,艺术是人的内部的表现。儿童具有艺术修养,并不是说儿童必须专门学习艺术以成为艺术家,而是说他要懂得艺术。由此可见,福禄贝尔将美术教育看作是对儿童心灵和情操的开发。他还认为,儿童的心灵美、情操美对儿童的发展有重要影响。

席勒指出,包括美术教育在内的美育,是使人从感觉的被动状态到思想和意志的主动状态过程中一个不可缺少的桥梁。要把感性的人变为理性的人,唯一的途径是先使他成为审美的人。席勒还指出,现代文化最大的弊病是抑制人性,而美育则能弥合人性的分裂,使人性日益完善。美术教育的美育功能是由美术的审美结构和特点所决定的。在美术教育中,儿童在视觉形象的欣赏、表现和创造活动中领悟审美思想与审美形态,从而逐步完善自己的审美心理结构。

总之,教育取向的学前儿童美术教育立足于真、善、美的和谐统一,要求艺术渗透整个教育,使儿童能按其本来面目健康成长,最终成为艺术的、完美的人。

学前儿童美术教育的含义

美术取向的学前儿童美术教育和教育取向的学前儿童美术教育反映了人们对学前儿童

美术教育含义的认识存在着不同的倾向性。前者更多地考虑学前儿童美术教育的社会性功能,后者则更多地顾及学前儿童美术教育的个体性功能。汲取学前儿童美术教育这两种取向中有价值的部分,使之有机地统一起来,能使我们在更高层次上把握学前儿童美术教育的含义。

德国哲学家康德认为,美的本质特征是非概念性和非功利性的。在艺术的诸多特征中,没有任何特征能像这一特征一样得到如此广泛的认同。人们普遍认识到美术必须发扬人的精神,而不是对精神进行说教。

众多哲学家、人类学家、心理学家和教育家试图论证:人的自我表现的一切形式,特别是艺术表现形式,与游戏是一致的。

例如,康德认为,艺术是一种自由的游戏。福禄贝尔认为,儿童游戏和艺术活动基本上是同一件事。他把艺术看作是人的内部潜在力量的表现。一个沉醉于游戏中的儿童,正是根据其内在的需要和冲动,真实地表现其生活。

英国教育家斯宾塞也将艺术看成满足爱好和感情的、由内在动机引发的游戏活动。它没有目的,超脱个人利害,具有唯美特征。

席勒则确信,艺术,只有艺术,才能使人从精神的必然性中,而不是从物质的需求中去获得自由。

里德和罗恩菲尔德也都认为,艺术和游戏在本质上有相通之处。所不同的是,罗恩菲尔德把艺术看成是游戏的一种形式,而里德却把游戏看成是艺术的一种形式。

一个尚未社会化的儿童,以其自身的思维和行为方式去适应社会是会遭遇到很大障碍的。这就是说,在使自己适应一个按成人的兴趣、习惯和思维方式组成的社会的过程中,儿童不可能像成人那样有效地满足情感上和智慧上的需要,为此,儿童需要游戏充作媒介。在没有任何强制的条件下,儿童通过游戏实现现实生活中得不到满足的需求,从而达到情感和智慧上的平衡。在游戏中,儿童完全不考虑事物的客观特征,而只是为了满足自我的需要和愿望去活动和表现。但是,儿童尚不能熟练地运用成人的语言符号系统,来充分地表达自己的需要、经验和情感。在这种情况下,儿童就创造出属于自己的、能满足其自我表现需要的符号系统。"美术语言"就是儿童自己创造的视觉的或造型的符号系统,它是儿童创造的诸多符号系统之一。在游戏中,包括"美术语言"在内的各种象征性语言能够按照儿童自身的需要而加以改变,能使儿童唤起过去的经验,使自我得到满足,而不是被迫去适应现实,从而解决了在适应客观世界过程中的情感冲突问题。正如里德所说:"思想与理解的本质以及人格与性格的一切变异大多有赖于这种适应的成功或准确。"儿童在游戏中实验自己的行为、行动和知觉,无须害怕失败或报复,从而使整个身心处于自由和谐的运转状态。游戏中的反复尝试与体验,使难以理解和适应的周围世界变得可以被理解和适应,从而达到了情感上的满足和认知上的平衡。

游戏是学龄前期儿童发展的主要源泉。游戏是儿童的基本活动之一,是幼儿园的重要教育形式和手段。我国幼儿教育家陈鹤琴指出:"游戏从心理方面说是儿童的第二生命……游戏从教育方面说是儿童的优良教师,他从游戏中认识环境,了解物性;他从游戏中强健身体,活泼动作;他从游戏中锻炼思想,学习做人。游戏实是儿童的良师。"

儿童从2岁左右起,受其内在动机的驱使,开始在纸上或沙土上画涂鸦线,以期望用自己创造的视觉符号系统表现自己,来满足自身的需要。这种自由创造活动没有社会功利目的和社会实用价值,重活动的过程而不重活动的结果。从本质上讲,它是一种美术游戏,它具有在游戏中发展和教育儿童的一般价值,又具有美术游戏所具有的特殊的教育价值。学前儿童美术教育与其他年龄阶段人群的美术教育具有许多共同之处,也具有一些不同之处。而最为本质的区别就是,学前儿童美术教育赋予儿童自发的美术游戏以极大的教育价值,使儿童能在这种具有明显的审美特征的游戏活动中愉悦自己、满足自己、表现自己,使儿童人格的"种子"通过美术游戏这一自然生长的土壤得以发芽,为形成健全人格奠定基础。

然而,学前儿童美术教育的含义并非只停留在美术游戏的价值方面。美术是人类文化和经验中一个十分独特的方面,美术教育对于人类教育的贡献具有其他科目所不可取代的作用。美术教育的价值还在于它能增加儿童对世界的特殊经验和了解。视觉艺术处理的是人类经验中其他领域所无法触及的一个方面,那就是视觉形象的审美思考。

包括美术游戏在内的游戏,反映的往往是儿童直接经历过的、体验过的生活。在游戏中,儿童所能选择的内容有较大的局限性,有时甚至还会带上世俗的陋习。学前儿童美术教育在增加儿童了解世界的特殊经验的方面的价值需要通过有目的、有计划的美术教学活动得以实施。美术教学能使儿童潜移默化地从世俗的现实生活中超脱出来,不再局限于其自身的经验,在对可见、可触的外观的把握中去追求秩序和形式美。

儿童视觉审美能力的培养,是通过对儿童实施美术教学而不是美术游戏得以实现的。学前儿童美术教学虽然还只能局限于较低的层次上,但是同样需要通过对形体感、色彩感、线条韵律感、材质感、构图感和空间感等方面的培养,使儿童在视觉形象的欣赏、表现和创造性活动中提高审美能力。在美术教学中,儿童所表现的自由不像其在美术游戏中那样局限于自身的经验,而是一种经过修正的、理想化的现实。儿童从经验、观念到情感的这一过程,经艺术化的加工过程中得以完成。由此可见,美术教学不仅在现实生活层面上,更重要的是在对美的追求的层面上,使儿童逐渐感受和理解真、善、美,排斥和去除伪劣、邪恶及丑陋的事物,引起儿童的情感律动,给儿童以美的享受和性情的陶冶,促使儿童在认知、情感和人格等方面得到健康的发展。

广义的学前儿童美术教育作为一种社会文化现象,也包含了对整个社会文化环境间接的影响作用,如通过学前儿童美术教育去影响社会文化氛围、改变生活和生存环境、发展和延续美术文化等。学前儿童美术教育的终极目标在于为培养全面发展的人打下基础。学前儿童美术教育是对学前儿童实施的全面发展教育的一个有机组成部分。

第二节 学前儿童美术教育发展概述

一、外国学前儿童美术教育发展概述

（一）外国美术教育发展历史概述

在美术教育这一术语产生之前，实质意义上的美术教育的理论和实践已经有了相当成熟的发展。

西方美术教育可以追溯到古希腊时代。雅典的教育重视智育、德育和美育，通过这种教育，培养身心和谐发展、能履行公民职责的人。在雅典的教育制度中，儿童从7岁开始就可进入文法学校和音乐学校学习。在文法学校中尚未熟悉字母轮廓的儿童，便依照教师所写的描画。图画教学不是传授谋生的技艺，而是旨在促进儿童身心和谐发展。

古希腊的哲学家德谟克利特将艺术看成是可以改变人的重要手段，主张对儿童的艺术教育既要注重天赋，又要强调勤学，这样才能使儿童在掌握技能的同时培养思想品质。古希腊的另一位著名哲学家亚里士多德认为，绘画能培养儿童对美的欣赏力和判断力，教儿童绘画应是为了发展儿童丰富的感情。古希腊的哲人强调"文雅教育"，将和谐发展的重点放在美育方面。这种摒弃狭隘功利主义的教育思想对以后的美术教育产生了深远的影响。

中世纪西方的美术教育几乎成了一种纯技艺性的工匠教育，学徒们在画坊从师学艺，以掌握技能、谋取生路。

文艺复兴时期，美术家的地位提高了。在人文精神的感召下，人们对美术教育有了重新认识。在此时期，很多教育家都提出了艺术教育的要求，主张通过美育，全面发展儿童的身心。

捷克教育家夸美纽斯的著作《大教学论》为在学校中实施美术教育作了铺垫。他主张对儿童实施一种周全的教育，即从道德、知识、身体和艺术等方面去发展儿童。其中，艺术教育则主要是发展儿童的首创精神，培养儿童的艺术才能。因此，夸美纽斯推崇美术在教育中的作用。他认为，美术对儿童有较强的吸引力，能诱发其内在动机，激发儿童主动学习。他说："一切儿童都有一种要画图画的天生欲望，这种练习就可以给他们快乐，他们的想象就可以从这种感觉的双重动作得到激发。"在述及艺术教学法时，他提出凡是应当做的都必须从实践中去学习，要"从雕刻中去学雕刻，从画图中去学画图"。

在近代教育史中，许多著名的教育家都对儿童美术教育发表了有价值的见解，对幼儿美术教育的发展产生了较大影响。

法国启蒙思想家卢梭在自然教育的基础上，根据自己对于儿童发展的自然进程的理解，将儿童教育划分为四个阶段。其中第二个阶段（2—12 岁）的主要任务是发展感官，在此阶段对儿童实施的美术教育是以感觉和形象训练为目的的。卢梭将感觉经验看作是对儿童实施智育的前提，因为绘画活动能训练儿童观察的敏锐性和触觉的真实性。

德国教育家赫尔巴特认为，艺术是人的本能，是人内部生命的表现，因此培养充分和全面发展的人的教学计划应根据儿童的审美兴趣开设文学、唱歌、图画等学科。开设这些课程的目的并不是让儿童成为艺术家，而是让儿童学会欣赏艺术，掌握多种能力。

18 世纪初，欧洲的一些新式学校开始将美术列入课程。到了 19 世纪，英国、德国、法国、美国、俄国等一些西方国家在学校普遍开设了图画课。

（二）美国现代学前儿童美术教育发展概述

美国现代美术教育的先驱是富兰克林。早在 1749 年他就主张将美术引入教学计划。他认为，美术教育不是要教儿童画漂亮的图画，而是为了满足处于发展中的国家的需要。同时，他主张对美术教学的内容进行选择，要选择最为有用的内容传授给儿童。

当时，美国正是一个迅速崛起并走向工业化的国家，强烈的物质主义和实用精神左右着人们的思想。美术就是因其具有实用性而被获准走进学校的。

19 世纪最后 30 年，对美国东海岸各州美术教育促进最大的是一位名叫史密斯的英国美术教师。他接受马萨诸塞州教育委员会和波士顿学校委员会的邀请，担任了波士顿首位图画指导老师和马萨诸塞州的首位图画督学。当时，美国的工业产品在销售上遇到其他国家产品的竞争，工业界强烈要求政府为所有成人和儿童提供免费绘画教育，以此为契机，史密斯的美术教育计划在工商业人士的帮助下卓见成效。史密斯认为，绘画教学也要像书写一样，由基础开始，循序渐进。绘画教学的主要问题不在于训练教师，而在于提供一套系统的练习。这样，哪怕教师没有受过专业训练，也可以利用一套系统的教学练习教好儿童。因此，儿童学会了必需的技能，也就获得了谋生的本领。

直到 20 世纪的早期，工业绘画仍是美国美术教育的主流观念。但是，这种观念在儿童研究运动和进步主义教育思想的影响下开始受到批判。然而，转变传统的、以实用为目的的美术教育观念，其本身就是一个缓慢的过程。在强调儿童美术作品的创造性的表现主义对美国产生影响之前，美国美术教育的那种僵化的工业绘画体系并没有发生革命性的变化。

表现主义的代表人物之一是奥地利的儿童美术教育者齐塞克。1904 年，他供职维也纳应用艺术学校，创办了儿童美术班。齐塞克首先提出儿童的基本绘画能力是天赋的，即人的绘画天赋的发展，一般起始于儿童期。他的观点得到了美国少数美术先驱者的赞同，其中包括美国著名的美学家芒罗。不少美国教师到维也纳观摩了他的教学。

在齐塞克创办的儿童美术班中，他取消了酷似自然物的绘画教学，鼓励儿童用视觉形式表达他们对生活中的事物的反应。在齐塞克的指导下，儿童以玩的方式表现自己，并做那些真正使他们感兴趣的事情。传统的几何图案或透视画,被儿童自己创造的、具有独特魅力的视觉形象所替代。齐塞克将发展儿童的创造力作为美术教育的一个目标,他的工作表明了儿童能用独特的、具有创造性的和可以被接受的方式表达他们的情感及认知。

19世纪后叶,美国正经历着重要的工业发展时期。经济的发展呼唤着教育新思维的产生。作为儿童研究运动的先导霍尔的思想得到了杜威的支持。杜威被认为是美国教育史上最有影响力的教育家,其进步主义教育思想在美术教育领域内也产生了重大影响作用。根据杜威的意见,儿童的兴趣是教育过程中最为重要的因素,因此采用进步主义教学法的教育家应让儿童在美术课中去做他喜欢做的事;杜威欣赏儿童的发展过程以及有限的经验,因此在美术教育中教师不应干涉,也不必提供指导;他提倡培养儿童创造性智能,因此采用进步主义教学法的教育家应利用美术培养儿童的"一般"创造力;杜威认为经验是整体的,因此在计划教学时,应将美术和其他科目合为一体。

与史密斯强调有系统、有组织的美术课程,以让儿童获取职业技能的想法不同,那些受进步主义教育思想影响的人则更关心通过美术为儿童提供表现自我创造性的机会。尽管杜威及其追随者的理论在美国得到了广泛的传播,但是实施起来却相当困难。要有效地运用这种教育理念,教师须具有丰富的教学经验和技能,特别是先要对杜威的理论有较好的把握。杜威的教育思想到20世纪20年代才开始运用于教育实践,而其对美术教育产生的影响主要发生在20世纪30年代到50年代。实际上,美术教育与进步主义教育的联系不是由杜威完成的,而是由一些美术教师通过他们的实践活动完成的。他们以创造性自我表现的目标实施美术教育,这种做法主要来自表现主义美术家的艺术观念。

在整个二战时期,一些美术教育家将艺术的自我表现与保存民主生活方式的战争目标等同起来。尽管由于第二次世界大战的影响,美术教育的自我表现观念受到了干扰,但是战争结束后,美术教育又回到了自我表现的轨道。在此期间,有四本极有影响力的美术教育专著出版了,分别是柯儿的《教室内的美术》、达密柯的《美术的创造性教学》、罗恩菲尔德的《创造与心智的成长》和里德的《通过艺术的教育》,后两本书的影响力尤为显著。这些专著的一个共同主题是,美术教育最主要的任务是使儿童的创造性得到发展。

从1930年至1950年的20年中,美国美术教育的主要目标在于发挥教育对儿童人格及其一般行为的影响与效果,这在学前教育阶段表现得更为明显。许多幼儿教师都认同,儿童的美术是一个自然的发展程序,对儿童实施美术教育应强调儿童在从事美术活动时的创造性和潜在能力。教师应尊重儿童的需要和自我表现,教师的作用只是对儿童进行启发和引导。

20世纪50年代,进步主义教育运动已呈衰败之势,加上苏联的人造卫星上天,促进了以学科为中心的教育思想的产生。美国教育家布鲁纳在他的《教育过程》一书中首先提出了"学科结构"的概念,学科变成了美国课程改革的焦点。而巴肯则将布鲁纳的主张引入美术教育领域,他努力尝试在美术中发现作为课程发展要素以及与科学知识相同的结构形式。

他认为,作为学科的美术教学课程内容必须包括画室学习、美术批评和美术史。他的思想影响了艾斯纳和格里。

美国斯坦福大学教授艾斯纳认为,美术教育的主要价值在于它对个人经验的独特贡献。儿童美术能力不是自然发展的结果,必须经过学习才能获得,而严格的课程设计是美术教育取得良好效果的前提。与艾斯纳的观点相似,格里主张以美术学科的基本内容作为美术教育的课程内容,在他发表的一篇题为《一种以学科为中心的美术教育:将美术作为一种学科研究的方法》的文章中引用了"以学科为中心的美术教育"(简称DBAE)的术语,反映了20世纪60年代提出的、80年代又重新强调的以学科为中心的美术教育思想。

近些年以来,注重创造性表现的美术教育思想正在接受来自不同立场的学者们的批评。心理学研究也证明创造性的发展不只局限于美术领域,而儿童审美经验的获得大多是由学习得来的,不是与生俱来的。人们越来越以怀疑的目光看待长久以来被认可的教育理念,并开始注意美术在人类经验上的价值。虽然,不少教育机构的美术教育仍在强调个人的表现,但是许多教育工作者已转向关注艺术家及其作品的视觉与象征性品质,教育目标中也开始融入人类生活对美术经验的特征。美术教育中的这种变化也在一定程度上影响着学前儿童美术教育实践。

综上所述,美国幼儿教育机构具有相当强的独立自主性,每个机构都可以自由选择适合各自需要的课程,包括美术教育的课程。由此看来,美术教育在美国的教育体系中没有稳固的地位。近些年来,这种状况有了改善,特别是在幼儿教育层次,美术教育在课程的时间分配和设施配置上还比较理想。归纳美国幼儿美术教育的概况是困难的,上述对美国美术教育发展过程的概述只是一种总的趋向。事实上,美国幼儿美术教育的实践活动在很大程度上是受这种总趋向影响的。

(三)德国现代学前儿童美术教育发展概述

作为美术教育发源地的德国,从19世纪起就比较重视美术教育对人的素质的影响,将美术教育看成是一种文化哲学的应用学科。其目的在于纠正科学理性主义给社会及本人带来的负面效应,以完善人格、表现个性、陶冶情操、提高审美情趣。德国教育家对美术教育的理解与同时代的美国人、英国人大相径庭,后者一开始就带有浓郁的实用主义色彩。

在德国,也有实用工艺需要的问题,但是德国人赋予美术教育的意义超越了为工艺服务的要求。与美国人和英国人一贯务实的思路不同,德国人习惯思辨,因此他们依据教育理论演绎了美术教育的目标。中世纪教育家夸美纽斯以及近代教育家裴斯泰洛齐和福禄贝尔等人都强调美术教育能对儿童进行视觉和手的感觉训练,有益于儿童获得对形的正确认知。德国的教育家们就以这种认知教育理论为依据将美术编入课程。

德国的美术教育的基本出发点虽与美国、英国不同,但是教育实践在形式上却比较类似。例如让儿童练习画图,先从画垂直线、水平线和斜线开始,再进入对三角形、正方形、矩形的描绘。教师示范这些线和形,让儿童模仿和练习。这种教育实施了将近半个世纪,一直延续到大约20世纪初期。

当时的心理学盛行对儿童的研究。德国教育家们从儿童的自由画中发现,一向被成人认为是拙劣而无聊的儿童画反映了儿童完全不同于成人的表现特征。在诸多项研究中,柯思修泰纳的研究最具代表性。他在慕尼黑任督学时,用了一年的时间拟定计划和方法,并花费了七年的时间研究了儿童美术的发展。研究的结果得到认可,且使学者们一致要求应对美术教育进行改革。一些学者认为,儿童应自由自在地描画自己所想的东西,而当今的教育却扼杀了儿童作画的兴趣,破坏了他们想要画画这一纯真的本能欲望。他们认为,幼儿园应该任凭儿童自由地按照自己的想法画画,而不要过早地教导儿童线和形的画法,应摒弃以几何图法为基础的图画教育。

由齐塞克开创的自由与创造的美术教育在当时影响了西方许多国家,德国也不例外。可以说,齐塞克对美术教育的改革与德国学者们的构想不谋而合。造型艺术有描绘与构成两个层面。齐塞克的工作开创了将美术中的描绘提高到艺术境界的高度,并带动了美术教育的革新。而由德国建筑家格罗比乌斯在1919年设立的包浩斯学校,形成了受世人瞩目的构成教育。

与其他国家的儿童美术教育相类似,德国的美术教育也主张在浪漫表现倾向和科学理性倾向的两种潮流中取得某种平衡。德国的儿童美术教育工作者认识到在教育实践中创造性表现的目标被过分强调,这种过分地夸大评价儿童自发性表现的结果,反而使儿童失去了自我表现的机会。近些年来,德国实施所谓的"源于艺术的教育"以及"面对艺术的教育",以具有强烈情绪性的艺术作品为教材,让儿童从小便能生活在美的创作环境中,发展独立分析能力,积累造型艺术的基础性经验与概念。

(四)日本现代学前儿童美术教育发展概述

与美国、英国等的美术教育相类似,明治初期的日本美术教育也十分重视实用功利,目的在于培养产业后备军。受西方图画教育的冲击,日本绘画局限于用铅笔练习描绘正确的图形。这一时期亦被称为铅笔画时期。

1886年前后,一位名叫费诺洛沙的美国人和冈仓觉三等人极力倡导国粹主义,反对盲目西化,主张在图画教育中舍弃铅笔画,回归日本风格的毛笔画。在此后的十多年中,对于铅笔画和毛笔画优劣的争论始终不休。

1902年,日本文部省成立了图画教育委员会,并于1904年发表了一份对日本美术教育的发展产生深远影响的报告书。该报告书提出了美术教育的作用和目的,科学地区分了美术教育在怡情养性及实用方面的不同目标,主张在培养欣赏能力的基础上,重视训练儿童的观察能力和动手能力。根据这一观念,日本文部省专门出版了一系列国定教科书。

国定教科书的出版并未从根本上改变日本的美术教育。尽管教材中安排了一些写生、记忆和创造的内容,但是基本上未脱离临摹的主要方式。1919年,日本画家山本鼎发起了自由画教育运动。当时,日本民主思想刚抬头,而欧美推崇个性和创造的"儿童中心"的教育思想冲击了日本的美术教育。山本鼎对出版已达十余年并仍在继续使用的国定教科书进行了猛烈的抨击,将其称之为"干涸的临画帖"。他主张摒弃临摹,朝向自然写生,迈向创造。

山本鼎的自由画教育思想虽然受到官学派的强烈反对,但是随着日本社会的进步,其主张获得了越来越多人的认同,特别是得到了众多不满现状的进步教育家的支持。舍弃临摹、迈向自然的风潮逐渐高涨,并最终推翻了定型化的图画教育。山本鼎曾于1919年在长野县举办了首届儿童自由画展,轰动一时,其影响迅速蔓延到了日本各地。

然而,山本鼎的自由画教育以矫枉过正的方式对待过去的不足,片面、绝对地强调自己的喜好,甚至认为乱涂一番的画才是新式的自由画。因此,山本鼎领导的自由画教育运动一时间导致日本美术教育处于无序状态,因此受到了一些人士的批评,也遭到文部省的反对。这场运动虽然没有最终形成气候,但是它毕竟是日本美术教育的一个里程碑,亦对日本美术教育产生了深远的影响。

当时,德国的包浩斯构成教育思想也影响了日本,使日本美术教育者认识到美术教育不是狭隘意义上的图画教育,必须涵盖绘画以外的工艺、建筑、雕刻等,应对一切的造型美感与构成提供理解力、鉴赏力及技能等方面的训练。

1941年,太平洋战争爆发后,日本施行了"国民学校会",对学制、内容和方法作了很大改变,规定了"艺能科中的图画,以认出、表现形象,培养鉴赏作品之能力,醇化国民情操,涵养创造力为目的"。二次大战后,图画与劳作合为一体。1951年颁布的学习指导要领中规定:"图画劳作教育,由造型艺术方面,提供有关日常生活所需衣、食、住与产业等之基础性理解与技能,养成开朗、丰富的营生能力、态度与习惯,培养身为个人或社会成员均能从事和平、文化的生活资质。"战后日本美术教育的最大特征是美术教育被认为是具有重要教育功能的一个科目,其教育价值获得了很高评价。

1952年,由美术评论家久保贞次郎等人发起并创办了"创造美育协会",重新提倡山本鼎所主张的自由画教育运动精神,呼吁日本美术教育工作者对旧的做法加以彻底反省,以建立新的美术教育,鼓励及培育儿童的创造天赋。由"创造美育协会"推行的美术教育改革运动在全日本引发了热烈反响,赞成者与日俱增。此项运动获得了两项丰硕成果:其一,再次强调了培养儿童创造力的重要性,由齐塞克开创、里德推进的"通过艺术的教育"的潮流在日本再次兴起;其二,促进了以心理学观点看待儿童画,超越了以往从教育或艺术的角度看待儿童画的方式。

然而,由"创造美育协会"倡导的创造美育也遭到了批评,其中来自川村浩章等人创立的"造型教育中心"的批评最为激烈。该团体认为,造型教育不可单凭自我表现,教育应有系统化,应大力推行造型基础教学。

综上所述,日本学前儿童美术教育赋予儿童自我表现以很高的价值,并注重选择适应学前儿童心智成长的教学内容和方法。涉及的教学内容相当广泛,有绘画、摹写、拼贴、堆积、手工制作以及鉴赏活动等。各类教学内容之间不是孤立的,而是有机联系的整体。在美术教育中,透过艺术的教育,结合造型基础教学,这两者的统合,可能是日本学前儿童美术教育正在探索的路线。

二、中国学前儿童美术教育发展概述

（一）中国古代和近代美术教育发展概述

中国美术教育的历史,是从先秦时代提倡制礼作乐开始的。巫术礼仪即为礼,诗、歌、乐、舞。原始人通过礼乐,表达对自然、群体和自我的认识,以及自己的思想、感情和意念。先秦时代的儒家强调礼乐的美育作用,认为礼能使外在行为得到规范,乐能使内在精神得到修养。礼乐为当时六艺之首,礼乐的特点是"纯其美",其美育的意义和作用十分显著。

孔子是思想家,也是教育家,他对艺术教育有着精当的论述。他说过这样一句话:"兴于诗,立于礼,成于乐。"孔子认为仁人君子修身的完成是通过艺术的学习达成的。孔子能否绘画虽无据可考,但他深谙画理,擅于鉴赏,则是世所共知的。

然而,当时的统治阶级奉行"德成而上,艺成而下"的观念,对以物质性为特征的工艺采取了鄙视的态度,使工艺的传授只能以世代相继的方式进行,这就是所谓的"世业"。由是,中国古代美术教育形成了以精神性为主旨的美术教育和以实用性为主旨的美术教育,前者被称为重"艺"的美术教育,后者则被称为重"技"的美术教育。

从奴隶社会到漫长的封建社会,中国美术教育始终以重"艺"为特色。重"艺"的美术教育浮泛于上层社会和文化人中,主要作为一种提升道德、陶冶性情的精神文化活动而存在,基本的学习内容是绘画和书法,主要的教学方式是师徒式的和类学校式的,如画院等。

重"技"的美术教育主要沉落于社会中属于"匠"的一类人。此类教育以实用性为特征,包括画、塑、铸、剪、刻、雕、磨、贴等,技艺特色浓郁。

中国近代美术教育发展迅猛,其直接的动力是科学与实业的发展。人们从科学与实业中认识到美术对社会物质生产的促进作用,于是在洋务派创办的新式学堂中设立了图画手工科。1904年1月,清政府颁布的"癸卯学制"中,图画和手工也顺势进入了学校。由于政府对美术教育的态度带有明显的实用功利性,美术教育仍属于"技"的一类而受到了前所未有的重视。

（二）中国现代学前儿童美术教育发展概述

中国现代美育的开创者是王国维,他学贯中西,他的美学观既有西方美学的思辨色彩,又有中国美学的直观特点。他开创的现代美育,既有西方美育的科学因素,又有中国美育的伦理成分。如果说王国维开了中国现代美育的先河,那么对中国现代美育发展作出重大贡献的,应当首推蔡元培。1912年,蔡元培担任教育总长时,提出了"对于教育方针的意见",把美育提高到了前所未有的地位。他致力于通过美育提高人的审美能力,培养高尚情操,丰富精神生活。他设置美术馆,举办全国儿童艺术展览会,召开儿童艺术展览会审查会,编印《全国儿童艺术展览会纪要》和《全国儿童艺术展览会报告》。在奥地利的齐塞克开始推行儿童美术教学时,中国当时的教育部于1908年派人将儿童作品带去展览,曾引起英国人的效法。

在众多的对中国现代美术教育作出贡献的人物中,陶行知是杰出的一位。他把创造真善美的人作为教育的最高目标,指出在塑造真善美的人时,需要教育者按照美的原则密切合作,要合于节奏、达到和谐。陶行知认为,为了在教育中"真、善、美合一",首先要创造艺术环境。他在《湘湖教学做讨论会记》中指出,"烧饭是一种美术的生活,做一桩事情,画一幅图画,写一张字,如能自慰和慰人就叫作美"。他还认为,真、善、美合一的教育,必须是知、情、意合一的教育。

陈鹤琴对中国学前儿童美术教育的研究亦作出了杰出的贡献。他1925年所著的《儿童心理之研究》中有一章是"儿童的绘画"。在其概论中,他写道:"凡属人种都有图画之贡献,凡属幼儿都有绘画之兴趣。绘画是口语的先导,表示美好之良器。要知儿童心理,不可不研究儿童的绘画。考诸欧美,研究儿童绘画者,已有年所,惟独吾国研究的人很少。所以我们宜急起直追,以助教育儿童之不及。"他以自己的儿子为研究对象,进行了长期的、连续的研究,得出了有关儿童绘画能力发展的有价值的结论。陈鹤琴对幼儿美术教育的研究,在20世纪50年代初有了更大的进展。他的一些研究报告,如《从一个儿童的图画发展过程看儿童心理之发展》等,在中国学前儿童美术教育领域具有举足轻重的影响。

尽管中国现代的一些思想家、教育家对学前儿童美术教育提出过一些很有价值的教育思想,但是由于受中国传统教育思想的影响,在学前儿童美术教育实践中,临摹和记忆是最为常用的方法,整体上缺乏对儿童创造性和自我表现价值的强调,重结果,轻过程,讲究功利性目的仍居主流。近些年来,学前儿童教育改革的思潮使传统美术教育受到了冲击,这种状况已有所改变。

本章思考题

1. 美术取向的学前儿童美术教育的本质是什么?
2. 教育取向的学前儿童美术教育的本质是什么?
3. 在美术取向与教育取向的学前儿童美术教育中,你认为哪个更有道理?
4. 简述美国现代学前儿童美术教育的发展历史,说明其发展的脉络是什么。
5. 简述陈鹤琴对中国学前儿童美术教育的影响作用。

拓展资源

📄 陈一鸣.我的绘画世界——在父亲陈鹤琴的培育下成长[M].上海：上海人民美术出版社，2006.

该书是我国著名教育家陈鹤琴先生在其子陈一鸣身上所做的一个"从一个儿童的图画发展过程看儿童心理之发展"研究。这本书对于认识和研究儿童美术的价值、儿童心理的发展、陈鹤琴教育思想等都具有重要的价值。书中精选陈一鸣先生从1岁到16岁共561张画中的205张画，是一本难得的学习资料。

第五章 学前儿童美术教育的目的论

知识要点

- 学前儿童美术教育的目的，取决于对学前教育和美术教育的价值思考
- 多种学前儿童美术教育的目的论
- 工具论与本质论主要的观点
- 学前儿童美术教育的社会性和个体性功能与目的

思维导图

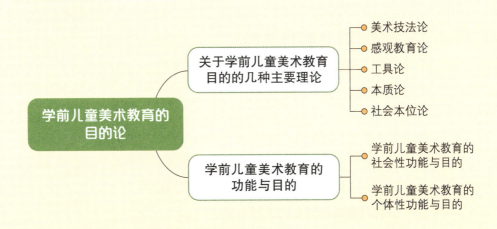

> **内容导入**

本书的主题是学前儿童美术教育,因此,在探讨学前儿童美术教育时,对学前儿童美术教育的目的的认识和理解是一个前提。学前儿童美术教育的目的,取决于对学前教育的价值与美术教育的价值及其之间关系的权衡。在学前儿童美术教育的发展过程中,曾产生过美术技法论、感官教育论、工具论、本质论、社会本位论等不同的目的论,其中工具论和本质论的影响力最大。

在阐述了各种不同的目的论以后,本章又从学前儿童美术教育的社会性功能与目的以及个体性功能与目的两个方面分别阐述了学前儿童美术教育的目的,旨在让从事学前儿童美术教育的工作者能从不同的维度去认识学前儿童美术教育为的是什么。

一、学前儿童美术教育的工具论

现代美术教育的工具论是以里德和罗恩菲尔德为代表的,其理论基础是卢梭的自然主义教育思想和杜威的进步主义教育思想。工具论者认为,学前儿童美术教育的目的是促进儿童的发展,因此美术教育要顺应儿童的发展,要注重活动的过程。

工具论者强调美术教育的教育价值,将美术当作对儿童实施教育的手段,并使之与其他手段和途径相辅相成,以达成教育的一般目的。工具论者提出的美术教育的目的论,是一种以儿童为本位的目的论。它将美术教育的价值定位于儿童的"一般发展"意义之上。

二、学前儿童美术教育的本质论

学前儿童美术教育的本质论是以艾斯纳和格里为代表的,其源于布鲁纳的以学科基本结构为框架而展开教育的思想。本质论强调学科为中心,主张实现美术学科的自身价值。

美术教育的本质论认为,学前儿童美术教育的最主要的价值在于能增加儿童对世界的了解和特殊经验,即视觉形象的审美思考。美术教育应以美术自身独特的价值为基础。因此,以学科为基础的美术教育是以审美为其目的的。

三、学前儿童美术教育的功能与目的

从学前儿童美术教育的社会性功能视角出发,学前儿童美术教育的的目的在于启蒙儿童的人文精神、培养儿童的文明行为,还在于对整个社会文化环境产生影响,形成良好的社会性文化和艺术氛围。

从学前儿童美术教育的个体性功能视角出发,学前儿童美术教育的目的在于

促进个体儿童的全面发展,同时又在于培养儿童审美精神和能力。

> **教与学的建议**

  1. 这章内容具有理论性,主要是思辨性。建议以教师讲述为主,学生课后阅读梳理教材为辅。

  2. 可以组织学生进行辩论,将学生分成甲方和乙方,就"学前儿童美术教育的工具论与本质论"等议题展开讨论,鼓励学生查阅资料、收集论据,由教师或学生担任裁判。

  3. 可以组织观摩某个幼儿园的一个美术教育活动,随后组织学生讨论该美术教育活动与哪个目的论最为接近。

教育目的是教育哲学中仅次于教育本质的一个重要问题,是一种关于教育过程预期结果的价值取向。它对教育任务的明确、教育制度的建立、教育全过程的组织都起着指导作用。社会对于教育结果的预期、对受教育者本身条件的要求,以及教育目的厘定者所持哲学观点的不同,使教育目的呈现多元化特点。

学前儿童美术教育是学前教育的组成部分,其教育目的必然受到种种教育目的论的影响。然而,美术教育也有其自身的特点。这两种因素的结合,就形成了各种不同的学前儿童美术教育的目的论。

第一节　关于学前儿童美术教育目的的几种主要理论

一、美术技法论

17—18世纪,在西方出现了班级授课制形式的学校后,学校美术教育这一形式才得以产生。因此,学校美术教育在成为普及性教育以前,是一种与职业目标相联系的美术技法性培养。这种教育以师带徒的传授方式使美术技法世代相传,其注重的只是美术技法的掌握和发展,对美术技法以外的追求并无想法。这种注重美术技法的美术教育目的论,在美术教育史上有很大的影响,即使当美术教育进入学校后,美术教育的技法论仍然与原先的技法性目的有着紧密的联系。

进入19世纪,美术教育的技法论适应了当时工业发展的需要。因此,这种目的论不仅主导了英国、美国的美术教育,也对俄国的美术教育产生了重要影响。俄国的一些美术教育家如特罗平宁、费陀托夫、希耶、契斯佳科夫等都十分重视对美术技法的培养。例如,契斯佳科夫主张,图画学习应当始终依据事物,要使儿童在看到呈现在其眼前的形体时,能够把它们描绘成最正确的、最有特征的轮廓,而且能找出它们的相互关系。美术教育技法论在俄国的美术教育中占主导地位,不仅对俄国的美术教育实践产生了重大影响,也对我国的美术教育产生了难以估量的影响。1949年以后,我国学前教育学习苏联引进了"作业"一词,将学前教育的基本形式定位为作业,全体幼儿都必须上作业课,包括美术教育在内的各科教学都规定了相应的内容和时间,通过作业完成系统的学习。在学前儿童美术教育中,教学大纲规定了以学习和训练的内容(包括美术技能)为主,对教学质量的评估多以美术技能水平为尺度。

美术技能的学习是学前儿童美术教育中不可忽视的方面,然而从学前儿童美术教育目的论的角度看,这种主张略显狭隘和单一。学前儿童美术教育除了培养幼儿的美术技能、技巧外,还应以更高的社会性目的和个体性目的为方向。

二、感官教育论

欧洲新教育的代表人物比利时的德克罗利和意大利的蒙台梭利对儿童美术教育都持"感官教育论"的立场。

德克罗利原本是一名医生,后来致力于特殊儿童的教育。在他开办的学校中,以"在生活中进行为生活预备的教育"作为办学宗旨,以幼儿的兴趣作为教学的基础,并通过观察、联想、表达三个步骤进行教学活动。在美术教育中,他将图画和手工当作发展幼儿感觉及肌肉运动的好办法,通过让幼儿画物体的形状、用泥捏物体的模型等对学前儿童实施感官教育。

蒙台梭利也曾当过医生,亦对智能发育迟缓儿童的教育作出过贡献。她特别重视感官教育,认为感官对智力的发展具有头等重要的作用。蒙台梭利还提出,感官教育必须从幼年开始,3—6岁是发展感官功能的重要时期。在这个时期,成人可以直接用感官刺激法促使学前儿童的感觉得到发展,同时也为儿童建立良好的心理状态打下基础。此外,蒙台梭利反对儿童自由绘画,她认为触觉与肌体感的训练可以替代绘画训练,而"教绘画最好的方式并不是让儿童完全自由,而是通过训练手,为他提供自然发展的工具"。蒙台梭利将儿童绘画等美术活动看作是培养儿童观察能力和眼手协调能力的手段,而并不强调儿童想象力和审美能力方面的培养。

应该看到,美术活动对于学前儿童感官功能的发展确实能起到促进作用。但是,若将美术教育的目的仅看作感官训练,那么这种主张也是比较狭隘的。

三、工具论

现代美术教育的工具论是以里德和罗恩菲尔德为代表的,其理论基础是卢梭的自然主义教育思想和杜威的进步主义教育思想。工具论者认为,学前儿童美术教育的目的是促进幼儿的发展,因此美术教育要顺应幼儿的发展,并注重活动的过程。

卢梭提倡自然教育,强调要使人的教育顺应人的本性。他在论述美术教育与人的发展之间的关系时,明确地反对临摹,提倡让儿童到优美的环境中去。他说:"我希望他(指卢梭著作《爱弥儿》中的爱弥儿)之外,没有其他的教师;除了实物之外,没有其他的范本。"他认为,学前儿童美术教育的基本任务是提高幼儿的观察力、认识力、创造力和表现力,培养他们的审美情趣。

杜威认为,儿童的本能是他们获得经验的基础,而教育就是经验的改造,因此本能可以作为教育的出发点。他认为,儿童有四种本能,相应地表现为四种活动:语言与社会的本能和活动,制作与建造的本能和活动,研究与探索的本能和活动,艺术的本能和活动。因此,课程的设置应是顺应这些自然的倾向,发展和满足它们,而不可压抑和违反它们。

工具论者强调美术教育的教育价值,将美术当作对幼儿实施教育的手段,并使之与其他手段和途径相辅相成,以达到教育的一般目的。

里德主张,艺术应为教育的基础。他认为,教育的目的是在发展独特性的同时,也发展了个体的社会意识。教育不仅是一种完成个人化的历程,而且也是一种统整的历程。这种统整指的是个人的独特性与社会的统一性的协调。里德认为,生长本身是一种历程,这是主观的情绪和情感对客观世界的一种非常复杂的适应,而思想与理解的质量,以及人格与性格的一切变异大多有赖于这种适应的成功或准确。在他看来,美的感性教育是最重要的,这是教育的一种方式。美的感性教育能使个体与现实世界沟通,而只有当这种感官与外界有了和谐与记忆的关系,儿童统整的人格才能够建立。里德十分清晰地表述了他对美的感性教育目的的认识。他说,艺术应是教育最根本的基础,"因为没有其他的科目能给予儿童一种意识,使意象与概念、感觉与思想发生交互关系与统一,而同时也能给予一种天性上得来的有关宇宙法则的知识和一种与自然调和的习惯或行为"。① 里德竭力主张建立"以艺术为基础的统合教育"。

在对学前儿童美术教育的目的的认识上,罗恩菲尔德的主张与里德不谋而合,两人都强调"通过艺术的教育"促进幼儿的发展。如果说,里德对学前儿童美术教育目的论建构的贡献主要体现在哲学上的阐述的话,那么罗恩菲尔德的贡献则主要体现在对学前儿童美术心理的发展及教材教法的研究等方面。

罗恩菲尔德指出:"艺术教育对我们的教育系统和社会的主要贡献,在于强调个人和自我创造的潜能,尤其在于艺术能和谐地统整成长过程中的一切,造就出身心健全的人。"他认为,在一个均衡发展的教育系统里,只有当每一个人的思想、感情以及感受力都能均衡地发展时,才能开发每一个人潜在的创造力。他指出,艺术教育如在早期施行的话,便能够培养出富有适应力和创造力的人,否则就可能培养出虽有丰富的学识,但却不晓得如何去应用,最终成为缺乏内涵,且难以与环境融洽相处的人。由于感性、思考和感觉在任何创造过程中均同等重要,因此艺术就是平衡幼儿智慧与情感所不可或缺的工具。

工具论者认为,美术教育必须与一般教育结合在一起,"通过艺术的教育"不应被认为是一种娱乐,它们是相辅相成的,目的是普遍的,即在于发展心智、感应力、理智、感觉、创造性,并期望能建立起均衡的人格。"通过艺术的教育"训练了整体的、自由的人,这种教育不但对人的本身发展有所助益,而且能使他与他人合作。

工具论者提出的美术教育的目的论是以儿童为本位的一种目的论。它将美术教育的价值定位于儿童的"一般发展"意义之上,与20世纪以来西方的现代主义艺术的迅速发展相合拍,在世界范围内广泛传播,并产生较大影响。近些年以来,这种目的论对我国学前儿童美术教育也产生了一定的影响,冲击着我国学前儿童美术教育中普遍存在的以美术技能学习

---

① [英]赫伯·里德. 通过艺术的教育[M]. 吕廷和,译. 长沙:湖南美术出版社,1993:74.

为主要目的的倾向。但是,也有人盲目地追随工具论,强调保持"童心毕露、乳气芳香"的状态,过分强调美术教育中的自发性、创造性价值,从而造成了学前儿童美术教育理论和教育实践中的某种混乱。

由此可见,工具论主张学前儿童美术教育对幼儿一般发展的价值,强调学前儿童美术教育应该顺应幼儿的自然发展,通过幼儿自发的和自由的自我表现去认识世界和认识自我,让幼儿去建构健全人格的内涵,这是有其合理性的。然而,如若将幼儿放置于一种自发的、无教师教学和指导的、无创造目的和无评价的、放任自流的状态中,期待幼儿的潜能会"自然开花",那只是很天真的、不切实际的想法,这样往往会使教育处于一种盲目的"非教育"状态。

四、本质论

20世纪60年代以来逐渐形成的本质论是以艾斯纳和格里为代表的,其渊源是布鲁纳的以学科基本结构为框架而展开教育的思想。本质论强调学科为中心,主张实现美术学科的自身价值。

艾斯纳1972年在《美国艺术教育协会季刊》上发表了一篇题为《美术教育中七则神话的检讨》的文章,将美术教育工具论者的基本主张归纳为七则神话,逐一加以检讨和批评,并阐述了本质论的基本立场。

艾斯纳检讨和批评的第一则神话是"假如儿童从教师那里得到充分的艺术材料和感情的支持,并且他们能独自地运用这些,儿童在美术中的发展将最为良好"。艾斯纳指出,这种观点对于那些强制性的、机械的和无感应性的美术课程而言是一种补救的方法,但这并不足以构成理由来假设其相对的极端能为儿童的美术发展提供乐观的条件,其实美术教师应比仅仅为儿童提供鼓励和材料有更大的作为。在美术活动中,儿童必须具备能运用一些材料,并能利用它们作为表现媒介的能力。如果缺乏此种转换所必须具有的技巧,材料就永远达不到媒介的地位,那么儿童在其心灵深处所深锁的理念、意象和感觉就不能化成公开的形体。艾斯纳针对学前教育机构中一味强调幼儿"自由的表现"的倾向指出,使用视觉上的形体来作为表现的工具,这种能力大半是学习的结果,积极的施教未必一定是无感应性的或机械性的,因此教师所能做的事不应只是提供材料和鼓励。

艾斯纳检讨和批评的第二则神话是"美术教育的主要功能是通过艺术发展儿童的一般创造力"。艾斯纳认为,美术在儿童创造力的发展中并无特殊专利,只要有良好的教学,任何学科都会有益于儿童创造能力的发展。在任何学科里,教育目的和目标的厘定都要涉及诸多方面的因素,把一个单独的目标描述为适用所有时代和所有儿童的教育目标是荒谬的。艾斯纳相信,美术教育目的的厘定应充分考虑美术学科的特殊性,具体表现在以下三个方面:(1)发展儿童知觉,将世界看成是有表现性的美的视觉形体;(2)帮助儿童将理念、意象和感应变形为视觉形体;(3)帮助儿童欣赏艺术品之间的关系。艾斯纳坚信,创造力是重要的,但它不应是美术教育的主要目的。

美术教育的第三则神话是"美术教育重要的是过程而不是作品"。艾斯纳认为,过程和作品像是一个钱币的两面,强行分开是错误的。不重视作品会使人完全无法对过程加以推断。对作品的注意会改善过程,而作品亦可通过对过程的推断而加以改良。因此,忽略一点而只重视另一点是教育教学中一种极幼稚的行为。

美术教育的第四则神话是"儿童比成人更能清楚地看到这个世界"。艾斯纳认为这种看法是奇怪且自我矛盾的。他认为美术教育的一项主要机能是培养一种感受的学习形式,而这可以使以前被看轻或忽略的事物变得明显生动,这种感受的成就乃是学习如何去观看——分析和综合的。美术教育可以通过帮助儿童获得工具而使视觉的分析和综合变为可能。

美术教育的第五则神话是"教师不应试图去评价艺术作品,因为儿童的心灵与成人的心灵在性质上是不相同的"。艾斯纳直截了当地批评了这种主张。他认为,不评价儿童的艺术乃是不负责任的教育行为。教育是一种既定价值的活动,因此教育不仅要关心如何导致变化,还要关心所要导致的变化。无视作品的质量而一味地称赞,只会导致相反的结果。

艾斯纳检讨和批评的第六则神话是"教师不应谈论艺术,因为语言经常扼杀了艺术"。这种主张的理由是艺术毕竟是一种非语言的活动,因此是不可推论的,欣赏这种形式的最佳途径是直接的视觉经验,而非语言的分析,如果将作品拉到构成语言的范畴,就会割裂作品所具有的整体性。艾斯纳认为,批评家应致力于使作品变得生动,从而对人们欣赏作品的感受力进行再教育。作为"美的助产士"的批评家,应做到其语言能使没有感受艺术品经验的个人学会欣赏,能使那些有可能被错过的许多特点的作品得到发扬。

艾斯纳检讨和批评的第七则神话是"最佳的美术课程乃是能提供最多的材料让儿童制作的课程"。这种主张的立足点是,多种材料会扩展儿童的经验,而经验的扩展是教育的一项主要目标。艾斯纳批评说,美术的表现不是堆积颜料或黏土,而是要学会使用它、控制它,并且要知道何时与如何利用制作过程里所发生的偶然效果。表现乃是把材料转变为媒介。假如技术的发展在从一项材料转变到另一项材料的过程中受到阻碍,那么这种转变就不可能发生。

通过对七则神话的检讨和批评,艾斯纳系统地阐述了美术教育目的论中本质论的观点。概言之,美术教育最主要的价值在于能增加儿童对世界的了解和特殊经验,即对视觉形象的审美思考。美术教育应以美术自身独特的价值为基础。艾斯纳在1972年出版的《艺术视觉的教育》一书中表述了他对美术教育的哲学主张:(1)美术教育的主要价值在于它对个人经验的独特贡献;(2)美术能力不是自然成长的结果,而是学习的结果;(3)有益的美术学习领域是创作、批评和历史;(4)良好的课程设计是美术教育收效的必备条件;(5)评价作品有助于教师和学生了解其学习进程。

由此可见,本质论者所提出的以学科为基础的美术教育是以审美为其目的的。围绕着这个目的,其确立的教育目标是:(1)协助儿童创造有美感与表现力的作品;(2)培养儿童对视觉对象进行审美判断的能力;(3)使儿童了解美术在文化发展中所具有的地位。

针对工具论者对美术教育的主张以及由此而引起的美术教育实践中存在的过度放任、漫无目标和材料杂乱等问题,艾斯纳提出,儿童美术的学习并非成长的自然结果,美术对儿童最重要的贡献是属于美术本质的,教育者不应剥夺儿童能够从美术中得到的东西。这样的主张不失为是一种很有价值的儿童美术教育的思想,对学前儿童美术教育也具有重要的指导作用。但是,由于艾斯纳等人过分强调美术教育的系统性,在某种程度上限制了美术教育对儿童创造性等方面的培养。在幼儿教育阶段,让儿童通过自己创造的"美术语言",自发地和自由地表现自我,以满足儿童内在的需要,对儿童建构健全的人格是极具价值的。本质论者忽视了美术教育的这一价值,这是它的缺陷所在。

五、社会本位论

19世纪下半叶,西方社会学派学者片面强调教育的社会性目的,这种观点在儿童美术教育中也有体现。

十月革命以后,苏联对国民教育的目的都有所规定。作为教育人民委员部部务委员的克鲁普斯卡娅认为:"社会主义国家工业化对造型艺术提出了各种要求,并且使造型艺术受到深刻的影响。"她说,"图画的内容和思想是图画教学的中心问题,如果我们真想使艺术为社会主义服务,就应该深刻地考虑图画教学的思想内容。"基于苏联的现实主义美术传统,克鲁普斯卡娅反对未来派艺术,提倡写生、写实的方法,主张教儿童学会在各种现实的联系中把握最主要、最典型的东西。由于克鲁普斯卡娅将儿童美术教育与社会发展的宏大目标直接相联系,强调了社会性方面,忽视了美术教育的个体性目标。因此1955年苏联教育科学院通过的《关于教育科学的状况及消除它落后于现实的措施》的报告中,批评了这种"教育学中无儿童"的倾向,使这种状况得以及时纠正。

学前儿童美术教育理当顾及社会性目的,但不可因此忽视个体性目的,特别是在幼儿教育阶段。由此,学前儿童美术教育目的论中的社会本位论不可能成为目的论中的主流。

各种学前儿童美术教育的目的论各显其旨,瑕瑜互见,其合理成分和局限性均取决于多种因素,如学者所处社会文化背景及其所持的哲学观点和教育思想、美术教育的发展水平和现状、社会环境对教育的要求等。当代,对儿童美术教育影响最大的工具论和本质论势均力敌,颉颃抗衡,从而推动了儿童美术教育的可持续发展。对各种不同的儿童美术教育的目的论,我们正确的态度应该是兼容并蓄,汲取各自有价值的部分,而不应过分地扬此抑彼、作褒作贬。

案例分享

图 5-1、图 5-2 是一名 4 岁半幼儿的绘画作品。图 5-1 表现的是小朋友和他的恐龙玩具；图 5-2 表现是春天的燕子。可以说，这两幅作品分别反映了在学前儿童美术教育的工具论和本质论影响下所产生的不同结果，在图 5-1 中，教师没有教儿童美术技法，而是鼓励儿童大胆想象和创造；在图 5-2 中，教师教授了儿童一些美术技法，在表现树木的基本结构和特征、色彩方面都具有美术学科的要求。

图 5-1　小朋友和他的恐龙玩具

图 5-2　春天的燕子

第二节　学前儿童美术教育的功能与目的

一、学前儿童美术教育的社会性功能与目的

学前儿童美术教育的社会性功能与目的，除了启蒙幼儿的人文精神、培养幼儿的文明行为外，还在于通过美术教育能对整个社会文化环境产生一种间接的、潜移默化的影响，形成良好的社会性文化和艺术氛围，以影响和改变人类的生存环境。

美术教育的目的随着时代和社会的需要而发生着变化。现代社会中，工业化、都市化、信息化给人类生存的自然环境和社会环境造成了翻天覆地的变化。时代和社会的巨大变迁，一方面可能意味着由厌烦、沮丧和腐化而导致的个人颓废与社会败坏；另一方面也蕴含着使个体、群体发挥创造力和表现力的极大可能性。美术教育的社会性终极目的在于造就一代代有艺术修养的高素质的公民，并在充满挑战和机遇的现代社会中，营造和谐美好的社会物质环境和精神环境，消除现代文明给人类带来的负面影响。

马克思说过:"人的本质并不是单个人所固有的抽象物,在其现实性上,它是一切社会关系的总和。"人是作为社会的人而存在于这个世界的。美术是人的情感和思想的载体,它具有体验、交流和共鸣等特征,能使人通过它在情感和思想上形成联系,这种联系往往是超越时空、超越种族的。它能使社会的每一个成员心心相印、息息相通,从而使个体以平等的权利、自由的姿态、独特的方式和快乐的心境介入与他人、群体、社会、历史,乃至全人类心灵交流的系统之中。包括美术教育在内的艺术教育,在这方面所表现出来的整体性、超越性、自由性等特征是其他科目的教育所不及的。正如瑞士心理学家荣格所说:"只有在艺术中,人们才理解到一种能允许所有的人都去交流他们情感的韵律,从而使人结合成一个整体。"学前儿童美术教育应使幼儿能从美术的角度,为在情感和思想上有资格介入人类心灵交流的系统提供必要的准备。

把美术教育一旦放入文化的脉络中进行考察,人的视野就宽阔了。在美术教育中,许多问题是不能仅仅用审美来作解释的。

美术是文化的重要组成部分美术不仅可以反映社会的经济关系和生产关系,也可以反映处在与社会生活中的人们的政治观点,法律观点,道德观点,宗教观点,哲学观点和文艺观点。美术作品不仅是个人的创造物,而且也是产生美术的文化制度(社会、政治、道德、经济等)和文化观念(由信仰、认识论、审美观、伦理观等组成的价值观念体系)影响的产物。对本民族文化传统的传承和发展,对外来文化的兼容和吸收,从根本上去优化全社会的文化艺术环境,形成现代审美文化观念和行为,这是美术教育的一个不可或缺的目的。学前儿童美术教育应为此提供必要的准备。

此外,通过美术教育,培养儿童以审美的态度对待人类赖以生存的物质环境,以审美的立场去创造环境,使环境更为艺术化,这也是美术教育的一个目的。学前儿童美术教育也应为此提供必要的准备。

学前儿童美术教育的个体性功能与目的

学前儿童美术教育的个体性功能和目的,是与美术教育的社会性功能和目的辩证统一的。学前儿童美术教育的个体性功能和目的是由其社会性功能和目的决定的,并受其制约;而社会性功能和目的的实现只有落实到个体性功能和目的之上才有意义。

学前儿童美术教育的个体性功能和目的又是与幼儿教育的个体性功能和目的辩证统一的。它是幼儿教育目的的一个组成部分,旨在促进幼儿的全面发展,为顺利进入义务教育阶段做好准备。学前儿童美术教育的个体性功能目的又有其独特之处,它是与美术的特征紧密地联系在一起的。这种独特的地方反映了其与其他科目或领域的功能和教育目的的差异性。

学前儿童美术教育的个体性功能和目的包括育人和视觉艺术教育两个方面,后者又包含了创造、欣赏和评价视觉艺术三个方面。

(一) 学前儿童美术教育的育人功能和目的

学前儿童美术教育以视觉艺术活动为手段,提高儿童的审美能力和审美水平,帮助儿童形成健康的审美观念、审美趣味、审美理想,以造就全面发展的人。

学前儿童美术教育是一种寓教于乐的形象教育,可以把道德教育蕴含在审美意象和艺术形象之中,并将其转化为情感的感染力,触及幼小的心灵。美术教育也是一种潜移默化的动态教育,可以把道德教育通过审美意象和艺术形象的情感渲染,贯穿到教育全过程,形成良好的、文明的氛围,给幼儿润物无声的熏染,塑造他们美好的心灵。

中国传统文化中蕴含着丰富的美术教育资源,我们可以汲取传统文化中的艺术精华、精神积淀、审美情趣,通过在美术教育中渗透传统文化教育,不仅使幼儿掌握一些美术的专业知识和技能,而且在传承中华优秀传统文化的过程中实现美术的育人功能,学做"中国人"。

(二) 作为视觉艺术,学前儿童美术教育的独特功能和目的

作为视觉艺术,学前儿童美术教育具有其他领域所不具有的、独特的教育功能和目的。

1. 创造视觉艺术的目的

作为一种视觉语言,美术表现是幼儿的基本需求。儿童有创造这种艺术的冲动,对美术活动有更多的自觉性、依恋性。通过创造视觉艺术,应让幼儿:(1)增长使用和掌握美术材料的技能,理解运用美术材料的过程;(2)学习运用创造性的方式使用美术材料;(3)有强烈的动机参与美术创造活动;(4)发展选择和运用材料进行有目的的工作的能力,以及通过视觉艺术组织与表达情感和思想的能力。

创造视觉艺术的目的既强调儿童的自我表现和自由创造,实现顺应儿童的天性,满足儿童不同需要的教育价值,又强调了儿童运用和掌握从事美术活动所必需的技能技巧的重要性,让儿童的发展在一定程度上纳入旨在促进幼儿最大程度发展的有序轨道。

2. 欣赏视觉艺术的目的

人天生爱美,而教育能使人的审美水平达到新的境界,包括提高对视觉艺术的感性认识、扩大视觉艺术的视野、陶冶情操、净化心灵、完善人格。通过欣赏视觉艺术,应让幼儿:(1)认同和尊重自己的和他人的视觉艺术工作;(2)理解和接受视觉艺术创作的不同目的和表现手法;(3)通过活动,熟悉视觉艺术的基本内容,如线、形状、颜色、质地、平衡等;(4)培养在生活中追求能唤起良好视觉意象的事物的动机。

欣赏视觉艺术的目的同样具有尊重幼儿爱美天性和培养幼儿审美能力两个方面。有人说,"从文字感觉这个意义上说,如果说欣赏是可以教的,这值得怀疑,……但是我们可以设置发展儿童欣赏能力的条件"。这些条件包括为幼儿创设视觉艺术美的环境、对幼儿的作品表示尊重和欣赏,以及用美术欣赏的思想和方法影响儿童等。

3. 评价视觉艺术的目的

幼儿不仅需要学习创造和欣赏视觉艺术，而且需要学习评价视觉艺术，学会评价自己和他人的美术创作。通过评价视觉艺术，应让幼儿：(1)探索和初步理解人们创造美术作品的立场与角度；(2)命名和讨论视觉艺术的基本内容；(3)感悟美学原理，发展初步的审美意识。

评价视觉艺术的目的虽然主要强调通过教学让幼儿习得评价视觉艺术的能力，使幼儿评价视觉艺术的立场与标准日趋接近美学的基本原理和原则，但是达到这一目的必须建立在尊重和理解幼儿美术发展规律的基础之上。

本章思考题

1. 简述美术教育技法论对学前儿童美术教育实践的影响。
2. 美术教育的感官教育论有什么价值和弊端？
3. 结合学前儿童美术教育的实践，评述美术教育工具论的利弊。
4. 结合学前儿童美术教育的实践，评述美术教育本质论的利弊。
5. 如何在幼儿美术教育实践中兼顾工具论与本质论的长处？
6. 学前儿童美术教育的社会性功能与目的是什么？
7. 学前儿童美术教育的个体性功能与目的是什么？

拓展资源

[美]罗恩菲德.创造与心智的成长[M].王德育，译.长沙：湖南美术出版社，1993.

该书是儿童美术教育众多著作中的一本名著，是罗恩菲尔德的代表作，集中地反映了他倡导的美术教育工具论的思想。他在这本书中指出，美术教育要为社会培养创造性人才，应将儿童的美术创作看作是他们心智的反映，包括智慧、情感、身体、感知觉、社会性、美感和创造性等。他提出，教师不要去干预儿童的创作，要鼓励儿童以不同于别人的方式去表达自己的思想和情感。西方许多国家的幼儿美术教育曾受到这本著作的深远影响。

第六章 学前儿童美术教育活动的目标和内容

知识要点

- 学前儿童美术教育活动的目标取向
- 美术教育活动目标制定的依据
- 学前儿童绘画的教育内容
- 学前儿童手工制作的教育内容
- 学前儿童美术欣赏的教育内容

思维导图

- 学前儿童美术教育活动的目标和内容
  - 学前儿童美术教育活动目标的取向及制定依据
    - 学前儿童美术教育活动的目标取向
    - 学前儿童美术教育活动目标制定的依据
  - 学前儿童美术教育的目标体系
    - 学前儿童美术教育的总目标
    - 学前儿童美术教育的年龄阶段目标
    - 具体的学前儿童美术教育活动目标
  - 学前儿童美术教育的内容
    - 选择学前儿童美术教育内容的原则
    - 学前儿童绘画教育内容
    - 学前儿童手工制作教育内容
    - 学前儿童美术欣赏教育内容

> **内容导入**

学前儿童美术教育活动目标陈述的是教师期望通过美术教育目标所达成的成效。为了达成目标，教师在选择美术教育活动内容时，往往要关注活动内容是否与幼儿的美术能力发展相符合，是否与幼儿的生活经验相一致，是否能激发起幼儿的兴趣等，从而设计出具有一定价值的美术教育活动。本章围绕着幼儿园美术教育活动的目标和内容展开。

一、学前儿童美术教育活动目标

学前儿童美术教育活动的目标存在不同的价值取向，较为常见的目标取向有行为目标、过程目标和表现目标。

行为目标是以幼儿具体的、可被观察的行为表述对象为美术教育活动目标，它指向的是在美术教育活动实施以后在幼儿身上所发生的行为变化。行为目标具有客观性和可操作性等特点。

过程目标是在美术教育过程中生成的活动目标。这种目标关注的是美术教育活动的过程，强调的是儿童、教师和美术环境的交互作用。

表现目标强调个性化，目标指向的是培养儿童的创造性。它追求儿童作品的多元化，鼓励儿童运用已有的生活经验和掌握的技能，创造性地进行个性化的表现。

上述三种活动目标取向各有千秋，每一种目标取向都有其存在的价值，因而在设计美术教育活动目标时，应兼容并蓄这三种活动目标取向，以求平衡美术教育活动的目的。

二、学前儿童美术教育活动内容

学前儿童美术教育活动的内容广泛而具有启蒙性，美术教育内容主要涵盖了三个方面：绘画、手工制作和美术欣赏。其中，学前儿童绘画教育内容包括：对绘画工具、材料以及线条、形状、色彩、构图等绘画形式语言的认识与使用，教师通过引导学前儿童使用各种笔、纸等工具和材料，运用线条、造型、色彩、构图等艺术语言创造出视觉形象，从而表达创作者的思想、情感。手工制作教育内容包括：手工工具、材料及其性质以及手工材料的基本制作技法，教师通过引导学前儿童使用各种手工工具和材料，运用剪、撕、贴、折、塑等手段制作出平面或立体的物体形象，从而发展学前儿童动作的灵活性、协调性，培养他们实际操作的能力以及工作的计划性和条理性。美术欣赏教育内容包括：美术欣赏对象的类型以及欣赏活动中的基本知识与技能。教师通过引导学前儿童欣赏和感受美术作品、自然景物和社会环境中的美好事物,丰富儿童的美感经验,培养其审美情感、审美评价能力和审美创造能力。

教与学的建议

1. 教师向学生提供小、中、大班美术集体教学活动的方案各一个,引导学生就方案内容中的目标和内容进行分析。

2. 教师在课上播放一段幼儿园美术集体教学活动视频,学生观看并为该活动拟定2—3个活动目标,随后教师引导学生共同分析其中的可行性。

学前儿童美术教育活动是一个包括目标、内容、方法、组织形式以及评价在内的完整体系。实施学前儿童美术教育活动,首先就要制定明确科学的目标体系。

第一节 学前儿童美术教育活动目标的取向及制定依据

学前儿童美术教育活动的目标是指导学前儿童美术活动设计与实施过程的关键准则。确定学前儿童美术教育活动的目标的基本依据是确保学前儿童美术教育的各项目标能在学前儿童美术教育活动中得以体现。

一、学前儿童美术教育活动的目标取向

由于人们对幼儿发展的规律、教育的社会需要,以及知识的性质和价值的看法存在着差异,在制定学前儿童美术教育活动的目标时,也存在不同的目标取向。

(一)行为目标

行为目标是指在设计和实施学前儿童美术教育活动时,以行为的方式陈述美术活动的目标。课程论专家泰勒认为,陈述目标最为有效的形式是既要指出能使儿童养成的那种行为,又要说明这种行为所运用的生活领域或者内容。泰勒对课程目标的贡献是强调以行为方式来陈述目标。

在陈述学前儿童美术教育活动的目标时,太过含糊或笼统是没有意义的,如"美术教育的目标是帮助儿童发展美术潜能,通过美术经验实现创造性的成长"。同样,在陈述目标时,如果描述的是教师的任务和行为,例如"美术教育的目标是为幼儿提供美术材料",这样的目标也不妥当。泰勒认为,应该运用一种最有助于指导教学过程的方式来陈述目标,即以行为目标加以表述,能明确儿童通过活动将会学到一些什么,如"给予幼儿一张硬纸,幼儿能在教师的指导下,用它制作一个立方体"。这样的目标直截了当地指出了学前儿童美术教育活动期望达到的结果。

学前儿童美术教育活动的目标采取行为目标的表述方式,其长处在于它的具体性和可操作性。但是,在学前儿童美术教育活动中,并非所有的内容都可以用能被观察到的行为加以表述。这种目标取向在陈述美术教育活动的目标时,必然会遗漏许多很有价值的内容。

(二)过程目标

过程取向的目标关注的不是预先规定的目标,而是强调教师在活动过程中提出的目标。如果说行为目标关注的是活动的结果,那么过程目标注重的则是过程。

英国学者斯滕豪斯认为,教育由四个不同的过程构成,分别为:技能的掌握,知识的获取,社会价值和规范的确立,思想体系的形成。如果说,前两个过程尚能用行为目标来陈述,那么后两个过程则无法用行为目标加以表述。他认为,设计教育活动时不应以事先规定的目标为中心,而要以过程为中心加以展开。

学前儿童美术教育活动的目标采取过程目标的方式,在理论上十分吸引人,但在实践中却缺乏可操作性。由于过程目标是在学前儿童美术活动的过程中展开的,这就要求教师不仅要熟悉学前儿童美术发展的规律、美术表现的特征,以及美术教育学的学科体系,还要有相当的教育科研能力,并愿花费大量的时间和精力。

(三) 表现目标

在美术教育活动中,教师较少地期望儿童产生预期的行为,而是希望儿童能独特而富于想象地运用和处理美术材料。在解决问题以及美术创造方面,也不存在单一的标准答案。因此,艾斯纳"发明"了表现目标,以此补充行为目标,而不是取而代之。

艾斯纳认为,行为目标陈述的是儿童的特定行为。只要儿童在美术活动中展示了特定的行为,就可被有效地予以叙述和确认。但是,当教师要求儿童想象性地运用技能,创造出与众不同的视觉形象时,应为儿童设立表现目标。艾斯纳认为,这两类目标是相辅相成的。他指出,表现不仅是感情的宣泄渠道,而且把感情、意象和观念转变托付给材料。通过这一转变,材料成了表现的媒介。在此过程中,技能有着不可或缺的重要性,因为没有技能,转变就不可能发生。这些技能,有的可在教学中得到发展。儿童获得了技能,便能将其运用于自己的表现活动中。因此,行为目标使儿童得到了系统的技能训练,使表现成为可能;而表现目标则鼓励儿童运用已有的技能,拓展并探索他的观念、意象和情感。

表现目标关注的是儿童在美术活动中表现的某种程度上的首创性的反应形式,而不是预期的结果。它只为儿童提供活动的范围,而活动的结果是开放性的。例如"利用纸上已有的矩形,画一幅你最喜欢的画",这种目标可让儿童摆脱行为目标的束缚,鼓励其去表现自我,探索自己感兴趣的问题。

表现目标在美术教育活动中是具有价值的,这与美术这个科目的属性有关系。然而,表现目标也比较模糊,并非任何教师都能操作。因此,表现目标往往难以对学前儿童美术教育活动的设计与实施起到指导作用。

学前儿童美术教育活动的三种目标取向各有千秋。一般而言,行为目标的形式有利于儿童获取基础知识和基本技能;过程目标的形式有益于培养儿童解决问题的能力;表现目标的形式则能鼓舞儿童的创造精神。应该看到,每一种目标形式在有效地解决某类问题的同时,也会产生难以避免的负面影响。因此,在制定学前儿童美术教育活动的目标时,应特别注意各种形式的目标的互补性,扬长避短,从而有效地实现学前儿童美术教育活动的目标。

二、学前儿童美术教育活动目标制定的依据

制定学前儿童美术教育活动目标的依据主要是学前儿童美术发展的规律、学前儿童美术教育科目本身的性质,以及社会文化对学前儿童美术教育的要求。

(一)学前儿童美术发展的规律

制定学前儿童美术教育活动目标的重要依据之一是学前儿童美术发展的规律。儿童美术的发展有其共同的规律,它能从视觉符号和视觉形象的角度,反映出儿童认知、情感和社会发展的水平;每一个儿童美术的发展又有其独特性,它能从视觉符号和视觉形象的角度,反映出儿童个体与众不同的个性、兴趣和需要。学前儿童美术教育活动的目标,既要顾及全体儿童的发展水平,又要顾及儿童个体之间存在的差异,使所设立的目标能真正有益于儿童的发展。

我国台湾学者陈武镇说过:"美术教育是一把双面的刀刃,教得多了,儿童极易成为教学内容与教师偏好的奴隶,难以挣脱,有幸挣脱,亦已深受伤害;教得少了,期待自然开花结果,却常见儿童为技巧不足的挫折感所苦,学习的过程空有刺激,却没收获。"学前儿童美术教育活动目标的制定也面临这样一个两难问题——既不能教得太多,又不能教得太少。因此,学前儿童美术教育该教的时候就教,不该教的时候不要去干扰儿童。

苏联心理学家维果茨基认为,教师至少应该确定儿童的两种发展水平——"现有发展水平"和"最近发展区"。他批评了传统的教育学,认为它是以儿童的现有发展水平为依据的教学,定向于儿童思维已经成熟的特征,定向于儿童能够独立做到的一切,然而这只是教学的最低界限。他指出,除了最低教学界限外,还存在着最高教学界限,这两个界限之间就是"教学最佳期",它是由"最近发展区"决定的。他认为,发展过程并不总是符合教学过程的,发展过程跟随着建立"最近发展区"的教学。教学必须走在发展的前面,促进儿童的发展,这样的教学才是有效的教学。

儿童美术教育工作者们的研究揭示了迄今为止人们对儿童美术发展过程的认识。教师可以依据儿童的美术活动过程和作品,判断儿童美术发展的水平和状况。学前儿童美术活动的部分目标应立足于儿童现有的发展水平,让儿童在此水平上自由地表现自我,满足自身的需要,使儿童能在这种美术游戏中实现完善自我的价值。这样的活动目标,主要应以过程目标和表现目标的方式加以陈述。

学前儿童美术活动的另一部分目标应超前于儿童的发展水平,设置在最近发展区内,主要应通过行为目标的方式加以陈述。这样的活动目标能激发和形成儿童目前还不存在的心理机能,使儿童在美术上的表现日趋接近合乎美学基本原理的表现方式。

(二)学前儿童美术教育科目本身的性质

学前儿童美术教育科目具有与其他科目不同的基本概念、逻辑结构、学习方式和发展趋

势。因此,对学前儿童美术教育这一科目的性质的认识也是制定学前儿童美术教育活动目标的一个依据。

学前儿童美术是幼儿从事的视觉艺术活动,幼儿通过自己发展的或者习得的"美术语言",如线条、造型和色彩等,创造可视的形象,以表达自己对周围客观事物的认识和感受。在学前儿童美术活动中,如何做到既能尊重幼儿自发创造和发展的美术符号系统与美术形象,又能让幼儿的美术表现手法逐渐纳入符合美学原理和原则的创作轨道中;如何在活动中既给予幼儿充分的自由,让幼儿有强烈的创作动机,又顾及美术技能技巧的学习过程,符合美术教育这一科目的特点,有序地、循序渐进地进行学习……这些问题与活动目标的制定有着十分密切的关联。

(三) 社会文化对学前儿童美术教育的要求

学前儿童美术教育活动的目标直接或者间接地反映着社会文化对学前儿童美术教育的要求,或多或少地打上了时代的烙印。个体儿童的发展总是与社会的发展交织在一起的。社会在任何时候都有这样的一种需要,即把社会文化遗产传递给下一代。作为社会文化的一个组成部分,美术历来被视为人类文明的精华和标志,将美术加以传递、保存和更新显得尤为重要。因此,社会文化对教育的这一要求应体现在学前儿童美术教育活动的目标之中。

第二节 学前儿童美术教育的目标体系

一、学前儿童美术教育的总目标

2001年,我国教育部制定并颁布了《幼儿园教育指导纲要(试行)》(以下简称《纲要》),把幼儿园教育划分为健康、语言、社会、科学、艺术五个领域。《纲要》明确规定了幼儿园艺术教育的目标:

(1) 能初步感受并喜爱环境、生活和艺术中的美;

(2) 喜欢参加艺术活动,并能大胆地表现自己的情感和体验;

(3) 能用自己喜欢的方式进行艺术表现活动。

为能达到这一目标,《纲要》还列出了幼儿园艺术教育的内容和要求,具体如下:

(1) 引导幼儿接触周围环境和生活中美好的人、事、物,丰富他们的感性经验和审美情感,激发他们表现美、创造美的情趣。

(2) 在艺术活动中面向全体幼儿,要针对他们的不同特点和需要,让每个幼儿都得到美的熏陶和培养。对有艺术天赋的幼儿要注意发展他们的艺术潜能。

（3）提供自由表现的机会，鼓励幼儿用不同艺术形式大胆地表达自己的情感、理解和想象，尊重每个幼儿的想法和创造，肯定和接纳他们独特的审美感受和表现方式，分享他们创造的快乐。

（4）在支持、鼓励幼儿积极参加各种艺术活动并大胆表现的同时，帮助他们提高表现的技能和能力。

（5）指导幼儿利用身边的物品或废旧材料制作玩具、手工艺品等来美化自己的生活或开展其他活动。

（6）为幼儿创设展示自己作品的条件，引导幼儿相互交流、相互欣赏、共同提高。

2012年10月，教育部制定并颁发了《3—6岁儿童学习与发展指南》（以下简称《指南》）。《指南》从健康、语言、社会、科学、艺术五个领域描述了幼儿的学习与发展。每个领域分成若干个子领域，每个子领域下面有若干个目标，其中，艺术领域分为"感受与欣赏"和"表现与创造"两个子领域，"感受与欣赏"的目标是：目标1.喜欢自然界与生活中美的事物；目标2.喜欢欣赏多种多样的艺术形式和作品。"表现与创造"的目标是：目标1.喜欢进行艺术活动并大胆表现；目标2.具有初步的艺术表现与创造能力。

从中可以看出，《纲要》和《指南》从社会对未来人才的要求、艺术学科本身的特点、儿童发展的年龄特征出发，提出了健全和完善儿童人格的审美教育要求。

结合布卢姆的教育目标分类学理论、《纲要》中对艺术教育的目标定位和要求，以及我国学前儿童美术教育的实践，我们把学前儿童美术教育的目标分为认知目标、情感目标、技能目标和创造目标。

（一）认知目标

学前儿童美术教育活动的认知目标如下所述

让幼儿：

（1）知道不同的材料、技巧以及活动过程之间的差异性；

（2）能够讲述不同的材料、技巧以及活动过程产生的不同的效果；

（3）知道运用美术媒介和技巧，通过活动过程，与人交流思想、表达情感；

（4）知道以安全和适当的方式使用材料和工具；

（5）懂得视觉形象特征之间的差异，知道美术表达想法的目的；

（6）能够初步讲述不同的表达特征和组织方式是如何导致不同的结果的；

（7）知道从美术作品中能获得各种经验，能享受到视觉艺术的美；

（8）体验视觉艺术与各种文化之间存在着历史的或其他特殊的联系。

（二）情感目标

学前儿童美术教育活动的情感目标如下：

让幼儿：

（1）喜欢用"美术语言"表达自己的想法和感受；

（2）能体验美术作品的线条、形状、色彩、质地等；

（3）对美术活动能感兴趣，并积极投入创作、欣赏和评价活动；

（4）能产生与美术作品含义相一致的感受，并能表达这种感受；

（5）喜欢各种不同风格的美术作品。

（三）技能目标

学前儿童美术教育活动的技能目标如下：

让幼儿：

（1）能选择材料和象征性符号表达自己的思想和情感；

（2）能初步学会运用线条、形状表现力度、节奏与和谐；

（3）能初步掌握一定的秩序和变化规律进行美术创作；

（4）能初步感受和欣赏到美术作品中形象的美学特征；

（5）能对自己或他人的美术作品作粗浅的美学评价。

（四）创造目标

学前儿童美术教育活动的创造目标如下：

让幼儿：

（1）能根据自己的意愿，自由地进行美术创作；

（2）能使用各种象征性符号，并加以组合和变化，创造与众不同的艺术形象；

（3）能使用色彩，自由表现自己的情感和幻想；

（4）能综合运用多种美术媒介进行美术创作；

（5）在欣赏和评价自己或他人的美术作品时，能讲述自己独特的观点。

二 学前儿童美术教育的年龄阶段目标

学前儿童美术教育活动的上述目标还是比较笼统的。在实施美术教育活动时，要根据不同的活动（如绘画、手工、欣赏等），以及不同的教育对象，细化成为适合每种类型活动的年龄阶段目标，甚至细化成为每个教育活动的具体目标，这样才能便于操作。

（一）各年龄阶段绘画活动目标

1. 小班（3—4岁）儿童绘画活动目标

（1）认知目标：

① 初步认识绘画的工具和材料；

② 学会辨别红、黄、蓝、绿、橙等几种基本的色彩,并能说出其名称;

③ 学会辨别和感受直线、曲线、折线及各种线条的变化。

(2) 情感目标:

培养儿童对绘画的兴趣,能愉快大胆地作画。

(3) 技能目标:

① 学会使用蜡笔、水彩笔、棉签等工具进行涂染;

② 能画出直线、曲线、折线,并能表现线条的方向、粗细、疏密;

③ 学会用圆形、方形、长方形、三角形等简单图形表现物体的轮廓特征。

(4) 创造目标:

① 引导儿童在涂抹过程中把画面涂满;

② 初步学会用图形和线条组合创造各种图式。

2. 中班(4—5岁)儿童绘画活动目标

(1) 认知目标:

① 能较准确地把握形状的基本结构,理解形状符号的象征意义;

② 认识常见的固有色,说出它们的名称。

(2) 情感目标:

喜欢用自己独特的绘画语言表达自己的想法和感觉。

(3) 技能目标:

① 学会运用图形组合的方法,表现物体的基本部分和主要特征;

② 会选择与物体相似的颜色,初步有目的地设色、配色;

③ 在教师的引导下能围绕主题安排画面,能表现出物体的上下、左右位置。

(4) 创造目标:

能大胆地按意愿作画。

3. 大班(5—6岁)儿童绘画活动目标

(1) 认知目标:

① 认识物体的整体结构和各种空间关系;

② 增强配色意识,提高对颜色变化的辨析能力;

③ 知道运用不同的绘画工具和材料能表现不同效果的作品。

(2) 情感目标:

在安排画面的过程中逐步体会均衡、对称、变化等形式美。

(3) 技能目标:

① 能较灵活地表现各种人物、动物的动态;

② 能运用对比色、相似色、同种色等多种配色方法,注意色彩的整体感与内容的联系;

③ 能有目的地安排画面,表现一定的情节,并有变化多种安排画面的方法。

(4) 创造目标:

① 能将图形融合,尝试用轮廓线创造多种图画,形成自己的图式;

② 综合运用多种绘画工具和材料进行绘画创作。

(二)各年龄阶段手工活动目标

1. 小班(3—4岁)儿童手工活动目标

(1) 认知目标:

① 初步熟悉泥工、纸工等工具和材料;

② 了解泥的可塑性;

③ 了解纸的性质。

(2) 情感目标:

通过玩泥、撕纸等活动,体验手工活动的快乐。

(3) 技能目标:

① 掌握泥工中团圆、搓长、压扁等基本技能;

② 学习撕纸、粘贴,初步撕出简单形状并粘贴成画;

③ 初步学会用自然材料(石子、豆子、树叶等)拼贴造型;

④ 学会用印章、纸团、木块等材料,蘸上颜色在纸上敲印。

(4) 创造目标:

能大胆地运用印章、纸团、木块等材料在纸上按意愿压印。

2. 中班(4—5岁)儿童手工活动目标

(1) 认知目标:

进一步熟悉泥工、纸工及自制玩具的工具和材料。

(2) 情感目标:

通过泥工、纸工及自制玩具的活动来积极投入手工作品的创作,并培养儿童对手工活动的兴趣。

(3) 技能目标:

① 能正确使用剪刀剪出方形、圆形、三角形及组合形体,并拼贴成画;

② 掌握折纸的基本技能,折出简单的玩具;

③ 学习用泥塑造出物体的基本部分和主要特征;

④ 掌握撕纸的基本技能,撕出简单的物体轮廓。

(4) 创造目标:

① 能大胆地用泥按意愿塑造;

② 能大胆地用纸按意愿撕、剪出各种物体轮廓。

3. 大班（5—6岁）儿童手工活动目标

（1）认知目标：

① 了解各种纸张的不同性质，知道不同性质的纸张具有不同的表现效果；

② 对自制玩具的材料加以分类，以获得选择、收集这些材料的经验。

（2）情感目标：

① 体验综合运用不同手工材料制作作品的快乐；

② 喜欢用手工来表达自己的想法和情感。

（3）技能目标：

① 用泥塑造人物、动物等较复杂结构的形体，能表现出物体的主要特征和细节；

② 能集体分工合作塑造群像，表现某一主题或场面；

③ 能用各种纸张制作立体玩具；

④ 能使用无毒、安全的废旧材料制作玩具并加以装饰。

（4）创造目标：

能综合运用剪、折、撕、粘、连接等技能，独立设计制作玩具。

（三）各年龄阶段美术欣赏活动目标

1. 小班（3—4岁）儿童美术欣赏活动目标

（1）认知目标：

知道从自然景物、艺术作品中能享受到视觉艺术的美。

（2）情感目标：

① 喜欢观看、欣赏艺术作品；

② 对美术作品、图书中的各种形象感兴趣；

③ 初步体验作品中具有不同"性格"的线条；

④ 通过欣赏教师及同伴的作品培养对欣赏的兴趣。

（3）技能目标：

初步学会运用线条表现力度感、节奏感。

（4）创造目标：

初步运用动作、表情等表达自己欣赏后的感受。

2. 中班（4—5岁）儿童美术欣赏活动目标

（1）认知目标：

通过欣赏作品，了解作品的主题和基本内容。

（2）情感目标：

① 能体验作品中线条、形状、色彩、质地等；

② 通过欣赏产生与作品相一致的感受。

(3) 技能目标：

① 感受作品的色彩变化及相互关系；

② 感受作品中形象的鲜明性和象征性，并体验其情感；

③ 感受作品的构成，体验作品的对称、均衡、节奏。

(4) 创造目标：

通过欣赏，说出自己喜爱或不喜爱作品的理由，并对作品作简单评价。

3. 大班（5—6岁）儿童美术欣赏活动目标

(1) 认知目标：

① 通过欣赏，了解作品的形状、色彩、结构等美术要素；

② 了解作品的表现手法、艺术风格和创作意图。

(2) 情感目标：

喜欢各种不同风格的美术作品。

(3) 技能目标：

① 能感受作品的色调、色彩之间关系的变化；

② 能感受作品中形象的象征性、寓意性；

③ 能感受作品中的形式美。

(4) 创造目标：

在欣赏和评价他人的作品时，能讲述自己独特的观点。

、**具体的学前儿童美术教育活动目标**

具体的学前儿童美术教育活动目标是教师依据美术教育的总目标、各类型美术活动的年龄阶段目标，以及幼儿美术发展特点，并结合活动的具体内容来制定的。一般来说，具体的美术教育活动目标既是对活动结果的预期，也是对幼儿提出的具体活动要求。教师在制定美术教育活动目标时应注意以下几点。

(一) 目标制定的角度要统一

活动目标制定的角度要统一，是指一个活动中的目标内容都从教师角度或幼儿角度出发。例如，中班图案装饰活动"美丽的桌布"的活动目标为：(1)引导幼儿在圆形纸的中心和边缘，用已学过的或自己喜爱的花纹作对称、均匀的组织和排列；(2)引导幼儿选择自己喜欢的同色系或对比色进行装饰，培养其色彩的感受和运用能力。该活动目标是统一从教师角度入手来表述的。又如，大班手工活动"剪窗花"的活动目标为：(1)感受剪纸作品的夸张变形的造型,了解剪纸是中国特有的民间艺术;(2)学习用折叠剪的方法来表现美丽的窗花。该活动目标是统一从幼儿角度入手来表述的。目前教师大多是从幼儿角度来制定活动目标的。

(二)目标的制定要着眼于幼儿的发展

美术活动目标的制定应着眼于幼儿的发展,把幼儿原有的水平与新活动提出的发展目标联系起来考虑,使活动目标既适应幼儿的已有发展水平,又能促进幼儿达到新的发展水平。同时,教师在制定目标时还要考虑,在发展幼儿美术能力的同时,还要发展幼儿的学习、个性、社会性等方面的能力。如中班的绘画活动"小猪盖房子",在制定该活动的目标时,教师应考虑到幼儿已有的关于小猪与房子的知识经验,提出"尝试选择不同的图形组合表现小猪的基本结构和特征,并根据故事的内容添画背景"这一美术技能发展方面的目标,而且还能从如何通过此活动促进幼儿情感、个性发展等方面出发,提出"体验不怕困难、坚持到底、获得成功的快乐"的目标。由此可见,该活动目标较具体地把促进幼儿的发展作为目标制定的一个落脚点。

(三)目标内容要有系统性

美术活动目标的系统性具体体现在两个方面:一是活动目标中应当包含认知目标、情感目标、技能目标和创造目标。在制定一个具体的美术活动目标时,要综合、系统地体现以上四个方面的目标,既不能过分强化某一方面,也不能全然忽视其他方面。一般来说,认知方面的目标主要反映的是美术知识、技能的获得,以及美术能力的发展;情感方面的目标主要是指情感、态度、积极的个性、社会性方面的发展;技能方面的目标主要反映的是学习技能、策略的获得及学习能力的发展;创造目标主要是指创造性、想象力、综合运用各种工具和材料能力的发展。二是具体的活动目标在方向上应与总目标、年龄阶段目标等相一致。具体活动目标是从上一级目标中逐步分化出来的。因此,教师在制定具体的美术活动目标时,要根据儿童的年龄和发展水平,由浅入深、循序渐进地提出目标,体现目标的层次性。

(四)目标要具有可操作性

目标的表述要具体,具有可操作性,避免出现空泛而笼统的目标。如某位教师在一份大班手工活动计划中将目标制定为"引导幼儿学习用彩泥塑造人物""引导幼儿恰当地使用辅助材料和工具""培养幼儿的想象力、创造力"三条。虽然此目标统一从教师角度出发来表述,但目标中没有体现具体的行为细节,也没有指出行为发生的条件,因此也就无法反映出教师是通过何种具体活动来体现和落实对幼儿各种能力的培养的。由于目标过于笼统,只指出了教育的方向,没有具体的教育活动的目标内容,因而缺乏可操作性,对教师的教学失去指导意义,也不便于实施后的评价。如果我们把上述目标调整为"引导幼儿先将彩泥团圆,搓、压成球体、长方体、长条形等,再组合成自己设计的人物""引导幼儿学习用彩色纸、小棒、牙签等辅助材料装饰自己塑造的人物""引导幼儿在观察人物形象的基础上塑造出自己喜欢的人物"三条,便具有了可操作性,方便后续评价。

第三节　学前儿童美术教育的内容

学前儿童美术教育的内容是实现学前儿童美术教育目标的媒介,是美术教育目标能否达成的关键。学前儿童美术教育的内容涉及绘画、手工和欣赏,它们是各自独立但又相互联系的三个领域。

一、选择学前儿童美术教育内容的原则

(一) 整合性原则

整合性原则是指教师选择的美术教育内容时,应使美术教育这一领域的不同方面的内容,与其他不同领域的内容之间产生有机的联系。一方面是把美术教育各个领域的内容,如绘画、手工制作、美术欣赏等以合理的方式加以有机的整合。例如,美术活动"森林中的小鸟",教师先让幼儿学会做折纸小鸟,在折好的小鸟身上添画上羽毛和眼睛,使小鸟更加生动,然后在底纸上画上树林,最后把小鸟贴在底纸上。在这个活动中,教师把绘画和折纸有机地结合起来,通过折、粘贴、绘画,制作出一幅半立体的作品。另一方面是把各种不同教育领域的内容通过一个有主题的美术活动加以适当的整合。例如,美术欣赏活动"哈里昆的狂欢",先让幼儿用语言描述自己看到的米罗的作品《哈里昆的狂欢》的内容,以及看了这幅画后的感受,想象自己是舞会上的一个小精灵,在音乐的伴奏下,用肢体动作来表现,最后用画笔描绘想象中的舞会。该活动通过形象生动的语言描述、边欣赏大师作品边创造性地进行想象等形式,将欣赏活动、绘画活动、音乐活动和语言活动等内容有机地整合在一起。

(二) 适应性原则

适应性原则包含两层含义:一是教师在选择美术教育内容时要以学前儿童的生活经验为基础。幼儿的生活经验较为贫乏,其主要来源是实际生活中的直接感受。教师在选择美术教育内容时应从幼儿的直接经验入手,选择那些幼儿熟悉的、感兴趣、有愉快情绪体验的内容,而不是从教师的主观愿望出发,片面强调美术知识的获得和技能的训练。因为只有那些儿童直接感受过的美术教育内容,才能被他们同化到自己的审美心理结构中去。二是教师在选择美术教育内容时要以学前儿童的实际发展水平为基础。教师在选择美术教育内容

时还应考虑到儿童的实际发展水平,包括他们的心理发展水平、美术能力发展水平,以及已经掌握的美术知识和技能。过高或过低地估计儿童的发展水平,都很难实现预期的教学目标和效果。例如,在一个中班的美术活动"会飞的大雁"中,由于教师选择的绘画内容——大雁,是幼儿不熟悉的、也很难观察到的动物,因此孩子们只能临摹教师的范例。结果,全班幼儿画出的都是模仿范例后的样子,连飞翔的姿态也相同,所画大雁淡化了幼儿的个性化标志,更不要说想象力和创造力的发挥了。究其原因,首先,教师选择的绘画内容远离学前儿童的生活经验,生活中很难看到大雁,幼儿没有实际的感受;其次,对中班幼儿来说,表现动物的动态超出了他们美术发展的实际水平,他们更多的是表现动物的主要特征和基本结构,因此活动过程中,幼儿兴致不高,故绘画作品如出一辙。为此,教师选择美术教育内容时,一定要注意结合儿童的生活经验和实际的发展水平,选择他们乐于接受、也能够接受的美术教育内容。

(三)系统性原则

为学前儿童选择的美术教育内容要系统化,因为只有系统化的内容才有助于儿童心智结构的建构。所谓内容的系统化,是指内容的安排要有序,由易到难,由简单到复杂,层层推进,逐步深化。例如,幼儿学习造型的顺序可以是这样的:首先是用线和基本形状的组合简单地表现形象;接着是通过各种几何图形的组合来表现形象的基本结构和特征;最后是表现形象的细节和动态,使所画形象更为具体、生动。又如,幼儿学习色彩的顺序可以是这样的:首先是在认识颜色的基础上用基本色来表现;接着是选择自己喜欢的颜色来表现;然后是能够选择与实物相似的颜色来表现,即能够随类赋彩;最后是能够注意画面色彩的搭配和装饰。再如,幼儿学习构图的顺序可以是这样的:首先能大胆地画出单独形象;接着能初步表现物体的空间关系,在画面上安排主要形象和次要形象;然后能把形象有层次地安排在画面上;最后是所画形象能围绕主题,并均衡地安排画面形象。由此可见,学前儿童美术教育领域系统化的内容,其依据是学前儿童美术心理发展的逻辑,而不是美术学科本身的知识体系。

二、学前儿童绘画教育内容

学前儿童绘画教育活动是教师引导学前儿童用各种笔、纸等工具和材料,运用线条、造型、色彩、构图等艺术语言创造出视觉形象,从而表达创作者的思想、情感的一种活动。学前儿童绘画教育的内容主要有以下两方面。

(一)绘画工具和材料的认识与使用

学前儿童在绘画活动中要认识各种绘画工具和材料,了解其性质,并能灵活地使用绘画工具和材料。

1. 各种绘画工具和材料

学前儿童经常使用的绘画工具和材料有蜡笔、油画棒、水粉颜料、毛笔、排笔、铅画纸、宣纸、卡纸等。这些工具材料具有不同的性质,如油画棒的油性、水粉颜料的水性、宣纸的渗透性等。

2. 各种绘画工具和材料的使用

绘画的工具和材料多种多样,其使用方法也各不相同,学前儿童学习绘画工具和材料的使用方法包括:

涂蜡法　是在画纸上先涂蜡,然后着色的方法。先用蜡笔画上物体的轮廓,并涂满所需画的部位,再上色。凡是涂了蜡的部位,仍然显露出蜡的本色,既和谐,又强烈。

点彩法　是将颜色一点一点地点在画面上,使不同颜色并列在一起,产生一种跳动、闪烁的效果。彩点可以是小点,也可以是大点;既可以是方点,也可以是圆点,还可以是其他不规则形状的点。点彩法适合表现活泼、热烈的景物。

粘彩法　是一种借用海绵或纸团来作画的方法。用一块小海绵粘上颜色,直接往画面上轻轻按压,就会出现许多形状不同的彩点。随着手中海绵不断改变按压的方向,画面效果则会更加丰富。此法适合表现树叶、山石草丛,处理画面的背景部分。

刻划法　是利用刀片、针尖、笔杆等坚硬、锋利的物体在画面的颜色上刻和划,使画面的某些部分产生或明或暗、或粗或细的线条,从而产生丰富而强烈的效果。

喷水法　其表现力很强,运用得好,十分有趣。先将画面的颜色画好,随即利用喷壶向画面喷水,画中就会出现许多小雨点。此法最适合表现雨中景色。

洒盐法　是一种具有特殊效果的表现方法。先将画面的颜色涂好,在未干之际,把细盐轻轻洒向画面,待颜色干透后,再刷去未溶于水的盐末,你会发现,画中仿佛有无数的雪花从天而降,效果十分美妙。

(二) 绘画的形式语言

绘画的形式语言是绘画表现的手段,主要包括线条、形状、色彩、构图等要素。美术教育中,学前儿童所要学习的绘画形式语言主要有线条、形状、色彩和构图。

1. 线条

线条是造型的基本要素之一。在绘画中,线条能表现物体的形象,表达作画者的思想和情感,显示个人的创作风格。线条的运动与变化能增加造型的效果。学前儿童对线条的学习主要包括:

线条的基本形态　线条的基本形态可分为直线与曲线。直线包括垂直线、水平线、斜线以及折线。曲线包括以圆弧度的大小、方向转换的不同而呈现的各种曲线。

线条的变化　　直线与曲线有长短、粗细的变化,线和线之间可以交叉、并列、重叠、穿插等,变化无穷。线的变化可以给人一种形式美感。它能根据生活的形象表现出不同物体形象的特征。

2. 形状

形状是对象的外轮廓,是唯有眼睛所能把握的对象的基本特征之一。

规则形　　在形状中,规则的三角形、正方形、长方形、梯形、平行四边形、菱形、多边形等都由直线构成,较为简单明确,所以称为规则几何形状。这类形状常见于人造物,如屋顶、彩旗、门窗等。

自由形　　方向不定的弧线、曲线、波状线等自由曲线组成的形状称为非规则的自由形状。这类形状常见于大自然,如波浪、河流、海滩、花、草、枝、叶等。

规则形与自由形相结合的形状　　圆形、半圆形、椭圆形、旋涡形、月亮形、心形等,基本上是由曲线、弧线构成的形状。这类形状既简单又复杂,是一种特殊的形状,在自然界与人造物中均常能见到,如自然界中的太阳、月亮、海星、卵石、果仁、螺壳等,人造的车轮、扇子、弹子、皮球等。它们是自由形和规则形相结合的形状。

3. 色彩

色彩是绘画基本要素之一。色彩有表现性、象征性和装饰性三个特点。色彩表达人的真情实感,创作者从自己的表现意图出发,主观地对色彩进行搭配,这就是色彩的表现性。色彩的象征性是人们在长期的社会生活中,对色彩所赋予的特殊情感和象征意味,使色彩成为一种特殊的象征符号。例如,红色象征着热情、喜庆,黄色象征着光明、希望,白色象征着神圣、清净,黑色象征着罪恶、恐怖,绿色象征着和平、青春,紫色象征着优雅、神秘等。色彩的装饰性是指画面上各种色彩的面积、位置,以及与形状之间的协调。例如,民间画诀"红要红得鲜,绿要绿得娇,白要白得净",就说明了民间色彩装饰效果追求大色块、高纯度的审美倾向。在美术教育中,学前儿童对色彩的学习,经历着从辨认到运用的过程。

色彩的辨认　　色彩是造型艺术的主要语言,学前儿童通过美术活动,学习辨认色彩的三要素,即色相、色度和色性。

色相是色彩的相貌,指色彩的种类和名称,也是色彩可呈现出来的质的面貌,自然界中的色相是无限丰富的,如紫红、银灰、橙黄等。学前儿童要学习辨认三原色,即红、黄、蓝;三间色,即橙、绿、紫;常见的复色,如蓝灰、绿灰、红灰,以及无彩色,即黑、白、灰。

色度包含色彩的明度和纯度。色彩的明度是指色彩的明暗程度,如七种基本色相中,紫色色度最暗淡,黄色色度最明亮。色彩的纯度是指色彩的鲜浊程度。纯度高的色彩鲜艳,鲜艳色彩中若加黑、加白、加灰,纯度就变低了。

色性是色彩的冷暖属性。不同的色彩给人带来不同冷暖的心理感觉。一般说来,红、橙、黄等颜色称为暖色,而青、蓝等颜色称为冷色。色彩的冷暖是相对的。

色彩的运用　学前儿童运用认识的颜色来表现物体形象,并通过颜色的对比、渐变、重复等变化来丰富画面,从而表达自己的情绪、情感。学前儿童对色彩运用方面的学习主要经历着按物择色、通过颜色变化来处理画面上的色彩、色彩的情感表达这几个过程。

按物择色是指学前儿童能运用认识的颜色,正确地表达出带有固定颜色的自然物,选择与实物相似的颜色着色,如小草是翠绿的、海水是蓝的、云朵是白的等。

色彩的变化是指通过色彩的对比、渐变、重复等变化来表现画面上的各种形象的颜色与画面底色之间的关系,使画面更明亮、更生动。

色彩的情感表达是指运用主观知觉来构成画面的色彩,如用红色表现愤怒时的脸、用白色表现哀愁时的脸、用绿色表现生病时的脸等。

4. 构图

构图是绘画语言要素之一。在儿童的绘画中,构图有着与线条、色彩同等重要的地位。构图是指在一定的空间安排和处理人、物的关系和位置,把个别或局部的形象组成一个整体。构图需要儿童能把握整体并预先构思,因此他们需逐步学习如何处理绘画中形象的分布和主次关系。

第一,绘画中的形象分布。绘画中的形象分布是儿童构图中一个重要的元素。形象分布是形象在画面上的位置关系和形象相互之间的关系。不同的分布方式有着鲜明的直观特征,反映了儿童空间概念的不同水平。按形象之间的关系,绘画中的形象分布由低到高分为以下几种水平:[①]

零乱式　零乱式构图是指儿童对画中的形象是不作空间安排的,只是随机地把物体分布在画面上,画面没有上下之分,更无前后之别。

并列式　这种并列式的构图,由一个我们称之为"基底线"的记号表现出来。从这时起,儿童用一种普通的空间关系来包含各种事物,把所有的东西(物体和人物)都放置在基底线上来表现。画面中的各种形象都垂直平行,头脚一致地竖立着,形象之间开始有了上下一致的方向。

散点式　和并列式那种只有上下高低,而没有远近前后的构图方式相比较,散点式构图已摆脱了基底线,开始表现出物体的离散关系,即物体向着四面八方散开。儿童往往将整张画纸作为地面来表现作品中的形象,构图开始具有层次感。

---

① 陈帼眉.学前儿童发展与教育评价手册[M].北京:北京师范大学出版社,1994:689—696.

遮挡式 这种形象分布方式是幼儿期最高水平的构图形式,但是只有极少数幼儿能达到这一水平。运用图形之间的相互遮盖或重叠的绘画表现方式,是随着幼儿空间概念的发展而出现的。遮挡式构图的出现表明幼儿开始从一个固定角度出发去表现物体的空间关系。

第二,形象主次关系。形象主次关系是指各种形象在画面中如何分化成主体与背景的过程。不同年龄阶段的幼儿,在处理画面中形象主次关系时有着极其显著的差异。形象主次关系的处理与形象分布方式的发展密切相关,同时也与幼儿对事物之间关系的感知和理解,以及组织形象的能力的发展紧密相连。这一方面的发展大致表现为以下几种水平:①

① 处于该水平的幼儿,常常将事物看作是独立的个体。儿童表现出来的各个物体,在空间关系上实际上都是孤立的,各个物体之间好像彼此没有什么联系,相互之间也不发生任何影响。因此,其绘画具有"列举"的特点。

② 在儿童的空间发展中,最重要且最基本的经验是发现了秩序和相关的空间概念。因此,他们在绘画时开始使一个事物与另一个事物发生相互的联系。最初,儿童是以十分简单的方式来处理事物之间的关系的。这种方式仅仅满足于空间位置中"上下"的准确性,还不能正确地掌握上下、前后、左右的三维空间,如鸟与云朵在天上,人与植物、建筑物在地上等。此时,幼儿的作品中各形象在画面上的地位都显得同等重要。

③ 儿童开始注意到了特殊的环境,并用不同的方式来处理相应的环境。作品中的主要形象通过增加细节、加以装饰等方法被描绘得更加突出,从而成为画面的主体。此时的作品开始有了一定的主题,且所画形象都与主题有关,画面内容日益丰富。画面上,一些形象成为主体,另一些形象则构成背景,并绘有简单的情节。

三 学前儿童手工制作教育内容

学前儿童手工制作教育活动是教师引导学前儿童使用各种手工工具和材料,运用剪、撕、贴、折、塑等手段制作出平面或立体的物体形象,从而发展学前儿童动作的灵活性、协调性,培养他们实际操作的能力以及工作的计划性和条理性的一种教育活动。

(一) 手工工具、材料及其性质

1. 学前儿童手工活动的工具

学前儿童手工活动的工具主要有剪刀、放置泥的泥工板、辅助材料等。

2. 手工材料

学前儿童手工活动的材料可以分为点状材料、线状材料、面状材料和块状材料。②

---

① 陈帼眉. 学前儿童发展与教育评价手册[M]. 北京:北京师范大学出版社,1994:696—699.
② 孔起英. 学前儿童美术教育[M]. 南京:南京师范大学出版社,1998:143.

点状材料 点状材料主要有珠子、纽扣、果仁、瓶盖、豆子、石子、沙子等。点状材料可用于作品完成后的装饰，也可通过串连、拼贴、镶嵌等方法制作成平面和立体的作品。

线状材料 线状材料主要有绳子、线、纸条、橡皮筋、吸管、树枝、电线等。线状材料可通过编织、盘绕、拼贴、插接等方法来制作成平面和立体的作品。

面状材料 面状材料主要有塑料片、纸、纸盘、布、花瓣、木板、树叶、平面玻璃、铁片等。面状材料可通过撕、剪、折、卷、粘贴等方法制作成平面和立体的作品。

块状材料 块状材料主要有各种材质的盒子、瓶子、球体，还有水果、蔬菜、泥块、石块、纸杯等。块状材料可通过塑造、雕刻、组合、挖、剪、拼接等方法制作成立体的作品。

（二）手工材料的基本制作技法

1. 泥工材料的基本制作技法

泥工材料的基本制作技法包括团圆、搓长、压扁、捏、挖、嵌接、分泥和伸拉。

团圆 将泥放在手心中，两手配合着来回转动以团成球状物。可制成苹果、小球、珠子等泥工制品。

搓长 将泥放在手心中，两手合拢，前后搓动成圆柱形。可搓成面条、麻花、胡萝卜等泥工制品。

压扁 将搓成的长条或团成的球状物，放在手心中，用两手掌拍压。可做成饼干、棒棒糖、车轮等泥工制品。

捏 用拇指和食指，互相配合进行捏泥的方法。它能捏出物体的细部，如捏成动物的耳朵、嘴巴、器物的边缘等。

挖 将初步制成的物体用手指按压成小坑，或是用工具将中间的泥挖去。可制成水果、碗、盆等泥工制品。

嵌接 将团、搓、捏、拉出的物体细部用连接物（牙签、火柴梗等）组合成一体的方法。有粘接（橡皮泥直接粘接）和棒接（用火柴梗、牙签等连接）两种。凡嵌接的物体上半部分的分量较重时，必须用棒接。

分泥 用目测方法将大块的泥，按照塑造物不同比例的需要，分出大小不同的泥块，进行塑造。

伸拉 从整块泥中，按照物体的结构伸拉出各部分。

2. 纸工材料的基本制作技法

纸工材料的基本制作技法有折、剪、撕、粘贴、盘绕、编制等，下面根据折纸、剪纸、撕纸、粘贴等基本活动介绍纸工的基本技法。

(1) 折的基本技法。

对边折　将纸两边对称折叠(见图6-1)。

对角折　将纸相对的两角对齐折叠(见图6-2)。

图6-1　对边折　　　　　图6-2　对角折

集中一角折　先将纸对角折出对角线,再依据对角线,将相邻两边向中心折叠(见图6-3)。

四角向中心折　找出中心点,再将四个角分别向中心点折(见图6-4)。

图6-3　集中一角折　　　　　图6-4　四角向中心折

双正方形折　将纸先对边折,再根据中线,一角向前,一角向后折成三角形,再从中间捋开、压平(见图6-5)。

双三角形折　将纸先对角折,再根据中线,一角向前,一角向后折成正方形,然后从中间捋开、压平(见图6-6)。

图6-5　双正方形折　　　　　图6-6　双三角形折

菱形折　先将纸折成双正方形,再依据中线,将开口端的四个边向内折叠,然后向下拉成菱形(见图6-7)。

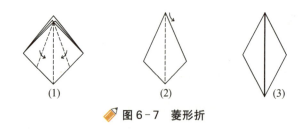

图 6-7 菱形折

组合折 由数张纸经过相同或不相同的折叠后,形成几部分物体形象,再把它们衔接起来,构成更复杂的造型(见图 6-8)。宝塔的做法即是组合折的具体运用。

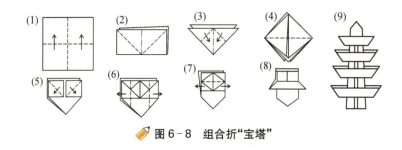

图 6-8 组合折"宝塔"

(2) 剪的基本技法。

目测剪 是儿童用目测在没有任何痕迹的面状材料上剪或撕出形象的方法。学前儿童用目测方法剪出的形象大多是一些具有简洁轮廓线的物体。

沿轮廓线剪 是儿童根据已有的轮廓线来剪、撕出所需形象的方法。轮廓线可以是纸上现成的,也可以是教师或儿童事先在纸上画好的。

折叠剪 是将纸经折叠后剪出所需形象的方法。

(3) 撕的基本技法。

撕也有目测撕、沿轮廓线撕和折叠撕三种,基本方法同剪的技法一致。

(4) 粘贴的基本技法。

粘贴是把现成的纸形或几何图形或自然物贴在纸的适当位置上,表现物体形象的造型活动。

图形粘贴 把从图书、杂志等上面剪下的实物图形,经过重新组织,拼贴成画。一般由教师将实物图形提供给小班儿童。

几何图形粘贴 用色纸剪成大小、形状不同的几何图形,拼贴出新的图像。

自然物粘贴 把各种植物的叶子或其他废弃物,如蛋壳、瓜子壳等,粘贴在衬纸上,形成新的图像,或拼贴成画。

3. 废旧材料的基本制作技法

废旧材料的基本制作技法除了前面介绍的各种技法以外，主要还有弯曲和连接。

弯曲　是将纸卷曲，成为圆柱体、圆锥体等的方法。常用的弯曲有以下三种：一是用圆木棒或笔把纸卷在上面，使纸定型，放开后在纸圈内垫衬物体，再加压粘合；二是用手拿住纸的两端在桌边棱角上来回拉动，使纸弯曲再粘合；三是把较小的纸边放在手掌上，用铅笔刮压使之弯曲。

连接　用浆糊、胶水粘贴是连接纸的最简易方法。用乳胶可以粘连如竹、木、自然材料等。布制品可用针、线缝合。空箱、厚纸板等可以用胶带或订书机接合。有时也可用橡皮泥来粘连不同的材料。

四、学前儿童美术欣赏教育内容

学前儿童美术欣赏教育是教师引导学前儿童欣赏和感受美术作品、自然景物和社会环境中的美好事物，丰富儿童的美感经验，培养其审美情感、审美评价能力和审美创造能力的一种教育活动。

（一）学前儿童美术欣赏对象的类型

1. 艺术作品

学前儿童可欣赏的艺术作品主要有以下几类：

绘画作品　绘画作品是在平面上展现的，以一般的纸、布和笔墨、颜料为工具，运用线条和色彩构成的图像。绘画根据使用材料、工具和技法的不同，分为中国画、油画、版画（包括木刻、铜版、纸版、胶版、石版等）、水彩画、水粉画、色粉画、丙烯画、蜡笔画等。绘画以题材不同，分为人物画（肖像画、风俗画、历史画等）、风景画、静物画、动物画等。绘画以社会作用和表现形式不同，可分为宣传画、广告画、年画、漫画、连环画、组画、插图等。绘画以表现手法不同，可分为抽象绘画、具象绘画、装饰绘画等。绘画根据作画主体的不同，可分为成人画和儿童画。

雕塑作品　雕塑是雕和塑两种制作方法的合称。它以特种刀具在黏土等可塑的或者金属、石、木等硬制的材料上，雕塑出各种艺术形象。雕塑一般分为两类：一是圆雕，占有三度空间的实体，不用背景，从四周观看，犹如现实中的人物或形体；二是浮雕，即浅凸雕。浮雕又有高浮雕、浅浮雕之分。浮雕往往还有简练的背景和道具。古代雕塑多取材于神话、宗教题材，而近代雕塑取材极为广泛。

实用工艺　实用工艺是指在造型和外观上具有审美价值，与人类的生活用品或生活环境相关的一类工艺美术品的总称。实用工艺品的范围极其广泛,主要包括三大类:一是经过艺术处理的日常生活用品,如漂亮的绣花枕套、精致的床单、美观的玻璃器皿等,这些用品多是以实用为主,装饰为辅;二是民间工艺美术品,如竹编器件、蜡染织物、泥塑、木雕、剪纸等,既实用,又具有观赏价值;三是特种工艺美术品,如景泰蓝器皿、象牙雕刻、瓷器、玉雕等,它们采用的原材料比较珍贵,工艺非常精细,价格也十分昂贵,主要供观赏和珍藏之用。特种工艺品实际上已不具有实用价值,而是主要具有审美价值和艺术价值。

建筑艺术 从建筑功能出发,通过对建筑材料与结构方式的技术处理,使建筑产生一个美的形式即建筑艺术。建筑依其营造的目的——使用功能不同,可分为宫廷建筑、宗教建筑、军事建筑、公共建筑、民居或园林建筑、陵寝建筑等。

2. 自然景物

自然景物是以地理、物象、水文、天象等为主的自然造化。自然界的景物千姿百态,美不胜收。日常生活中可供学前儿童欣赏的自然景物有很多,如动物、花草、树木、山川、河流、星空、高山、海滩、冰雪、晨露、霞光、贝壳、海星等。

3. 社会环境中的美好事物

社会环境中的美好事物是指以人工为主的各种事物,如各类玩具、节日装饰、服装、街道、日用品、环境布置、庭院绿化等。

(二) 学前儿童美术欣赏活动中的基本知识与技能

学前儿童在美术欣赏活动中应掌握的知识与技能主要包括四个方面:一是美术欣赏方面的简单知识,如冷色、暖色、变化、对称等;二是用自己的语言对欣赏对象作出适当的描述;三是用各种"语言"表达自己对欣赏对象的感受和认识,如口头语言、形体语言(如动作、舞蹈、戏剧、哑剧等)、美术语言(色彩、造型、构图等)等;四是运用不同的艺术形式表达自己的感受和体验,如绘画、泥塑、粘贴、剪纸、撕纸等。

本章思考题

1. 学前儿童美术教育的目标取向是什么?
2. 从学前儿童美术教育活动中选择两个内容,尝试围绕该内容设计两则集体教学活动的目标,并进行分析。
3. 了解某一个主题背景下的美术教育活动内容,谈谈这些美术教育活动内容是如何选择和编排的。

拓展资源

📄 黄瑾.幼儿园教育活动设计与指导（第三版）[M].上海：华东师范大学出版社，2021.

该书立足于实践，强调系统性、针对性、应用性，以结合幼儿园教育实践和案例式的分析为特点，全面阐述了教育活动设计的理论基础、一般原理以及教育活动中的目标、内容、环境、资源等的设计与教育活动的组织、指导、评价等，以使学生在掌握学前教育专业相关理论的基础上，能将理论与实践相结合，提高学生设计和组织教育活动的基本技能，促进学生专业能力的形成。

第七章 学前儿童美术教育的途径和方法

知识要点

- 幼儿园美术教育活动的类型
- 家庭美术教育的方法
- 以直观形象传递信息为主的方法
- 以引导探究为主的方法

思维导图

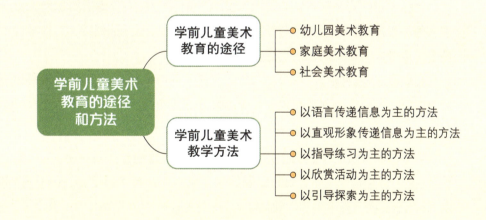

内容导入

对学前儿童实施美术教育是儿童发展的需要,也是他们成长过程中不可缺少的部分。通过哪些途径对儿童实施美术教育更为有利?又有哪些教学方法可以激发儿童美术表现的欲望?围绕着这些问题,本章将展开关于美术教育的途径和方法的讨论。

一、学前儿童美术教育的途径

对于学前儿童来讲,幼儿园是他们接受美术教育的主要场所,而家庭美术教育以及社会上形形色色的美术教育机构则是幼儿园美术教育的补充。三种美术教育各具特色,相辅相成。

幼儿园美术教育中的活动类型分为正规的美术教育活动和非正规的美术教育活动。正规的美术教育活动可以通过幼儿园课程中与美术直接相关的学科或领域进行,也可以通过课程设置中的其他各学科领域进行。非正规的美术教育活动主要通过幼儿在活动区的自由活动、美术环境的创设,以及教师对幼儿随机进行的美术指导等方式进行。

家庭美术教育因其具有随机性、长期性、个别性等特点而成为幼儿园美术教育的延伸。在家庭美术教育中,家长可以通过创设良好的家庭美术环境引导幼儿初步感知美术的基本要素,在此过程中,家长应陪伴并鼓励幼儿多欣赏美的事物,从而提升幼儿感受美、表现美、创造美的能力。

社会美术教育是除了幼儿园和家庭以外的社会机构所提供的早期儿童美术教育的一种形式。社会美术教育因其课程的灵活性、表现的多元化、指导的专业性等特点越来越受到家长的欢迎。

总而言之,三种形式各有利弊,我们应该取其所长,为幼儿学习美术提供充分的帮助,更加科学、合理地利用各种资源来培养儿童的美术素质。

二、学前儿童美术教学方法

美术教学方法对于达成美术教育目标具有重要的作用,方法的运用是否恰当,直接关系到美术教育活动的成效如何。根据幼儿美术感受、表现和创造的特点,以及不同类型美术教学活动的特点,将美术教学方法分为以下几类。

(一)以语言传递信息为主的方法

以语言传递信息为主的方法,常用的包括讲授法、谈话法和讨论法。运用讲授法时,要注意语言的科学性、艺术性和教育性,讲授的语言要生动、富有启发性,同时将体态语和讲解相配合。和幼儿的交谈要有计划,所提问题要符合幼儿的理解能力，同时鼓励幼儿积极发问。当需要幼儿对相关美术内容进行讨论时，教师应在讨论过程中启发、引导幼儿，并在最后进行小结，让讨论具有完整性。

（二）以直观形象传递信息为主的方法

儿童如何才能表现自己的所思、所想、所感，观察是一种非常重要的方法。通过观察，儿童可以获得对物像的形状、颜色、结构以及事物间的空间位置、相互关系等的感性认识，但是因为幼儿不会有目的地进行观察，因此，教师事先要让幼儿了解观察的内容，引导他们有目的地观察，在观察过程中应给予相应的指导，并尝试将多种观察方法相结合。

演示法也是一种让幼儿获得直观感受的方法，美术中的一些相关知识、技能，仅用语言讲述是不够的，还必须借助演示使幼儿获得直观视觉信息。演示过程对于幼儿来说具有很大的吸引力，可以激发其学习兴趣。根据不同的美术活动目的和内容，教师可以运用形象感知、质疑探新、引起兴趣、了解过程等不同的演示功能，从而使演示更具有针对性。

（三）以指导练习为主的方法

美术技能的获得必须要经过反复的练习，教师可以利用美术集体教学活动、美术区角活动、美术专用活动室，让幼儿在看一看、想一想、画一画、做一做、玩一玩中进行各种练习，以达到熟练掌握美术知识和技能的目的。教师要注意的是，虽然练习的内容和形式不同，但练习都应有一定的过程和技法的要求，教师可以根据具体的活动目的和幼儿的实际情况，在练习前向幼儿明确练习的要求、操作的方法和步骤，并灵活运用多样化的练习方式。

（四）以欣赏活动为主的方法

教师应经常引导幼儿对艺术作品、自然景物和生活中的美好事物进行欣赏，通过欣赏，让幼儿获得美的感受，提高其表现能力、审美能力。在引导幼儿欣赏的过程中，教师应尊重幼儿对美术作品的感受与反应，并鼓励幼儿用各种方式，如语言、肢体、戏剧等大胆地表达自己的感受，并在欣赏过程中增强积极的情绪体验。

（五）以引导探究为主的方法

尝试运用探究让幼儿自己发现问题、探索问题和解决问题也是一种很好的教学方法。教师可以通过创设故事情境、生活情境、游戏情境等引发幼儿的好奇心，使其兴致勃勃地参与其中，进行探索。在操作性较强的美术活动中，教师也可以通过设置情境、尝试练习、探索讨论和讲解指导的环节，让幼儿在尝试后找到解决问题的方法。教师还可以创设情景为主线，用角色扮演的方式引导幼儿进入情景，在情景中让幼儿表现出自己对主题的认识与感受。

教师在实际运用上述这些教学方法时应结合幼儿年龄特点以及具体的美术活动内容，综合性地加以运用。教无定法，适用的便是最好的。

教与学的建议

1. 教师带领学生观摩一次美术馆教育活动，并结合观摩谈谈自己对美术馆教育活动的看法。

2. 教师带领学生到幼儿园观摩一节美术集体教学活动，并请学生谈谈教师在活动中运用了哪些方法？运用的效果如何？

3. 教师提供绘画活动中要观察的对象，如一篮水果、好吃的披萨等，请学生模拟如何引导幼儿观察该物体并进行表现。

美术活动是学前儿童发展的需要,是他们成长过程中不可缺少的部分。因此,幼儿园、家庭和社会应为学前儿童创设一个良好的美术环境,使他们在各种美术教育活动中发展各自的潜能,并促进良好个性品质的发展。

第一节　学前儿童美术教育的途径

一、幼儿园美术教育

幼儿园美术教育是教师根据学前儿童身心发展规律,通过有目的、有计划地实施美术教育活动来满足幼儿表现、表达和创造的需要,从而构建儿童审美心理的活动过程。幼儿园美术教育,对促进幼儿的全面发展起着重要的作用。

(一) 幼儿园美术教育的特点

幼儿园美术教育是建构儿童审美心理的教育。所谓审美心理,是由审美感知、审美想象、审美理解、审美情感等多种心理要素交融组合而构成的一个网络结构。这些心理要素既相对独立,又相互渗透,彼此依赖。幼儿园美术教育的目的在于丰富学前儿童审美经验、审美体验,培养他们的审美表现和审美创造能力,建构幼儿的审美心理结构。具体说来,幼儿园美术教育具有以下几个特点:

第一,幼儿园美术教育是培养儿童审美感受能力的教育。美术教育是艺术教育的一种,美术教育的审美教育性质是由美术自身的审美结构和特点决定的。美术是作者表达对客观世界具体事物的情感和美化生活的一种艺术形式。因此,各种美术作品中所表现的视觉形式中必然包含了审美内容。在美术教育中,通过色彩感、空间感、材质感、形体感等直接感性方面的培养,使学前儿童在视觉形象的欣赏、创造活动中领悟审美形态、审美内容,从而构建自身的审美心理结构。因而,学前儿童美术教育定位于审美教育。

在幼儿园的美术教育活动中,学前儿童对美术构成中诸多美的要素,如色彩、造型、构图、变化、节奏、韵律、对称等方面都要有充分的感受。在具体的美术作品、自然景物、生活中的美好事物中,美是一个整体,是由各种审美要素共同构成的。因此,教师为学前儿童选择美术活动的教材时,应尽量选择具有艺术美的作品,让儿童在欣赏、感受的过程中去体验其中的美。同时,审美感受能力的获得还必须以一定的视觉感受能力为基础。视觉感受能力是一切美术活动所必须具备的基本能力。

第二,幼儿园美术教育是培养儿童审美表现能力的教育。美术是儿童情绪情感表达的一条重要途径,学前儿童在美术活动中经常把自己的情绪不自觉地投射到所画物体上。其中,最典型的便是拟人化的表现,如天空中的星星在眨着眼睛,小兔子穿着漂亮的裙子,小花朵正向着我们笑……美术活动为学前儿童提供了一个情感沟通与交流的机会,使他们能把自己的喜怒哀乐通过绘画尽情地、自由地表达出来。

教师在幼儿园美术教育活动中应激发儿童的审美情感,注重培养儿童的审美表现力。在美术欣赏教育活动中,教师应引导儿童亲身体验美术作品中的审美特征,感受和理解作品所表达的情感,同时在欣赏过程中让孩子们通过看一看、讲一讲、找一找、谈一谈、画一画等形式将美术作品中的思想、内容和情感再现出来。在美术创作教育活动中,教师应为儿童创设宽松的心理环境和充满情感色彩的审美环境,让他们用自己喜欢的方式,如绘画、手工制作等,表达自己的观点,抒发内心的情感,并感受用美术与同伴交流的喜悦,从而获得情感上的满足。

第三,幼儿园美术教育是培养儿童审美创造能力的教育。在幼儿园的美术教育活动中,各种形式的绘画、手工、美术欣赏活动都需要儿童的想象力、创造力的参与,离开了想象和创造,美术活动便无法进行。当儿童开始运用线条、色彩和形状表现形象时,必须借助一定的媒介物去再现所体验到的对象。这种再现,就是对头脑中已有的表象进行重新加工和组合,建立新形象的过程。这时,儿童所显示出的想象力是惊人的。例如,在对各种形状进行借形想象的过程中,幼儿可以借助形状通过添画展开想象创作,如图7-1中,幼儿把靴子形的图形变成了一头长颈鹿,把半圆形变成了乌龟的身体。图7-2中,幼儿把黄色的"可乐瓶"变成了飞机,绿色的"黄瓜"变成了另一架飞机,幼儿摆脱了对可乐瓶和黄瓜的习惯性思维,重新定义这两种物品,通过添画将它们变成了飞机。所有这些都表明了儿童身上都潜藏着丰富的想象力。

图7-1 长颈鹿

图7-2 飞机

每个儿童都具有创造力。在学前儿童美术活动中,儿童能利用物质材料以及已有的经验创作出不同于别人的,但对其个人来说是新颖的、有价值的美术作品。在美术欣赏活动中,儿童能用自己特有的方式来表达对艺术美的感受和理解。这些都是儿童审美创造能力的表现。

教师应在各种形式的美术活动中鼓励儿童大胆地想象、积极地表达、主动地创造,利用美术本身的审美艺术氛围,让儿童运用艺术语言创造性地用作品来传达内心活动,并用多种方式充分表达对美的感受,从而提高儿童的审美创造力。

（二）幼儿园美术教育活动的类型

一般说来,幼儿园美术教育活动可分为正规的美术教育活动和非正规的美术教育活动两类。

1. 正规的美术教育活动

正规的幼儿园美术教育活动,可以通过幼儿园课程中与美术直接有关的学科或领域(如美术、艺术等)进行,也可以通过课程设置中的其他各学科或领域(如语言、健康、社会、音乐、科学、品德教育等)进行。[①]

幼儿园美术学科或领域的教育根据教育内容的不同,可以分为绘画教育、手工教育、美术欣赏教育。但是,在美术学科或领域的教育活动中,这些内容往往是整合统一的。也就是说,活动可以围绕某一具体的艺术作品而展开,也可以围绕某一专门的美术技能或美术知识而展开,还可以围绕着某个特定的主题而展开。例如,活动可以是以集体教学的形式来组织,也可以是以小组合作的形式来进行,还可以是以幼儿自发的探索为主。但是,无论是哪种活动形式,一般都会包含有几种不同内容的活动。例如,围绕着梵高的美术作品《向日葵》而展开的美术教育活动,既可以包含美术欣赏的活动内容,也可以同时含有绘画、手工制作的活动内容等。

其他各学科或领域中的美术活动,是指渗透在幼儿园的语言、科学、社会、音乐等学科或领域中的美术活动。例如,社会教育中的美术活动,可以欣赏不同国家和地区的艺术家的作品,了解他们艺术表现的风格和特点;又如,在美术欣赏活动中用语言描述美术作品的内容和自己的感受,用语言描述自己创作的作品内容,用画笔再现故事或诗歌的内容;再如,音乐教育中,幼儿根据所听到的节奏、旋律、声音等,用绘画工具和材料将它们表现出来。

主题背景下的美术活动是综合性的美术活动,它超越了严密的美术学科知识体系以及与其他学科的界限,着眼于儿童美术素质的提高,以及儿童人格的全面发展。主题背景下的美术活动超越了教材、幼儿园的局限,在活动时空上向自然环境、儿童的生活领域和社会活动领域延伸,拉近了儿童与自然、社会、生活的联系,在美术活动目标、活动内容等方面均呈

---

① 朱家雄.幼儿园课程[M].上海:华东师范大学出版社,2003:119.

现出开放性。在实施中,它强调引导儿童乐于探究美术活动、勤于动手表现,要求儿童超越单一的接受学习,亲身体验实践活动。在活动过程中,儿童将体验自主学习、探究学习、合作学习,发展终身学习的愿望和能力,培养美术创造能力。主题背景下的美术活动为儿童构建了一种开放的美术学习环境,为获取美术知识和美术技能提供了多种渠道。

2. 非正规的美术教育活动

幼儿园中非正规的美术教育,主要是通过幼儿在活动区的自由活动、幼儿园美术环境的创设,以及教师对幼儿随机进行的集体的或个体的美术指导等方式进行。① 幼儿园非正规的美术教育活动通常有如下几种:

幼儿园环境布置活动 环境创设的目的是引发和支持幼儿与周围环境的互动,因此幼儿是环境创设中不可缺少的参与者。幼儿参与幼儿园环境的规划和设计,可使他们对所属的环境做出最好的探究和了解,也有利于幼儿主动、自发地参与活动。幼儿的参与,不仅仅是作品的展出,而是教师应有目的、有计划地遵循幼儿年龄特点来组织幼儿参与设计、收集及准备材料、布置、操作和管理等活动,并不断发挥幼儿在环境创设中的主体作用。幼儿参与环境的设计与布置,可从活动区、彩绘墙饰、种植饲养等方面着手。例如,在布置教室环境时,教师可通过相关主题活动,如儿童节、母亲节、教师节等,与幼儿一起布置。

美术角和美术室活动 美术角是幼儿园区角活动中常见的一种形式。美术角的开设,主要是为了满足那些对美术有兴趣的幼儿的需要。美术角材料的投放要多样化,以满足不同幼儿的需要。所需材料可号召幼儿、家长、教师共同来收集,并分门别类地摆放,便于幼儿拿取。美术角活动内容应根据各年龄班的基本美术教育活动的目标和内容定期更新。美术室的设置要根据幼儿园的实际条件而定,一般设在有较大活动空间的室内场所。美术室可以是专门的活动室,如泥工活动室、画架绘画活动室,也可以是综合的活动室,如把美术室划分为绘画区、手工区和欣赏区。美术室的开放需要全园统筹安排,并由教师进行指导。

随机的美术指导 这是指教师对幼儿在自由活动时间内所从事的美术活动的指导。日常生活中,教师可抓住每一个机会对儿童进行随机的美术教育。例如,午餐后带孩子在园内散步,和幼儿谈论园内一年四季景色的变化,随机欣赏孩子们带来的新玩具、穿着的漂亮衣服,以及教师的发饰、丝巾等。

二、家庭美术教育

各种优秀的美术作品可以形象地表现自然界和社会生活中的美,使儿童从色彩、形态、结构等方面感受到美。家庭中对儿童的美术教育亦可以提高儿童欣赏美的能力,掌握初步

---

① 朱家雄. 幼儿园课程[M]. 上海:华东师范大学出版社,2003:119.

的美术知识和基本技能,培养孩子对艺术创造的兴趣和才能。

(一) 家庭美术教育特点

1. 随机性

家庭美术教育具有随机性和灵活性的特点。家庭对孩子的美术教育可以在家庭生活的任何时候、任何场合进行,具有极大的灵活性。如茶余饭后,家长和孩子一起运用各种工具和材料进行绘画、手工制作等创作;利用互联网,和孩子一起欣赏艺术大师的名作,并鼓励儿童用各种形式,如语言、肢体动作、绘画、手工等表达自己的感受;家长还可以和孩子一起学习制作个人美术手册,与其他儿童之间进行交流;逢年过节,一家人一起用各种艺术作品来美化家庭环境,提升家庭环境的审美性。

2. 长期性

家庭美术教育是和家庭生活紧密相连的。它渗透在家庭环境的各个方面,对儿童起着潜移默化的作用,并一直伴随着儿童的成长,因此具有长期性的特点。早期的家庭美术熏陶和启蒙可以使人终身受益,许多画家的成长过程就充分说明了这一点。

3. 个别性

与其他艺术形式相比较,美术更有其独特性。儿童对美术学习的需求、兴趣,以及自身美术能力的发展水平各不相同。因此,家长应该对儿童因材施教,根据儿童的需要、发展水平、个性特点等来选择和安排家庭美术学习的内容与形式,以满足儿童的个别需要。如果家长不能胜任家庭美术学习的要求,可以根据儿童的兴趣、已有的发展水平选择适合的美术学习班,帮助儿童在原有水平上获得提高和发展。

例如,被中国共青团济南市委命名为"济南小名士"之一的小画家项征,其父亲爱好绘画,在项征四五岁时想让他学画,但他却对此毫无兴趣。父母虽然大失所望,但他们并不难为孩子。几年过去了,父亲看项征完成学习任务后精力有余,手眼配合的协调性亦有很大进展,于是又鼓励项征重新走进绘画的天地。父亲深知兴趣与自信心是学画的重要因素,于是首先从培养兴趣入手。为此,父亲选择浅显的毛笔画作为开端,既简单又容易出效果,实践结果十分理想,项征作起画来轻松自信,第一步成功了。第二步是鼓励项征大胆落笔。对此,父亲并不提出过高的要求,项征每画好一幅画,父母就帮他挂起来,总是先肯定整体再指导细节,一来二去儿子的绘画热情越来越高涨。父亲坚信,对绘画来说,观察力和创造力比技能技巧更重要。此外,父母在家庭教育方面非常用心,项征喜爱小动物,父母就和他一起饲养鱼、虾、乌龟等,还制作了大量的昆虫标本,父子俩一同进行观察。他们还常去郊外边游玩、边欣赏、边观察,不仅使项征捕捉到了绘画对象的精髓,而且提高了艺术素养,从而由"形似"向富有创造性的"神似"大步迈进。在项征11岁时,已有三十余幅书画作品陆续在国内外发表,其中三幅被中国美术馆收藏。他的作品在国内外的少儿画展中多次获奖,并举办了

"项征画展"。小画家的成长历程充分说明了家庭美术教育的特点和作用。

(二) 家庭美术教育的方法

1. 创设良好的家庭美术环境

家庭是儿童最早接触的美术环境。要给孩子优美的、健康的家庭环境,首先家长要和孩子一起来创设温馨的、优美的家庭环境。例如,有的家庭在墙壁上悬挂一些装饰品、绘画作品,在书架上陈列一些工艺品等,能使孩子们在具有造型美、色彩美的氛围中受到美的熏陶。家长还可以在家中饲养一些小动物,如小猫、小狗等,种植一些植物,让孩子学着照顾、观察动物和植物,通过这些活动使孩子基本了解和掌握相关的动植物知识,并培养他们的动手能力。

2. 初步感知美术的基本要素

儿童感受美的能力不是与生俱来的,需要家长后天加以培养。家长可以和孩子一起进行一些亲子美术活动,在活动中认识一些美术要素,如形状、色彩、造型等。例如,家长和孩子做玩色游戏,用三原色(红、黄、蓝)中的两种颜色进行配色,观察颜色的变化,通过游戏让孩子认识到所有的颜色都是通过三原色变出来的;和孩子一起在纸上画线条,用不同粗细的笔表现不同形态的线条,从而认识到线条也是有"性格"的,不同的线条给人不同的感觉,如直线的平稳、折线的尖锐、曲线的优美等;和孩子一同欣赏名画作品中的线条,找一找画家笔下的线条有何不同,这些线条又给人以什么样的感觉。

3. 鼓励儿童多欣赏美的事物

艺术家罗丹曾说过:"美到处都有,对于我们的眼睛,不是缺少美,而是缺少发现。"大自然的美存在于生活中的每个地方,环境中的美好事物随时随地都能找到,生活中的美好事物亦随时可能出现在我们的身边。因此,家长为孩子选择欣赏内容时,要着眼于孩子的生活,要善于在日常生活中发现美,要善于利用居住地的各种自然条件和物质资源。例如,在城市,可以带孩子欣赏马路上来来往往的车辆,看警察叔叔指挥交通;带孩子逛街时,可欣赏各家商场的橱窗布置、物品的摆设;在公园游玩时,可让孩子观察各种树木、花朵。在郊外,可以带孩子在田野里散步,观察田里的农作物,欣赏点缀在农田里的乡村住宅等。

4. 正确对待儿童的美术学习

随着家长对儿童早期美术教育重视程度的提高,越来越多的家长把孩子送入各种美术班进行美术学习,从而掀起了一股让学前儿童学习美术的热潮。诚然,儿童早期的美术学习可以有效地促进大脑的发育,帮助儿童提高观察力、想象力和创造力,并丰富儿童的美术经验,开阔儿童的美术眼界等。但是,家长如果不顾儿童的兴趣和需要,盲目地、强制地把孩子送入各种美术班学习,很有可能会引发孩子对美术学习的厌恶情绪,甚至影响儿童的身心发展。因此,对于美术学习,家长要持正确的态度和方法,特别是要注意以下两点:

其一，应根据儿童的兴趣有选择性地进行美术学习。每个孩子都有自己的爱好，家长应在了解孩子的兴趣和征询其意见后选择合适的美术学习班。家长应为孩子选择那些能根据孩子身心发展特点，以及美术发展规律来设计教学的美术班。在这些美术班中，教师注重培养孩子的美术兴趣，并辅以一定的美术技法的教学，让儿童在宽松的、自由的氛围中自主、自在地表达自己的情感和思想。

其二，对儿童的美术作品不能妄加评论。"你画得一点都不像！""你画的什么乱七八糟的东西，我怎么看不懂。"这些都是家长们经常用来评价孩子作品的言论。其实，如果你不了解孩子，就无法读懂他们的画。因此，家长不能总以成人的立场出发，简单地用"像"与"不像"来评价孩子的作品。孩子认识世界，以及表达自己对世界的情感和思想的方法都与成人截然不同。家长要经常鼓励孩子大胆地表达自己的想法，倾听孩子们对自己作品的解释，并用欣赏的眼光去看待他们的作品。

三、社会美术教育

社会美术教育是除幼儿园、家庭以外的社会其他机构和场所所提供的早期儿童美术教育形式。它可以是由国家或社会团体举办的各种美术训练班、儿童美术技能大赛、美术等级考试等多种形式的美术教育，也可以是诸如美术馆、博物馆，以及电视、电影、期刊、画报中的动画、漫画等所带来的一定的美术教育形式。

社会美术教育是幼儿园美术教育的延伸和补充。由于幼儿园美术教育受到教材、指导的束缚，加上场地设备以及相关资料不足、指导人员固定、活动规模小等局限，美术教育应有的魅力无法得到充分的发挥。而社会美术教育所开展的各种美术活动可以不受教学大纲、课程标准和教材的影响，又有优越的设备、多元化的指导者，可以使幼儿深深体会到美术活动的丰富性和乐趣。因此，越来越多的幼儿园与社会美术教育机构手拉手，开展了多种形式的美术教育活动。主要包括美术馆、博物馆美术教育和多种社会办学形式中的美术教育。

（一）美术馆、博物馆美术教育

近几年来，随着艺术传播手段的不断扩展，艺术与日常生活的距离日趋贴近，人们的日常生活中逐渐充满了艺术品，随时随地接受着艺术的熏陶。与此相对应，我国的美术馆、博物馆也改变了仅仅提供观看、研究美术作品场所的做法，而以全体大众为服务对象，广泛开展各种艺术普及教育活动，使原来的艺术象牙塔，转化成为大众可望而可及的学习场所，并成为儿童接受文化传承和领会艺术的殿堂。

与幼儿园相比，美术馆、博物馆具有场地开阔，材料丰富，活动时间充裕，指导人员的专业水平高等特征，有利于提高幼儿学习美术的兴趣，发展个性。美术馆中丰富的艺术品原作资源，可以培养幼儿的视觉阅读能力，提高其对不同类型艺术与文化的感受力和理解力。在美术馆、博物馆中,孩子们可以在感受美的同时自由地想象和思考,他们与自然的和艺术的环境融为一体。在轻松、愉快的氛围中感受艺术,了解艺术并爱上艺术,从由指导人员的引导过渡到自主观察理解继而发现美的存在,儿童内在的潜力得到了激发,使得他们积极地参与到艺术创作活动中,促成学习与过程有机地融合在一起。

例如,针对"六一"儿童节,中国美术馆每年都开展不同形式的公共教育活动。有一年,该馆结合正在展出的"捷克雕塑艺术展"举办了一场别开生面的"儿童节,我们一起做雕塑"的亲子活动。孩子们不仅通过展览了解了雕塑的材料、形态、内容等,还亲手体验了雕塑的制作过程,各自创作了一份独具视角的泥塑作品。为了达到较好的效果,美术馆特地请来了雕塑家张宝贵为孩子们示范创作雕塑的方法,之后,孩子们利用美术馆准备好的工作台、凳子、胶泥、石膏、颜料等工具和材料快乐地捏制、上色等。接近尾声时,家长们也进入工作室,和孩子们一起加工完善作品,分享快乐。

案例分享

"魔幻野兽国儿童教育展"是高雄美术馆下属的儿童美术馆策划的主题儿童教育展览。儿童美术馆策划的一些主题儿童展因为没有馆藏艺术品的依托,为避免将展览办成纯粹的游戏场,美术馆采取了同艺术家联手的策略,他们同艺术家共同商榷教育展主题,并邀请艺术家量身创作展览艺术作品,这样确保了儿童教育展的艺术性和对儿童欣赏习惯两者的观照。展览策划主旨是在艺术体验中激发儿童无穷的想象力和创造力。展览从中国历史《山海经》中的怪兽呈现引入,到介绍希腊神话中的怪兽形象,再到艺术家创作的圣兽,在每个展览段落中都安排了儿童互动体验的内容,如:动手创作未来兽、释放内心最真的野兽化妆表演、彩色七仙子多媒体互动游戏等,这样的教育展集艺术性、知识性、互动性、游戏性于一身,让孩子们参与其中,流连忘返。

资料来源:http://www.namoc.org/cbjy/cbw/qks/qk2011_2492/qk201108/201303/t20130319_177593.htm;有删改.

(二)多种社会办学形式中的美术教育

社会美术教育指的是除了家庭、幼儿园、学校以外的社会机构和场所提供的早期儿童美术教育形式。例如,由社会力量或社会团体举办的各种美术培训班、儿童美术技能大赛、儿童美术等级考试等。社会美术教育是家庭、幼儿园美术教育的延伸和补充。其中有些社会美术培训机构有较为优越的设备、多元化的指导教师,可以使幼儿体会到美术活动的丰富性和乐趣,但也有一些社会美术办学机构因教学设备有限,师资力量薄弱等原因造成美术教育只注重对儿童美术技能的训练,在方法上以"临摹"为主、以传授技法为目的的成人化教学体系,因此,造成儿童美术作品的概念化、程式化,使其呈现出呆滞、死板,失去了儿童美术的自在性、生动性和独特性的特点。随着美术教育课程的改革,美术教育内容和教学方法发生了很大的改变,教学重点着眼于培养儿童的创造性表现能力。因此,一些业余儿童美术班也开始对单一的绘画教学活动进行扩展,注重培养儿童的观察力、想象力和创造力,使儿童美术教育呈现出平面造型与立体造型活动并重,表现与欣赏活动相融合的面貌。

总之,学前儿童美术教育的社会机构和设施、场所能够使儿童获得亲近美术、了解美术的机会与权利,能够给儿童提供学习美术的帮助,也能更科学而合理地利用各种社会资源来培养儿童的美术素质。

第二节 学前儿童美术教学方法

美术教学方法是教师和幼儿为了完成美术教学目标,在教学过程中采用师生相互作用的一系列活动方式的总称。教学方法对实现美术教育活动目标有着重要的作用,方法使用得恰当与否,直接关系到美术教育活动的成效如何。教学方法不仅关系到幼儿参与美术活动的积极性,还会影响幼儿人格的良性成长。因此,研究幼儿美术教学方法也是学前儿童美术教育中的一个重要内容。

对于美术教学方法的分类,学者们从不同的角度出发,提出了不同的看法。根据常锐伦在《美术学科教育学》中对教学方法的分类,以及学前儿童美术教学的特点,我们把学前儿童美术教学的方法分为以下几类:以语言传递信息为主的方法、以直观形象传递信息为主的方法、以指导练习为主的方法、以欣赏活动为主的方法、以引导探究为主的方法。教师可以根据具体的活动内容,灵活机动地运用各类教学方法,只不过在活动过程中的某一阶段以某一种方法为主,因此从分类的角度将其称为以某类为主的教学方法。

一 以语言传递信息为主的方法

以语言传递信息为主的教学方法,是指教师以语言向幼儿传递信息和指导幼儿学习美术的教学方法。在学前儿童美术教育活动中,语言是教师与幼儿之间进行信息、情感交流的主要媒介,是幼儿园美术教育活动中必须采取的教学方法,主要包括讲授法、谈话法、讨论法。

(一)讲授法

讲授法,是指教师通过语言描述、说明和解释,向幼儿传递信息,从而使幼儿获得美术知识与技能的教学方法,具体包括讲述、讲解等教学方式。

讲述，是指教师向幼儿描述学习的对象，如在欣赏梵高作品《向日葵》时，教师向幼儿介绍画家创作此画的小故事；在写生水果时，描述水果的特点等。

讲解，是对某个概念或原理进行分析和解释。例如，讲解刮画的步骤和手工艺制作过程，向幼儿介绍水墨画中侧锋、中锋等的运用，解释欣赏作品中关于对称、节奏、变化等形式美的原理。

讲授法是幼儿园美术教育活动中的重要方法，在运用其他教学方法进行教学时，可有机地结合讲授法。教师运用讲授法的基本要求是：

第一，讲授内容要具有科学性、艺术性和教育性。科学性，是指对相关的美术概念、原理等的解释要准确。这是因为幼儿在接受知识时往往先入为主，教师准确的讲授将使他们受用一生。艺术性，是指教师运用艺术性的语言来激发幼儿进行美术活动的兴趣。例如，教师运用文学作品、儿歌、故事等，启发幼儿的形象思维，激发他们的创作愿望。教育性，是指讲授的内容要对幼儿身心发展有益，不可出现对幼儿有负面影响的用语。

第二，要遵循启发性原则。讲解的主要特点是教师运用口头语言作为传递知识信息的媒介，主要是通过教师讲、幼儿听的方式向幼儿传递信息。教师易于控制自己所讲的内容，但也经常会使幼儿处于被动接受的地位。若教师运用不得法，讲解容易使幼儿产生疲倦感，影响学习效果。因此，教师要讲究语言艺术，注重情感，善于运用生动且富有感情的语言来启发幼儿思维。

第三，讲授的语言要生动有趣、富有情感，符合幼儿的年龄特点。生动有趣的语言能吸引孩子们的注意力，同时富有情感的表达会使幼儿身临其境。教师在讲授时，若辅以一定的体态语，幼儿聆听的效果则更佳。教师还应根据不同年龄阶段幼儿的特点，使用孩子们所能理解的语言，帮助他们更好地接受和理解所学内容。

第四，坚持体态语与讲解相配合原则。体态语包括手势、神态、站立、移动等。体态语是在人们说话时产生的表达情绪情感的自然形态，运用得当能引起注意、调动情绪、渲染情感、诠释话语、交流沟通，并确立良好的教师形象。教师在教学中往往有意或无意地以体态语配合讲解，传递无声的视觉信息。因此，体态语与讲解相配合的原则要求体态语以适当的强度、得体的表情来辅助讲解。

(二) 谈话法

谈话法，是指教师根据幼儿已有的知识经验，向幼儿提出问题并要求幼儿回答，或是幼儿提出问题要求教师解答，并通过解答使幼儿获得新知识、提升经验的教学方法。

谈话法的使用可以提高幼儿的注意力、启迪幼儿的思维、活跃幼儿的思路。在谈话过程中，幼儿通过积极思考教师提出的问题，培养和提高独立思考的能力，以及运用已有知识和经验去获得新知识、解决新问题的能力，同时也能促进语言表达能力的发展。教师运用谈话法的基本要求是：

第一，教师在提问前要有计划性，要注意克服提问的随意性。所提问题要围绕活动内容和目标。问题要明确、清楚、具体、有启发性，要能引起幼儿的积极思考。因此，教师要多提开放性问题，少提封闭性问题，如"是不是""好看不好看"等，尤其应避免提出幼儿可以不假思考齐声回答的问题。例如，在欣赏画家奥迪隆·雷东的《长颈瓶上的花束》时，教师可设计"画面上画了些什么""这些花是什么样的""画面给你的感觉是怎样的""花瓶里的花是怎么排列的"等问题。这些问题有利于启发幼儿边看边思考，有助于提高幼儿分析、评价作品的能力。

图7-3 《长颈瓶上的花束》

第二，教师要注意提问的艺术性。教师所提的问题要符合幼儿的理解能力，简单明确，同时要给幼儿一定的思考时间，多提一些具有引导性的、启发性的问题，以启发幼儿思考并发表自己与众不同的想法。教师还要重视幼儿的回答，并对幼儿的回答给予一定的反馈。

第三，教师应鼓励幼儿发问。对于幼儿的发问，教师知之为知之，而对于回答不了的问题，可以巧妙地对其他幼儿说"谁能帮老师回答这个问题"，同时教师要去寻找合适的答案并给予回答。对幼儿的提问，教师切忌用胡乱的话来搪塞，以免给幼儿造成错误的理解。

(三) 讨论法

讨论法，是指幼儿在教师的指导下，为认识、解决、探究某个问题而进行讨论，通过讨论获得知识的方法。由于讨论需要幼儿对某个问题进行认识、探索，甚至是发现规律，而低龄幼儿生活经验较为贫乏，语言表达还不够流畅，分析和概括的能力较差，思维的方式是以具体形象性思维为主，还不能进行以语言为中介的抽象逻辑性思维。因此，该方法较适合在大班幼儿中使用。

讨论法能充分调动幼儿学习的积极性和主动性。幼儿通过讨论，各抒己见，积极思维，互相启发，不仅能获得对知识的深刻认识，也可提高幼儿参与美术活动的积极性，更可以锻炼幼儿的语言表达能力、发散性思维能力和艺术想象力。

讨论的形式，可以是全班讨论，也可以是小组讨论。讨论的时间可长可短，关键在于教师提出讨论的问题和对讨论过程的组织引导。教师实施讨论法的要求是：

第一，做好讨论的准备。对于活动中要讨论的问题，教师事先要有准备，问题的提出要有吸引力，能引发幼儿的思考。教师要让幼儿明确讨论的问题是什么，有时还要事先搜集相关资料，做好讨论的准备。

第二，教师要启发、引导幼儿讨论。幼儿的讨论必须有教师的指导。教师要创设宽松的心理环境，鼓励幼儿各抒己见，允许发表奇思妙想的见解，对不同想法鼓励展开辩论。教师不要急于下结论,要相信幼儿可以通过讨论解决问题,并在适当的时候给幼儿提供线索,帮助幼儿找出正在探讨的问题与他们已知事物之间的联系。

第三,教师要进行小结。在讨论结束时,教师对于讨论的情况要进行总结,概括幼儿讨论的内容。由于美术学科的特殊性,讨论结果未必都有一致的标准答案,可能是多元的、开放的或不确定的。

二、以直观形象传递信息为主的方法

美术的特点是直观形象性,主要依靠视觉来进行感知。以直观形象传递信息为主的教学方法,最能体现美术学科的特点,是幼儿园美术教育活动中经常采用的教学方法。这类方法包括演示法和观察法。

(一)演示法

演示法是教师在传递信息过程中,向幼儿展示直观教具,示范绘画、制作等过程,以使幼儿获得对事物现象的感性认识的一种教学方式。演示用的教学媒体有实物、标本、挂图、录像、计算机大屏幕投影等。

幼儿园美术活动中的相关知识、技能,仅用语言讲述是不够的,还必须借助演示法使幼儿获得直观视觉信息。幼儿通过直观感知,在大脑中形成关于制作、绘画过程的表象,从而获得深刻印象。在演示的同时,教师还可配合生动的语言讲解,让幼儿在一目了然的情景中接受新的知识和技能。演示过程对于幼儿来说具有很大的吸引力,可以激发其学习兴趣。

演示法能直观、生动地把所要描绘的形象或要制作的物体展示在幼儿面前,使幼儿获得丰富的感性材料,加深对事物的印象,从而学会描绘、制作等方法。幼儿通过对演示内容的观察和分析,并从观察中提出疑问,能培养自己的观察能力和思考能力。

从不同的角度出发,我们可以把演示分成不同的种类。根据演示的功能不同,我们把演示分为形象感知、质疑探新、引起兴趣、了解过程。

形象感知　心理学研究表明,在人类的感觉器官中,听觉感官对信息的接受效率为11%,而视觉感官对信息的接受效率高达83%。教师要根据各感觉器官对学习信息的接受效应,选择合适的信息传播媒介。其中,运用视觉多媒体的形象感知尤为重要。挂图、实物、模型、标本,或用录像、计算机大屏幕投影等展示的画面,加上声音、色彩、变化的图像等,再配以教师生动的讲解,能使幼儿感知到各种形象,从而积累起各种审美表象。

质疑探新　有些演示过程中出现的现象会使幼儿产生疑问。他们被这些现象深深地吸引,迫切希望知道为什么。教师可以有针对性地提出问题,让幼儿结合演示过程中观察到的现象探究新知识。例如,在绘画中会用到蜡笔和水粉结合的表现方法,教师可以像变魔术般地演示油水分离的现象,先在白纸上用白色蜡笔画上各种人、物形象,让幼儿看一看,结果什么也看不见;接着用水粉颜料在蜡笔所画之处刷一下,原来画的人、物形象便会一一呈现出来。这一现象会使孩子们产生好奇心,教师应抓住时机,因势利导,让孩子们带着问题自己亲自去尝试一下。

引起兴趣　好奇心和兴趣是幼儿学习的内在动力。教师的演示能以其特有的奇特现象吸引幼儿的注意,激发幼儿的兴趣,使他们以积极的态度主动学习。例如,在认识颜色时,教师先演示两种不同颜色调在一起会变出另外一种颜色。当幼儿被这些有趣的现象吸引时,教师问:"为什么会发生这些有趣的现象呢?""还有哪些颜色调在一起会变出不同的颜色来?让我们一起来研究会变的颜色吧!"

了解过程　教师通过演示让幼儿了解绘画、制作的步骤,使幼儿获得直观感受,并在大脑中形成对演示步骤和方法这一系列的表象活动,从而获得深刻印象。例如,对于颜色渐变的表现,教师如果不进行演示,便会出现两种颜色连接不自然的情况,看不到渐变的效果。通过教师的演示,幼儿便深入了解了表现颜色渐变的步骤,先是朝着一个方向涂一种颜色,然后在该颜色中加入另一种颜色,使两种颜色自然地衔接。衔接的方式有左右衔接、上下衔接两种。通过观察,幼儿可以动手尝试颜色渐变的方法。

按演示的准备情况,演示法又可分为有准备的演示和即兴演示。有准备的演示,是指活动之前教师根据活动内容事先准备好教具、范画、录像、多媒体资料等,在活动中进行有序地展示、讲解和演示。即兴演示,是指活动过程中,教师根据教学需要,让幼儿展示作品或演示绘画、制作过程,以启迪全班幼儿;或发现了幼儿在绘画、制作中存在的共性问题而产生即兴"教学机智",马上予以示范与演示,使共性的问题及时得到解决。

按演示的步骤,演示法又可分为分步演示、分段演示和整体演示。分步演示,是指教师将所要表现的物体形象的过程分成若干步骤进行演示。分段演示,是指教师将所表现的物体形象的过程分成若干段进行演示。整体演示,是指教师完整、连续地向幼儿示范如何表现物体形象。

演示法要根据教学内容的难易程度、幼儿对教学内容的熟悉程度灵活运用。教师运用演示法的基本要求是:

第一,演示的准备工作要充分。演示用的教具应在教育活动前准备齐全,摆放在便于使用的位置;教学用的录像、幻灯片、多媒体资料等,活动前要试放,以免正式放映时出现差错;活动之前还应安排好范例展示的顺序,避免临时翻找。

第二,演示要选择恰当的时机。演示时机的选择,要与内容进度相切合。在教学过程中,出示教具、挂图,以及技法、制作的演示时机要适当,最好是在幼儿集中注意力的时候,因为这时幼儿大脑皮层出现听讲的优势兴奋灶。如果教具出示过早,幼儿会不自觉地去看教具、挂图,造成优势兴奋灶的转移,就容易分散他们的注意力,教师讲解的内容容易被忽视。相反,教具、范例等出示过迟,也会降低效果,因为讲解的高潮已过,这会使内容与教具展示脱节。因此,演示的时机要恰当。一般说来,演示法可在下列情况下运用:教学内容具有一定的难度,单纯用语言讲解不能使幼儿充分理解和掌握;幼儿对创作主题不够熟悉;教学刚开始,需要使幼儿对物象有总体的印象。

第三,演示要和讲解有机地结合。运用演示的教学方法是为了帮助幼儿更直观地认识与把握物象的基本特征,使幼儿思考与表现物象的整体形象。演示过程中,教师要把演示的内容与观察、讲解有机地结合起来。讲解的语言应力求通俗易懂、简洁生动、富有启发性,能为幼儿所理解和接受。这样,通过视觉和听觉两种途径获得的信息能使幼儿更好地把握物象的特征和结构。

(二) 观察法

启发幼儿观察物像的形状、颜色、结构以及事物间的空间位置、相互关系等,获得对事物的感性认识,是学前儿童美术教育活动的最基本方法。观察法可以分为直接观察和间接观察。

直接观察　它是教师为了使幼儿获得对周围生活的丰富印象,借助与事物的直接接触来观察事物的方法。直接观察有助于幼儿更深层次地发掘、认识事物,从而打破幼儿的概念画法。如引导幼儿观察各种形状和颜色的花卉,树叶四季颜色的变化,建筑工地上工人的劳作,商场、超市中琳琅满目的商品,大街上形形色色的行人和各种交通工具等。直接观察可以使幼儿发现和了解更多的事物,培养他们的探索精神。

间接观察　它是对那些因条件限制而无法直接接触的事物所进行的观察。间接观察包括标本式观察和图片式观察。标本式观察是通过观察标本来获得对该物像的感性认识,常见的如昆虫、飞禽的标本。图片式观察是借助书中的图片或挂图以及教师的示范画等让幼儿观察物像的方法。幼儿模仿性强,这些图片或示范画的图式往往更容易成为他们临摹的对象。因此,教师应根据教材的难易程度及儿童对教材的熟悉情况,恰当地运用图片式的观察方法。

为了培养幼儿的观察兴趣,训练幼儿具有一双敏锐的眼睛,养成随时随地观察的习惯,教师在运用观察法时应注意以下要求:

第一,观察的目的要明确。幼儿由于知识、经验贫乏,认识能力和概括能力有限,往往不会自觉地、有意识地观察,在观察中往往凭兴趣出发,注意力不稳定、不持久,观察也不全面。因此,教师在指导幼儿观察时,事先要让幼儿了解观察的内容,使幼儿能有目的地观察。

第二,教师要选择适合幼儿观察的对象。根据幼儿的年龄特点,教师可选择那些形象生动、色彩鲜明、能引起幼儿兴趣的观察对象。教师也可用游戏的方法引起幼儿的观察兴趣,用富有感染力的语言和情绪去吸引幼儿,并帮助他们有秩序地观察物象的结构、特征、色彩等。

第三,组织幼儿观察的方法要丰富多样。教师要根据观察的目的、幼儿的年龄特点和实际情况灵活运用各种观察方法,有时可以先观察后讲解,有时可以先讲解后观察,有时也可以边观察边讲解。对一些生活中不易观察到的事物,教师可以用图片、标本、多媒体等来辅助展示。

三、以指导练习为主的方法

幼儿要获得美术知识与技能,必须反复多次地练习和操作。练习法,就是幼儿在教师指导下,进行各种形式的绘画、制作等练习,从而熟练掌握各种美术知识与技能。

幼儿常带着极大的兴趣投入到美术教育活动中。教师可以根据幼儿这一特点,利用轻松自在的美术活动,让幼儿在看一看、想一想、画一画、做一做、玩一玩中进行各种练习,以达到熟练掌握美术知识和技能的目的。

由于练习法主要是以幼儿独立动手操作练习为主的,因此它可以分为模仿练习和创作练习。模仿练习,是根据范例或教师的演示进行的练习。例如,幼儿根据教师折纸的分步示范,进行折纸练习,这就是一种模仿练习。创作练习,是让幼儿对已有的表象、材料进行加工、改造、制作,独自进行构思并加以表现。创作练习的目的是加深幼儿对美术的理解和提高他们的美术表现能力。

另外,从操作的步骤上划分,练习法又可分整体练习、分段练习和分步练习。从练习的人数来划分,练习法可分个体练习、小组练习和全班练习。

虽然练习的内容和形式不同,但练习都应有一定的制作过程和技法的要求,而不应是单纯地、反复多次地温习动作技能以求熟练。虽然手工制作的练习有些是着重仿制,但现在的教学大多已经不再是简单的复制,而是融进了创作的要求,是在制作程序和技法要求基础上的一种有创意的练习。例如,染纸、剪窗花,在教会幼儿一些制作规律后,要求幼儿自由地染、创新地剪,创作出与众不同的作品。因此,练习已不是简单的动作技能的训练,而是手、眼、脑协调并用的练习,是创新意识形成的过程和锻炼幼儿想象力、创造力的过程。

教师的指导与帮助,对幼儿的练习起着重要的作用。教师需要根据幼儿掌握美术技能的特点,针对不同技能的性质,通过观察,及时发现全班幼儿或个别幼儿在操作中存在的共性或个性问题,给予必要的帮助与指导。

在美术活动中,教师可以根据具体的活动目的和幼儿的实际情况,灵活运用各种练习方法。适当地运用多样化的练习方式,不仅有助于培养幼儿的兴趣,集中幼儿学习的注意力,而且还有助于培养幼儿在具体操作中灵活运用美术知识和技能的能力。教师运用练习法的要求是:

第一,教师要对幼儿提出练习的要求。幼儿还不会自觉地、有目的地去练习各种美术技能。因此,教师在每次练习前要向幼儿明确练习的要求、操作的方法和步骤,培养幼儿操作练习的自觉性,使幼儿明确目的,能按步骤有条不紊地进行操作练习。

第二,教师的指导要有目的性。教师首先要着眼于全班幼儿,及时发现全班共性问题并运用讲解、演示等方法予以指导;其次要及时发现每个幼儿的问题,因人而异地解决问题。

第三,练习的方法要多样化。单纯以技能熟练为目的的练习不能引起幼儿的兴趣,所以练习的方式要多样化,并要注意发挥幼儿的创造性。例如,要求幼儿掌握二方连续图案的规律,若只是单一地让幼儿在长条形纸上进行练习,他们很快就会失去兴趣和耐心。但是,如果让幼儿在教师提供的各种几何图形的纸形上,甚至是日常生活用品的纸形上进行装饰,同时各小组进行竞赛,比一比哪个小组装饰的物品最好看,孩子们练习的兴趣就会大大地增加。因此,教师要给幼儿一定的发展空间,让他们能根据自己的想象进行自由表达。

四、以欣赏活动为主的方法

以欣赏活动为主的教学方法,是让幼儿通过对美术作品、自然景物、社会生活中的美好事物的欣赏,获得美的感受,提高表现能力、审美能力的教学方法。例如,要求幼儿表现"美丽的天空",在活动之前,教师可组织幼儿观察各种天气下天空的变化,展示天空的图片;在此基础上,再让幼儿欣赏梵高的作品《星夜》、奥基弗的作品"晚星"系列,比较不同画家笔下的天空景象。

欣赏各种具有审美价值的艺术作品、自然景物、美好事物的活动,有助于开阔幼儿的视野,扩大其知识面,使他们在欣赏名家名作的同时,形成一定的社会历史文化知识和经验的积累。同时,幼儿在感知、理解、欣赏、对话的过程中,不断地丰富着自己的内心感受,并通过发自内心的、言之有物的表达,使语言表达能力得到提高。欣赏活动还可以为幼儿提供一个不受拘束、自由想象的广阔空间。幼儿在感受力、知识面、想象力、创造力、语言表达能力等方面的良好发展,能促进幼儿自信心的建立,使他们形成积极的情感态度。在运用美术欣赏法时,教师应注意以下基本要求:

第一,尊重幼儿对美术作品的感受与反应。欣赏美术作品是欣赏者再创造的过程。每个人经历不同,对美术作品引起的联想就不同,对作品喜欢与否以及喜欢的程度也不同。幼儿由于经验、认识能力有限,有些看法也许是十分可笑的,但只要是他们在对作品感知和体验的基础上产生的,教师都应予以尊重和认可。在欣赏中,幼儿需要有机会来表达他们个人的感受,教师应尊重幼儿,使他们能充分地表达自己的感受。

第二,鼓励幼儿用各种方式大胆地表达自己的感受。幼儿表达的过程是一个体验的过程,也是一个进一步感受和理解美术作品的过程。语言是一种表达自己感受最常见的方式。但是,儿童有多种语言,他们可以通过绘画、身体动作、手工制作等方式进行表现。教师也可有意识地用一些优美的语言去感染幼儿,如对画面的一些出色描述,以及儿童读物中对美术作品的描述,让幼儿在一个良好的语言环境中学习。这对培养幼儿的艺术感觉是非常必要的。

第三，增强欣赏活动中的情绪体验。欣赏过程本身是一种感情的投入。移情是幼儿情感发展中一个很重要的特点，他们常常把自己的想法和情感赋予到有生命或无生命的物体上去，这为他们的欣赏提供了情感基础。在欣赏活动中，幼儿的审美感受始终伴随着明显的情绪体验。积极的情绪可以提高幼儿欣赏活动的效率，起着正向的推动作用；反之，消极的情绪则会阻碍欣赏活动的展开。因此，在欣赏活动中，教师要增强幼儿积极的情绪体验。

五、以引导探究为主的方法

探究法是在教师指导下，由幼儿自己发现问题、探索问题和解决问题的教学方法。探究法的主要特征是相关的美术技能不是直接教给幼儿，而是只提供有关范例，让幼儿通过尝试找到解决问题的方法。好奇、喜欢摆弄是幼儿的天性，这种天性无处不在、无时不有。对幼儿而言，探索就是玩，而玩是幼儿的天性。幼儿认识事物的途径大多依赖于直接经验，通过摸、看、抓、拆等行为进行探究。教师通过创设情境，让幼儿在不断的试验、尝试中发现问题、分析问题，直至最后解决问题。探究法可分为情境法、尝试法、情景法等三类。

（一）情境法

情境法是教师根据美术活动的需要为幼儿创设生动、形象的学习情境，使之产生身临其境的感觉，并引发相应的情感和态度，促进幼儿学习的教学方法。

日益发展的现代教学技术设备和教学技术手段丰富了教师创设情境的形式。情境教学鲜明的形象性、生动的情节性、优美的艺术性等特点，有助于营造一个情景交融、生动活泼的学习环境，能提高幼儿学习的积极性和主动性。

对于低龄幼儿，教师要为其创设游戏情境，使美术活动具有娱乐性。例如，幼儿练习画线条，教师可拟订一个幼儿熟悉的主题如"下雨了"。教师在纸上画一个撑伞的小女孩："下小雨啦！""下大雨啦！""刮风啦！"幼儿根据教师的语言提示，画出长短不一、方向不同的线条。对于大班幼儿来说，教师要创设具有探索性的情境。如绘画活动"送给卖火柴小女孩的礼物"，活动开始，教师一边放录音故事，一边由幼儿表演故事情节，运用夸张的动作表现出卖火柴小女孩的饥寒交迫、渴望得到爱的情境，再启发幼儿该送些什么礼物给小女孩。教师用故事情境来激发幼儿创作的欲望。情境的创设能使幼儿感到新奇而有趣，并饶有兴致地参与其中，以满足自己的好奇心。教师实施情境法的要求是：

第一，创设的情境应具有新异性。创设的情境一定要新颖、多变，其目的是引发幼儿的新奇感。各种现代教学技术为教师提供了极大的创造空间。不过，能引发幼儿新奇感的情境未必一定要用录像、投影、计算机等现代化的教学设备，关键在于教师对美术活动内容和幼儿发展实际水平的把握。比如，一段录像能将幼儿带入奇妙的植物世界，一幅大型的森林背景能成为幼儿制作的动物们的栖息场所，偶尔开展的比赛或评奖活动亦能使幼儿群情激奋,一个小小的游戏同样能唤起幼儿无限的想象。

第二,创设的内容要实用。情境法的目的是让一个很普通的美术活动变得有趣、有意义,也就是说,所创设的情境应与活动目标相一致。例如,中班幼儿画一盘水果,本来并无附加的意义,但如果教师说今天有客人来我们家做客,小主人要请客人吃水果,那么这一活动就变得更有趣,幼儿也会积极地、投入地去表现。值得注意的是,情境的设计要和美术活动的内容相吻合,设计要合情合理,要避免牵强附会的情境设计。

第三,创设的方法要具有启发性。所谓启发性是指通过情境创设增加幼儿的体验,丰富他们的感受,激发起他们的想象,提高幼儿活动的兴趣。因此,教师不能为了表面的热闹而设置情境,应多层次、多角度地理解和发掘某一教学情境中所蕴含的价值,使之能更好地为认知、技能、情感、创造等不同层次的活动目标服务。

(二) 尝试法

尝试法是由教师设置一个情境,让幼儿对某一学习任务经过几次错误的尝试后找到正确答案的教学方法。现代心理学研究认为,人类学习中含有试误成分,但试误学习不是人类学习的主要形式。然而尝试法在操作性较强的美术活动中,仍不失为一种培养幼儿思维能力和探索精神的好方法。尝试法可分成以下四步进行。

1. 设置情境

设置一个与美术活动主题有关的、新颖独特的教学情境,如出示一件很有创意的工艺品或是绘画作品、展示一段电视录像、教师用很快的速度画出一幅线条流畅的图画等,以吸引幼儿的注意力,激发幼儿的学习兴趣或学习动机。例如,在折纸活动"小鸟"中,教师出示一幅画有蓝天的背景,上面贴满了各色折纸"小鸟",以引起幼儿的好奇心。

2. 尝试练习

由于表现或制作的难度不大,或有一定难度但经过幼儿的努力能够解决,或者幼儿当时没有意识到困难等,教师可以让幼儿先尝试练习,也可以先尝试某一局部、某一步骤。但到了一定的时候,其中的困难就会显露出来。例如,教师把自己折纸作品"小鸟"放在每一小组的桌上,幼儿已学会一些折纸的基本方法,但其中的某些折法尚未学过,这时可以让幼儿先把作品拆开来,再尝试沿着折痕练习。

3. 探索讨论

让幼儿带着问题在讨论中寻找合适的答案,或从搜集的资料中寻找解决的方法,也可以通过新的尝试来解决困难。这是幼儿主动探索、研究和解决问题的过程,更有可能是发挥小组集体的智慧、合作攻克难关的过程。例如,当幼儿在探索"小鸟"的折法时碰到了困难,相互之间可以进行讨论,也可尝试新的折法。

4. 讲解指导

对于幼儿实在解决不了并带有普遍性的问题,教师应提供必要的讲解。由于这是幼儿久攻不下的难题,所以此时教师的讲解只需点拨一下。但更多的是,教师应针对幼儿具体情况进行个别指导。比如,对于"小鸟"折纸的难点,教师要进行讲解并演示,使幼儿通过观察与练习,最终折出"小鸟"。

(三) 情景法

情景法以教师创设的情景为主线,用角色扮演的方式引导幼儿进入情景,在情景中让幼儿表现自己对主题的认识与感受。从本质上讲,幼儿的美术活动就是游戏,是一种具有审美特征的游戏活动,孩子们在美术游戏中表现自己。情景绘画正是契合了幼儿美术活动的游戏性特点,使幼儿沉浸在情景中,视之为"做游戏",从而表达自己的感受。因此,情景法是以情景贯穿美术活动的始终,使美术活动更像是一场情节不断发展的情景表演。

> **案例分享**
>
> 活动:小动物的运动鞋
>
> 活动目标:引导幼儿运用左右对称的方法选择图案和色块进行装饰。
>
> 教师创设了这样一个情景:动物幼儿园开运动会,小动物们都买了白色的运动鞋,可是午睡起床时,谁也分辨不清哪双鞋子是自己的。教师通过指导幼儿分辨小松鼠鞋上左右对称的图案,并为小白兔选一双鞋子,使幼儿对左右对称装饰这一概念有了初步的了解;接着教师又提出帮助其他动物朋友在鞋子上做记号的建议,引导幼儿进行创作。[①]

教师实施情景法的基本要求是:

第一,创设的情景要符合幼儿的生活经验。虽然故事是教师常用的情景,但并非唯一的题材。教师要深入幼儿的生活,从他们的生活、学习、活动中选取有趣的题材,并对这些题材进行筛选,根据幼儿的特点进行加工提炼,创设不同的情景。

第二,教师在活动过程中不能游离于情景之外。许多教师在活动开始时为幼儿创设了一个十分富有情趣的环境,把幼儿带入动人的情景世界,但在接下来的观察、演示等环境中又突然游离于情景之外,甚至在之后的环节中完全不见情景的踪影。因此,教师要将有关美术技能的学习巧妙地融入情景中,让孩子们在情景中以角色身份进行思考,从而更好地投入到活动中去。

总而言之,教学方法是教学过程中教师的"教"与幼儿的"学"二者双向活动的体现,是活动过程中教法与学法的统一体。从上述这些教学方法中可以看到,有些方法是教师主导型

---

① 李慰宜. 2—6岁儿童绘画活动指导[M].上海:上海社会科学院出版社,2003:6.

的,如讲授法、演示法;有些方法是师幼互动型的,如谈话法、讨论法、指导练习法、情境法、欣赏法;有些方法是幼儿主导型的,如观察法、尝试法。教学方法的运用受到美术活动目标和内容的限制,因此教师要根据实际情况灵活、综合地运用各种教学方法。

本章思考题

1. 儿童美术教育的途径有哪些?
2. 请你结合实际谈谈家庭美术教育的特点是什么?应如何进行家庭美术教育?
3. 观摩一节美术集体教学活动,试着分析活动中教师运用了哪些教学方法?这些方法是如何运用的?

拓展资源

张琳.博物馆中的美术课[M].上海:少年儿童出版社,2018.

如今,美育越来越受到重视,关于如何开展针对儿童的"美的教育",如何让博物馆、美术馆成为中小学生的"第二课堂",一直是教育工作者、家庭和社会共同关注的话题。作为儿童美术教育的研究者、实践者,该书作者提倡融艺术欣赏和创作体验相结合的跨学科统整教育,注重儿童创造力和审美能力的培养,强调通过艺术实施完人教育。该书展示了她多年来的研究、实践和思考,希望带给读者以启迪。

第八章 学前儿童美术教育活动设计和实施

知识要点

- 单一学科的美术教育活动的实施
- 主题活动中的美术教育活动的实施
- 区角活动中的美术工具材料的投放

思维导图

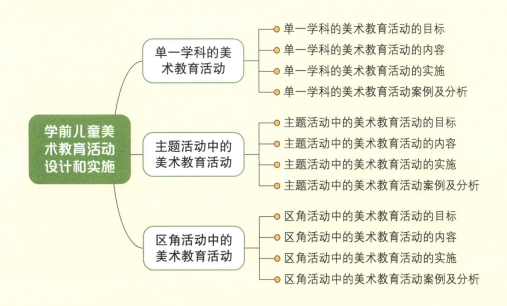

内容导入

根据朱家雄教授在《幼儿园教育活动设计与实施》一书中关于不同结构化程度的幼儿园教育活动的设计理论,这一章中我们主要介绍单一学科的美术教育活动、主题活动中的美术教育活动、区角活动中的美术教育活动的设计与实施。

一、单一学科的美术教育活动

单一学科的美术教育活动主要以美术学科的知识、技能为活动设计依据。活动目标需要层层分解,最终落实在一个个具体的美术教育活动中。活动内容的选择奉行先目标后内容的原则,较多地关注美术知识本身的系统性和逻辑性,强调活动的结果。活动实施过程中,教师主要是教学者、指导者、组织者和控制者,实施流程常常包括:创设情境、引起兴趣;讲解演示,掌握方法;幼儿创作,教师指导;作品展示,欣赏评议。

二、主题活动中的美术教育活动

主题活动是当前幼儿园中最常见的活动形式,美术活动也是在主题背景下进行的,这类美术活动既能反映幼儿美术教育的一些基本要求,给幼儿提供一些必需的美术知识和技能的学习,也能够在一定程度上兼顾幼儿的兴趣和需要,并激励幼儿在美术活动过程中根据自己的经验和需要生成美术教育活动。这类美术活动的目标往往比较宽泛,教师需要根据幼儿的兴趣、经验、水平、需要等设置活动目标,并在活动过程中随时调整活动的目标。活动内容一般根据幼儿的生活经验和主题加以选择,活动内容可根据主题活动实施的具体情况进行调整,具有一定的灵活性和可变性。

主题活动中的美术教育活动在实施的过程中,应将美术活动纳入到主题网络中,并围绕主题展开一系列的美术教育活动。围绕着主题网络,教师提出相关的美术学习的基本要素,并通过美术表现加深幼儿对主题内容的情感体验。

三、区角活动中的美术教育活动

美术的学习在美术区角活动中的占比较高,教师会为幼儿投放各种美术工具和材料,并创设一定的美术活动环境,让幼儿在宽松和谐的环境中,按照自己的美术发展能力和意愿,自主地选择美术学习内容和合作伙伴。区角活动中的美术教育活动的目标比较宽泛,并有一个较长的达成过程,教师需要在观察幼儿操作和探索水平的基础上及时调整目标,以促进幼儿的可持续发展。

美术区角活动中材料的投放是关键,教师应为幼儿投放具有层次性、自然性和动态性的材料。美术区角的活动不是单一的,教师应该让美术区角活动渗透到其他活动区中,和其他活动区以及主题活动相整合,将美术区角活动作为主题活动的组成或是将美术区角活动作为主题活动的延续。

教与学的建议

1. 教师带领学生观摩一节主题背景下的美术教育活动,并结合教材中的相关内容谈谈该活动是如何实施的。
2. 教师带领学生到幼儿园观摩美术区角的材料投放以及幼儿在美术区角中活动的情况,记录一则幼儿利用这些材料进行活动的过程,并谈谈这些材料的投放是否合适。

在幼儿园教育实践中,最为常见的幼儿园美术教育活动主要有以下几种:单一学科的美术教育活动、主题活动中的美术教育活动、区角活动中的美术教育活动。

第一节　单一学科的美术教育活动

单一学科的美术教育活动是一种典型的学科取向的美术教育活动,主要是以美术学科的知识、技能技巧等作为活动设计的依据。教师往往先确定美术教育活动的目标,而活动内容和步骤也是事先确定好的,活动中教师起着主导作用,在组织与实施活动时只需根据事先设定的目标和内容进行操作即可。

一、单一学科的美术教育活动的目标

单一学科的美术教育活动目标的设置,既要尊重该学科科目的一般规律,又要尊重幼儿学习的一般规律。活动设计者需将单一学科的美术教育活动目标进行层层分解,最终落实在一个个具体的美术教育活动中,并使各个美术教育活动之间的目标有一定的前后联系,层层递进。

例如,幼儿园中班上学期绘画教育中有关造型的目标有"运用图形取代线条;多个图形进行组合,关注部分与整体的关系,使图像完整;关注和表现某些细节,运用图像取代符号"。[①] 活动设计者要通过不同的美术教育活动将有关造型方面的目标进行分解,使其更加具体化,如活动"我们都是好朋友"中的目标:关注各种图像组合与图像间的空间位置,为每个图像都有"好朋友"而高兴;活动"打开冰箱看一看"中的目标:尝试运用将观察对象的基本部分归纳为图形的方法,大胆表现它们各不相同的特征;活动"我家的房间"中的目标:学着将观察对象的基本部分运用图形进行归纳,大胆创造自己的图像。以上这些教育活动中的造型目标具体、明确,且有一定的操作性,因此,教师在教学过程中只需要遵循活动目标去完成操作过程即可。

由于单一学科美术教育活动最终是要向幼儿传授某些美术知识和技能,因此这类美术教育活动可以运用行为目标的方式表述其活动目标。比如,在一个美术绘画活动"美丽的蝴蝶"中,把活动目标设计为"在了解蝴蝶的基本特征的基础上,用各种图案装饰蝴蝶的翅膀",它明示了在活动过程中幼儿将要做什么和期望的结果,即通过这个美术教育活动,教师可以看到幼儿在其行为中即刻被察觉的行为变化。

在为单一学科美术教育活动设置活动目标时,活动设计者心中必须要有目标意识,将高

---

① 李慰宜,林建华.幼儿园绘画教学手册[M].上海:华东师范大学出版社,2009.

层次的美术教育的总目标落实到每一个具体的美术教育活动中去。这种确定目标的方法，是一个"自上而下"的过程，是一个先目标后内容的过程。

二 单一学科的美术教育活动的内容

单一学科的美术教育活动在内容的选择上奉行先目标后内容的原则。具体来说，就是教师在确定美术教育活动目标之后，再按照活动目标去选择与幼儿生活经验相联系的内容。

以中班绘画活动"可爱的金鱼"为例，以学科教学的程序展开。

可爱的金鱼(中班)

活动目标

1. 尝试用圆形和椭圆形表现金鱼的外部特征。
2. 在观察的基础上画出不同形态的金鱼。

活动准备

金鱼若干条、金鱼贴纸、剪刀、记号笔。

活动过程

一、幼儿观察金鱼，了解金鱼的基本特征

1. 今天老师带来了一些动物朋友，我们一起去看看它们长什么样？（幼儿观赏金鱼，了解金鱼的身体、眼睛、尾巴的形状。）

2. 幼儿分别说出金鱼的不同部位：说出一个金鱼的部位，教师就贴出相对应的一个金鱼的部位。

二、教师讲解示范金鱼的画法

1. 教师示范金鱼的画法：金鱼的眼睛圆鼓鼓的，身体是椭圆形的，它的尾巴像扇子、两座小山、一朵花。

2. 金鱼在水里游时，它有各种不同的形态，教师将金鱼贴纸摆放出向上游的形态，并请幼儿上来摆放出与教师不同的金鱼形态。

3. 教师总结：金鱼在鱼缸里会朝不同的方向游动，我们只要将它的身体和尾巴做不同方向的改变，就会变出不同形态的金鱼。

4. 教师出示剪纸金鱼缸，请幼儿一起来当养鱼人，把美丽的金鱼画到鱼缸里。

三、幼儿作画，教师巡回指导

1. 注意金鱼眼睛、身体及尾巴的造型。

2. 鼓励幼儿画出不同形态的金鱼。
四、展示幼儿作品并进行评价
1. 说说各自鱼缸里的金鱼是什么形态的。
2. 说说最喜欢哪个鱼缸里的金鱼。

在设计美术教育活动、选择和组织美术教育活动内容时，活动设计者要设计能够吸引幼儿投入该美术教育活动的相关的教具、幼儿用的美术工具与材料；还要设计和准备美术教育活动的示范、讲解等环节以及对个别美术能力水平较差幼儿的指导方式等，从而保证美术教育活动目标的达成。

单一学科的美术教育活动内容较多地关注了美术知识本身的系统性和逻辑性，由于这类美术教育活动相对强调教师的作用，强调让幼儿获得美术的知识和技能，重视教育活动的结果，因此教育活动设计者在选择和组织活动内容时，往往将幼儿获得预设的美术知识和技能作为优先点，活动内容往往会比较具体、固定，并强调美术学科的内在逻辑性。

在为单一学科的美术教育活动选择内容时，活动设计者的心目中往往有着很强的目标意识，会自上而下地根据单一学科的美术教育活动目标选择和组织活动内容。他们常常会先分析和研究美术教育活动目标，以及该美术教育活动的目标与其他美术教育活动目标之间的关系，然后根据美术教育活动目标选择活动材料，组织活动过程。美术教育活动的内容一般包括活动材料的准备、活动过程以及活动延伸等方面。

三、单一学科的美术教育活动的实施

单一学科的美术教育活动是以教师的计划为依据而展开的，在活动实施过程中，教师主要是教学者、指导者、组织者和控制者。每个美术活动是以美术基本要素的递进为目标来展开的，再按要求选择内容，美术内容之间可以是有关系的，也可以是相互割裂的。在实施的过程中常见的流程包括：创设情境，引起兴趣；讲解演示，掌握方法；幼儿创作，教师指导；作品展示，欣赏评议。

（一）创设情境，引起兴趣

在美术教学过程中为了达到既定的教学目的，教师从教学需要出发，引入、制造或创设与美术教学内容相适应的具体场景、氛围，引起幼儿的情感体验，使幼儿在情境中动情，在情境中共鸣，从而引导幼儿进入学习状态，激发其对美术学习的兴趣。

根据情境的内容，一般可以分为生活情境、游戏情境、故事情境。

生活情境 美术活动中，教师根据幼儿的生活经验，借用相关的生活实例，为幼儿创设

与教学内容相关的情境,提出问题,以引起幼儿的好奇与思考,从而激发幼儿的学习兴趣,使幼儿乐于探索。如大班美术活动"超市里有什么",教师利用教室的一角创设了超市的生活场景,模拟超市提供塑胶玩具、毛绒玩具、电动玩具、木质玩具等,幼儿通过逛超市买玩具,把买来的玩具画下来,从而表现各类玩具的基本特征。

游戏情境 幼儿具有好奇、好动的年龄特点,教师通过创设一些有趣的游戏情境,让幼儿在玩中学、学中玩,并在游戏中亲身经历探究知识和巩固技能的过程,体验学习的快乐。例如,在美术活动"吹泡泡"中,教师和孩子们一起做游戏"吹泡泡"。孩子们一遍又一遍反复地蘸着肥皂液,在阳光下观察泡泡呈现出来的不断变换的色彩,一边吹泡泡,一边追逐泡泡,孩子们在游戏中体验并观察蘸肥皂液、吹泡泡、追泡泡等生动的人物动态。游戏后再来表现吹泡泡的人物动态,正因为有了游戏情境中的体验,孩子们所表现的人物动态才更加活灵活现。

故事情境 在美术教学中创设生动的故事情境,不仅能帮助幼儿感受、理解故事情节内容,而且还可以通过故事情节帮助幼儿理解相关的美术知识和技能,从而帮助幼儿更好地表现和表达。例如在美术活动"小兔找太阳"中,活动以四只从未看见过太阳的小兔找太阳的故事情境导入,并结合提问,引导幼儿对动物不同的头部变化进行观察和比较。教师:"兔妈妈告诉小兔宝宝,太阳是红红的,圆圆的,于是四只小兔一起出门找太阳了……"在此基础上结合挂图,请幼儿观察并说说:"四只小兔都说自己找到的是太阳,究竟是哪只小兔找到了太阳?你是从什么地方发现的?"通过请幼儿做动作,教师和幼儿一起合作演示的方法帮助幼儿了解如何表现倾斜的动物头部。

(二)讲解演示,掌握方法

教师根据自己对美术知识的认识和把握,通过讲解演示、观察讨论等方法,帮助幼儿掌握各种工具材料的特性和操作方法。此时,教师可以通过讲解、演示等方法,以帮助幼儿较快地掌握操作方法,使他们可以有重点地从操作过程和作品创作中获得成就感和乐趣,提高活动效率。下面以中班美术剪贴活动"美丽的菊花"为例,观察教师如何通过讲解演示,让幼儿掌握相关的制作技能。

美丽的菊花(中班)

活动准备

水笔、长方形纸若干、胶水、圆形菊花。

> **活动过程**
>
> 一、欣赏课件，感知菊花的美丽
>
> 1. 我们一起来看看，这是什么花？（菊花。）
> 2. 大家仔细看看菊花的花瓣是什么样的？（花瓣是条状的。）
> 3. （出示一瓶菊花）今天我们就一起来制作一瓶有着条状花瓣的菊花。
>
> 二、讲解菊花制作步骤
>
> 1. 条状花瓣的菊花是怎么做出来的呢？
>
> 先将长方形纸的长边折三下后用手抹平，用剪刀剪长条形（剪到上面留一条边的地方），在一条边上抹上胶水捏拢后贴在长方形纸的上面。
>
> 2. 菊花做好了，我们要把菊花插到花瓶里去，花瓶怎么做呢？
>
> 拿另一张长方形纸，对折后，在开口的地方剪去一角，打开后就变成一只花瓶了，在后面抹上胶水，贴在菊花的下面。
>
> 3. 小筐里有上次制作的圆形菊花，我们可以贴几朵在长条形的菊花旁边，最后用水笔画上菊花的花茎和花叶，一瓶美丽的菊花就完成了。

活动中，教师通过对菊花花瓣折、剪的示范讲解以及对花瓶制作的示范讲解，让幼儿较快地掌握长条形菊花和花瓶的制作方法。当然，幼儿在用水笔装饰花瓶以及插花的过程中可以有不同的创意，这样可以使幼儿最终的作品带有个人的特点。

（三）幼儿创作，教师指导

幼儿在对工具材料的特性和相关操作方法与技能有所掌握的基础上进行表现表达。在这一环节中，教师应根据已经设定的美术教学活动目标，结合幼儿的不同发展水平指导幼儿进行表现和表达。

1. 关于绘画活动的指导

（1）有意识地引导幼儿进行观察。儿童天生就是艺术家，教师应引导儿童用自己的眼睛去观察世界，用自己的心灵去感受世界，从而用儿童自己的语言去表现世界。儿童已开始尝试运用自己掌握的图形大胆地表现物象，教师从旁引导儿童在日常生活和学习中多观察，帮助儿童建立起象征符号与现实中各种事物之间的联系，从而积累起较为丰富的视觉经验和情感经验，为艺术表现打下基础。

随着年龄增长，儿童逐渐地能表达物体的空间关系，因此教师应引导儿童多注意观察、积累生活经验，让儿童比较物体在不同空间中的关系。同时，还要引导他们把不同的事物联结起来，从单一的表现，过渡到表现一定的故事情节。

"写生"是一个培养儿童空间知觉能力的有效方式。在写生之前，教师要引导儿童观察自己所看到的物体的空间位置,然后用绘画的形式表现出来,让儿童了解同一物体可以从不同的角度进行观察和描绘。

(2) 引导幼儿从不同角度表现物体。倘若观察的角度有限,那么幼儿在画纸上表现的物体形象就单一,所以教师应帮助幼儿学会从不同的角度来观察、描绘物体的不同造型特点。例如,幼儿学习建筑物的造型表现方式,教师可以组织幼儿进行一系列有序的、循序渐进的绘画活动:先表现房子的一般特征,接着表现几幢组合在一起的房子,再表现我的家、儿童乐园、街道,最后让幼儿设计房子、想象未来的房子等。通过系列的绘画活动,让幼儿从不同角度来描绘房子的造型特征,使画面越来越生动,从而促进主题的表现。

(3) 通过情感体验来表现空间关系。罗恩菲尔德指出:"第一个空间关系通常是透过感情来体验的,因此,有关主观关系的经验,是具有刺激性的,如:'你喜欢洋娃娃吗?''画你自己跟洋娃娃。'在这类绘画中,我们可能看到,儿童与身外的其他物体间并没有关系,而儿童和洋娃娃的感情关系则清楚地表现出来,这种反应显示了,在早期阶段里,空间关系受到价值判断很大的支配。"

因此,教师在指导时尽可能地使所画内容和幼儿的生活经验、情感体验相联系。

2. 关于手工活动的指导

(1) 帮助幼儿了解制作工具和材料的基本性质与使用方法。如何使用工具和材料是制作的关键,教师应根据幼儿的年龄特点有选择地让他们掌握一些工具和材料的使用方法,例如,剪刀是剪贴用的工具,教师要引导幼儿学会使用剪刀,接着再认识剪贴材料,如纸、树叶、布等。只有让幼儿初步掌握制作工具和材料的使用方法,才能帮助幼儿形成技能,并通过技能来帮助幼儿实现制作的意图。

(2) 引导幼儿实现自己的制作目的。大班幼儿虽然已有了制作的意图,也能根据意图进行制作,但是有的幼儿在手工制作时,即便有了明确的制作意图,也不一定能实现。为避免让幼儿产生挫败感,对手工制作失去信心,教师应及时帮助、指导,让幼儿实现自己的制作意图,体验成功感。比如在折纸活动"小鸟"中,有的幼儿能顺利折出,并进行装饰,小脸露出成功后的喜悦,但未折出的幼儿却面带焦虑,这时,教师应及时指导帮助其完成折纸,使其同样获得成功,和同伴一起体验成功的快乐。

(3) 指导幼儿进行循序渐进的练习。手工作品需要一定的技能才能完成,而技能是通过练习获得的。因此,教师可以根据幼儿手工制作的特点,让他们通过多样的方式进行循序渐进的练习,教师则由易到难、由简单到复杂地对幼儿进行指导。

例如,在用剪刀练习剪纸时,对于低龄幼儿来讲,教师可让他们尝试学习使用剪刀,并提供给他们各种纸张,使其在撕、揉的过程中了解纸的性质。对于中班儿童来说,随着手部肌肉的发育,可以让他们学习剪一些简单的图形,逐步学会剪弧线、圆曲线,并能沿轮廓线剪出物体图形。对于大班幼儿来说,随着手部肌肉的不断成熟,已较为熟练地掌握了剪纸和撕纸的技能，因此，教师可指导幼儿综合运用剪、撕纸的技能，进行主题创作。根据故事情节，将故事中的角色先剪（撕）下来，并添画相应的背景，最后进行粘贴。如此，既丰富了儿童的想象力，又发展了语言表达能力和动手能力。

  3. 关于美术欣赏活动的指导

  （1）多角度地欣赏艺术作品、自然景物和周围环境中的美好事物。随着学前儿童知识面的扩大，教师要有意识地培养幼儿从多角度欣赏美术作品和自然景物、周围环境中的美好事物的意识和方法。如从作品美术语言的角度，侧重于观察与分析作品的色彩、线条、构图等，是怎样围绕着作者表达的思想感情，或者作品的主题进行组织的；也可从文化的角度，将不同历史时期、不同国家的美术作品中同类题材，放在一起欣赏。

  例如，在幼儿表现天空中的云朵前，教师可引导幼儿先欣赏不同天气的情况下天空中的云朵的造型、色彩，再欣赏不同画家笔下的云，如梵高的《星夜》、奥基弗的"晚星"系列，然后再让幼儿用各种绘画工具和材料来表现，最终孩子们笔下的云朵呈现出千奇百怪的景象。

  （2）增强美术欣赏中的情绪体验。移情是幼儿情感发展中的一个很重要的特点，他们常常把自己的想法和情感赋予到有生命或无生命的物体上去，这为他们欣赏各种景物提供了情感基础，因为美术欣赏本身就是一种感情的投入。

  美术欣赏中，幼儿的审美感受始终伴随着明显的情绪体验。积极的情绪可以提高幼儿美术欣赏的效率，起着正向的推动作用；消极的情绪则会阻碍美术欣赏活动的开展。体验性使幼儿的美术欣赏教育始终具有独特的感情色彩。

  例如，春游时看到鹅在碧波中游弋，教师便有感情地吟道："鹅鹅鹅，曲项向天歌，白毛浮绿水，红掌拨清波。"孩子们在教师富有感染力的诗句中，欣赏春天的美景。教师也可引导孩子说说："鹅为什么在水中游得那么欢快？""你觉得面前的景色美吗？为什么？""如果自己变成了一只鹅会是怎样的？"这些语言与美景的交融，可以使孩子们浮想联翩，获得美的享受。

  从这一例子可以看出，在美术欣赏中，强调情感的体验，可以培养幼儿敏锐的审美知觉能力，从而培养幼儿的审美情感。

  （3）鼓励幼儿大胆地表达自己的感受。幼儿表达的过程就是一个体验的过程，就是一个进一步感受和理解美术作品与美的事物的过程。教师必须给幼儿表达和交流的机会，鼓励幼儿把自己对所欣赏对象的感受用语言、肢体，甚至创作等方式表达出来。例如，在欣赏马蒂斯的《音乐》时，幼儿用肢体动作表现音乐家演奏各种乐器时的情景，然后又用绘画来表现"演奏乐器的人"。幼儿将自己对大师作品的感受通过肢体动作和绘画表现进行了不同的诠释。在欣赏教学时，教师也要有意识地用一些优美的语言去感染幼儿，如对画面作一些出色的描述，借用儿童读物中对美术作品的描述，让幼儿在一个良好的语言环境中学习，这对培养他们的艺术感觉是非常必要的。

(四) 作品展示，分享交流

在这一过程中，教师主要展示幼儿作品，并进行分享交流和评析。幼儿作品的展示要根据不同的情况，呈现出多样化的展示方式。最基本的方式是把幼儿的作品张贴在黑板或是其他展示板上，与幼儿共同欣赏。在作品太多太大不能全部展示或作品只有局部完成的情况下，可以展示部分具有代表性的作品，其他作品由同伴、小组间互相交流或活动后交流。

对于一些颜料容易滴落、尚未完全吸干的作品，教师可以将作品放置在桌上、地面上，然后带领幼儿走动欣赏。比如幼儿将拓印后的作品《美丽的花》平放在桌上，教师带领幼儿一边学蝴蝶飞舞，一边欣赏幼儿的作品。又如幼儿用水彩颜料画完《春天的树》以后，教师一边带领幼儿学小鸟飞到"春天的大树"，一边欣赏幼儿画的各种春天里的树。

对于一些生活化的、趣味性强的作品可以以情境和游戏的形式进行展示，比如"吃火锅"，教师带领幼儿围坐在一起，一边模拟吃火锅一边欣赏作品；比如"宝宝的袜子"，可以模拟晒袜子的情境，把幼儿装饰后的袜子用夹子夹住挂在绳子上展示；再如"我设计的服装"，让幼儿穿上用各种废旧画报、报纸等制作的环保服装在T台上当模特走一走、秀一秀。作品的展示可以根据作品的具体内容运用不同的展示方法。

在作品展示的同时，还应对作品进行评价。根据评价的内容、评价人以及评价的时间等的不同而进行不同的评价。

从评价形式来看，可采用幼儿自评、幼儿互评、教师点评、师生互评等多种形式。教师可以请幼儿对自己的作品进行评价，介绍一下作品的内容和其独特的地方。也可以对同伴的作品进行评价，让幼儿说一说自己喜欢哪幅作品或是作品中的哪个部分，为什么喜欢。从幼儿自评或互评中，教师可以发现幼儿对活动的兴趣、活动内容的掌握情况等，同时可以帮助幼儿提升经验，丰富评价的词汇。例如：当幼儿评价彩墨画《树林》时，都在集中评论颜色，教师可以引导幼儿关注不同画面中树林的造型：有的树林中的树好像被风吹歪了，树叶飘到了地上；有的树林中的树干非常挺拔，枝叶非常茂盛；还有的树林里的树枝上停着唱歌的小鸟。

在幼儿评价之后进行的是教师评价，教师点评可以是有选择性地、有重点地讲评其中具有代表性的几幅，以鼓励为主，从参与活动的积极性、自我的表现表达、创造性的发挥以及良好的学习品质等方面进行客观性评价。

从评价内容来看，可以对作品中美术语言的表达、美术工具材料的运用等进行评价，但不要面面俱到。评价时教师要把握好本次活动的目标和重点，紧扣主题进行针对性的评价。重点讲评其中几幅具有代表性的作品，切忌漫无目的地抓过几幅作品随便一说草草了事。教师不要吝惜对幼儿的表扬，但也不要随意地用"你真棒""你真聪明"，而是要善于发现每位幼儿在作品中所表现出来的与众不同的地方以及点点滴滴的进步。例如："老师发现今天红红画的小朋友，每个小朋友的发型都是不一样的，有短发的、长发的，有梳着两个麻花辫的，还有扎着马尾辫的，真是太棒了！"

从评价的时间来说,有操作中的随机评价,有操作后的整体评价,还有活动结束后的延伸评价。操作中的评价以指点和帮助为主,恰当地点拨幼儿。例如:棉签画活动"变色鸟",幼儿操作时教师会用故事语言提示幼儿,是不是三种颜色的果子都喂小白鸟吃过了,也就是三种颜色都要涂一涂。操作后的评价,即美术活动中的评价环节,要系统到位,目标指向性强,起到引领提高的作用。活动结束后可以将作品继续展示在教室中,让幼儿进一步进行观赏和交流,互相学习借鉴,进行延伸评价。

有效的活动评价能起到画龙点睛的作用,所以,教师要注重美术活动的评价环节,精心准备、细心发现、用心评价,促进活动的积极有效开展。

四、单一学科的美术教育活动案例及分析

(一) 案例

七星瓢虫(中班)

活动目标

1. 在观察图片的基础上表现七星瓢虫的外形特征。
2. 大胆地用树叶添加背景,使画面更加丰富。

活动准备

七星瓢虫视频、黑色记号笔、油画棒、铅画纸。

活动过程

一、欣赏与讨论

(一) 教师播放视频,幼儿欣赏与讨论

1. 幼儿观看七星瓢虫视频。
2. 刚才我们看到的是什么虫?(七星瓢虫。)
3. 七星瓢虫的身体是什么样子的?身上有几个斑点?分别在它的什么部位?(有七个斑点,左右翅膀上各有三个斑点,中间一个大斑点。)
4. 七星瓢虫身上有几种颜色?什么地方是黑色?什么地方是红色?(头部、触角、斑点和六条腿是黑色,翅膀是红色。)

(二) 教师介绍七星瓢虫

瓢虫一家有很多种类,我们可以从它们的颜色上加以区别,有些是黄色,有些是橘

色或红色。但识别它们的最好的方法是通过它们身上的斑点,有些瓢虫有两个斑点,有些有九个,有些则一个也没有。七星瓢虫特别喜欢吃害虫,可以帮助农民伯伯保护庄稼。所以它是农民伯伯的好朋友。

二、教师讲解七星瓢虫的特征

教师出示七星瓢虫的图片,并请幼儿说出教师用手指指到的七星瓢虫各部位的形状:身体(圆形)、头部(半圆形)、斑点(圆形)、触须和六条腿(细细长长)。

三、教师布置创作内容

一只七星瓢虫有些孤单,我们再帮这只七星瓢虫请些朋友来做客吧。

四、幼儿绘画,教师指导

1. 引导幼儿表现七星瓢虫的基本特征,特别是所画的圆点的大小和部位。
2. 注意用黑色记号笔画瓢虫的圆点,用红色涂身体的颜色。
3. 引导幼儿用树叶添画背景。

五、作品展示

1. 教师把幼儿的作品贴在展示板上。
2. 幼儿边看边数,所画瓢虫是否都是七星瓢虫。

(二) 案例分析

(1) 在这个"七星瓢虫"的教育活动中,活动目标是:"1. 在观察图片的基础上表现七星瓢虫的外形特征。2. 大胆地用树叶添加背景,使画面更加丰富。"应该看到,表现出七星瓢虫的外形特征这一目标是可以通过直接教授的方式得以实现的,这种方式虽然简单,但是对于幼儿能学会画七星瓢虫的技能而言是有效的。另一个目标在活动实施后通过孩子们在作品上添画不同的树叶作为背景,也可以被认为达成了预设的目标。

(2) 这个美术教育活动强调了教师的主导作用。在活动过程中,教师围绕着如何让幼儿能学会画七星瓢虫的技能,表现七星瓢虫的基本外形特征来展开,虽然也关注幼儿能否自由地表现和表达,如通过添画树叶背景来丰富画面,但是教师对幼儿作品的评价依据仍然是根据所画七星瓢虫的特征是否正确来进行评价的。这样的活动虽然由教师发起,但是这样的活动有益于目标的达成,而且对于幼儿获得表现七星瓢虫特征的技能也是有意义的。

(3) 该活动在选择和组织内容时主要依据的是美术本身的逻辑顺序,因此,美术学科的特殊性表现得比较明显,这个美术教育活动的学习过程就是通过绘画表现出七星瓢虫的外形特征。美术学科的活动具有与其他领域(学科)活动十分不同的特征,是其他领域(学科)的活动所不能替代的。尽管有时在单一学科的美术教育活动中渗透一些其他领域(学科)的内容,但是这些都不是美术教育活动的主要关注点。

（4）这个美术教育活动由教师发起，在实施的过程中，教师扮演着教学者、指导者、组织者和控制者的角色，如活动过程中，教师要求幼儿观察图片中七星瓢虫的斑点数、身体的颜色，这些过程主要都是在教师的要求下来进行的。在设计这类教育活动时，虽然也有可能给予幼儿一定的自由度，如为七星瓢虫添画树叶背景，但是这种自由度相对较小，整个美术教育活动基本是按照预设的活动方案进行的。

第二节　主题活动中的美术教育活动

主题活动是将各个领域或学科的内容综合到一个网络状的主题之中，围绕主题来展开一系列的教育活动，既可以由教师确定活动目标和活动内容，也可以由幼儿根据与主题有关的学习经验发起活动。主题活动中的美术教育活动既能反映幼儿美术教育的一些基本要求，让幼儿进行一些必需的美术知识和技能的学习，也能够在一定程度上兼顾幼儿的兴趣和需要，并激励幼儿在美术活动过程中根据自己的经验和需要生成美术教育活动。

一、主题活动中的美术教育活动的目标

在设计主题活动中的美术教育活动目标时，活动设计者往往会用过程目标或表现目标进行表述。例如，"感受梵高作品《向日葵》中鲜艳、明亮的色彩和极富特色的线条，以及画面传达出来的强烈而炙热的感情"。这一目标关注的是幼儿在欣赏作品过程中与作品的对话，若与行为目标的具体明确相比，过程目标具有一定的模糊性和不确定性。

许多时候，美术活动需要幼儿想象性地运用技能，创造出与众不同的视觉形象，这时教师应为幼儿设立表现目标。表现目标强调个性化，指向的是对幼儿创造性的培养，因此，活动的结果是开放性的。例如，"利用纸上已有的矩形，画一幅你最喜欢的画"，这种目标可让幼儿摆脱行为目标的束缚，鼓励幼儿去表现自我，探索自己感兴趣的问题。

由于主题活动中的美术教育活动相对强调幼儿的主体性，强调幼儿自身的发展，强调教育活动的过程，因此，教育活动设计者所陈述的目标往往比较宽泛，活动目标并不指向幼儿即时就可获得的行为变化，有时，活动目标还可根据具体教育情景进行调整。这样的教育活动目标，要求教师考虑每个幼儿在美术发展水平上的个别差异，并允许他们在各自不同的发展水平上进行学习。

在为主题活动中的美术教育活动设置活动目标时，活动设计者心中应该有幼儿，应根据幼儿的兴趣、爱好、经验、水平、需要设置活动目标，并在活动过程中随时调整活动的目标。

二、主题活动中的美术教育活动的内容

在对主题目标有了整体的了解和把握之后,就会考虑如何选择主题的内容。主题活动一般要通过一定的线索层层展开,从而构成一个有机联系的主题网络,在设计主题活动中的美术教育活动时,设计者心中应是"先内容,后目标",即在设计主题活动中的美术教育活动时,一般先根据幼儿的生活经验和主题,选择活动内容,再根据活动内容设置活动目标,活动内容可根据主题活动实施的具体情况进行调整,具有一定的灵活性和可变性。

主题活动中的美术教育活动的内容可以由活动设计者决定教学内容,或者由幼儿根据学习经验和需要来发起活动,因此既有预设性,也有生成性。例如,在大班主题活动"快乐的端午节"中,教师预设的集体活动有:1. 我知道的端午节(语言、社会);2. 包粽子(艺术);3. 热闹的赛龙舟(语言、社会);4. 龙舟竞赛(健康、社会);5. 一起过端午(综合、大带小活动)。预设的美术区角活动有:自制香包、折纸粽。虽然幼儿通过其他领域的各种活动了解了赛龙舟是端午节的一种风俗活动,同时通过体育游戏感受了龙舟竞赛齐心协力、相互竞争的紧张、热烈的氛围,但是教师观察到有些幼儿在平时生活中对赛龙舟津津乐道,并在美术区角活动中尝试画赛龙舟,但是不知道怎么画龙舟。观察到这一情况后,教师及时调整了活动内容,增加了画赛龙舟的美术活动,并在主题墙中展示了幼儿画的"赛龙舟"。

在为主题活动中的美术教育活动选择和组织活动内容时,教育活动设计者心目中应有幼儿,应根据幼儿的兴趣和需要,尽可能选择与幼儿生活经验相贴近的内容作为幼儿美术教育活动的内容,还要随时回应幼儿生成的有教育意义的美术活动内容。在为主题活动中的美术活动选择和组织活动内容时,教育活动设计者常常会将美术教育活动内容是否与幼儿的美术发展特点相符合、是否与幼儿的生活经验相一致、是否能激发幼儿的美术活动兴趣等作为其关注点,并在此基础上,设计比较宽泛又具有可变性的教育活动,供幼儿和教师选择和生成。

下面,以主题活动"春天来了"为例,教师选择和预设的美术教育活动有:"春天的小河",活动中幼儿尝试运用各种材料制作小河里的动物,并和同伴共同布置春天的小河;"快乐的小鸟",活动中幼儿用大小不一的几何图形粘贴小鸟的各种姿势;"小蝌蚪找妈妈",活动中幼儿根据小蝌蚪找妈妈的故事内容用连环画的形式进行表现;"开花的院子",活动中幼儿根据自己观察到的各种花卉,将花卉画在自己的"小院子"里。这些内容的选择和预设关注的是美术教育活动的过程,以幼儿在活动过程中获得的经验为主要取向,通过幼儿和教师对活动内容的选择和生成,旨在使活动过程尽可能地与幼儿的美术兴趣和需要相符合。

三、主题活动中的美术教育活动的实施

主题活动中的美术教育活动,是活动设计者根据主题网络,设计一系列的美术教育活

动,每个美术教育活动都预设了显性的、隐性的活动目标,但并不要求全体幼儿在同一时间都必须达成这些预设的目标,而且目标和内容可以根据教学的具体情况进行调整。主题教学活动决定了其中的美术教育活动既能反映幼儿教育的一些美术基本要求,给幼儿一些必需的美术知识和技能的学习,也能够在一定程度上考虑幼儿的兴趣和需要,鼓励幼儿在美术活动的过程中根据自己的经验和需要生成其他的美术教育活动。

(一)将美术活动纳入主题网络

主题活动是一种幼儿园综合性课程,由一系列主题教育教学活动组成。主题教育活动中的美术教育活动作为组成主题活动的一个领域,在实施的过程中须将美术教育活动纳入到主题教育活动的网络中,并围绕主题展开一系列的美术教育活动,体现出美术领域与日常生活、区域活动、资源利用的相互结合。网络图中的美术教育活动既可由教师确定美术教育活动目标和活动内容,也可由幼儿根据与主题有关的学习经验发起美术活动。

根据主题活动中的全部或部分美术教育活动主要是由教师来确定活动目标和活动内容,或主要由幼儿根据与主题有关的学习经验发起美术活动,可以使其呈现出不同的性质。前面所述主题活动"春天来了"中的美术教育活动就是以教师的教学为主线,以主题为载体,将美术中的绘画、手工制作、美术欣赏等各种知识与技能融为一体。而有的主题是以幼儿自我探索的学习活动为主,以主题为出发点,拓展与主题有关的问题和概念。例如,在"超市"主题活动中的美术活动,幼儿在超市体验购物的基础上,用图形语言表现了超市里叔叔阿姨做不同的工作,根据超市商品一年四季变化的规律画出超市里什么时候卖什么东西,以及为酸奶设计包装和广告语等。

(二)根据主题内容的需要提出美术学习的基本要素

围绕着主题网络,活动设计者根据幼儿已有的生活经验、美术能力的发展状况、学习需要等提出相关的美术学习的基本要素。这些基本要素就有关于美术语言的,如造型、色彩、构图等方面的,也有美术工具材料的使用等。例如,在中班主题"各种各样的瓶子"中,活动"各式花瓶"中,幼儿观察花瓶的各种造型和图案,感受其造型和色彩的美;活动"美丽的瓶花"中,幼儿尝试用水油分离的方式来表现各种插花;活动"妈妈的香水瓶"中,幼儿欣赏不同造型的香水瓶,并为妈妈设计与众不同的香水瓶;活动"各种各样的调味瓶"中,幼儿结合生活经验用吹塑纸粉印版画的形式为自己家的厨房设计出有趣的调味瓶。该主题涉及的美术教育活动中既有关于各种瓶子的造型、色彩的要素,又有用各种不同工具和材料表现的不同的瓶子。通过活动,幼儿学习并掌握了相关美术的基本要素。

(三)通过美术表现加深幼儿对主题内容的情感体验

在幼儿对工具材料的特性和相关操作方法有所探究与发现的基础上,将他们已有的经验、想法或情绪情感等进行大胆地表达与表现。幼儿根据主题的内容,通过创作和表现生活中的事物、自己想象和幻想的事物、改编或创编的故事等,进一步加深对主题内容的情感体验。

例如,主题活动"金色的秋天",以寻找秋天的方式进入大自然,秋天是树叶争艳的季节,纷纷扬扬飘落的秋叶让幼儿产生无限的遐想。活动中,教师引导幼儿采集树叶,观察树叶的形状、颜色、叶脉的走向等,通过树叶拼贴、树叶拓印、线描花卉、果盆装饰、树叶联想等活动创作出许多有创意的美术作品。同时,把秋天的各种果子、花卉、农作物等布置成一个"秋天的硕果"展览,从而把孩子带进一个美丽秋天的情境中,自然而然地激发了他们表现美、创造美的兴趣。

四、主题活动中的美术教育活动案例及分析

(一)案例

民间剪纸艺术[①]

活动目标

1. 能欣赏并喜欢民间剪纸艺术。
2. 感受剪纸的表现方法和特点。

活动准备

1. 幼儿用书《剪纸》《民间剪纸艺术》。
2. 绘画老鼠一幅。
3. 剪刀若干。

活动过程

一、听故事,欣赏剪纸作品《老鼠嫁女》

1. 教师讲述故事《老鼠嫁女》。
2. 幼儿阅读《民间剪纸艺术》,欣赏作品《老鼠嫁女》,再听讲述故事一遍。
3. 讨论:剪纸《老鼠嫁女》突出了故事中的哪些内容?有什么特点?

二、欣赏剪纸作品《老鼠偷油》

1. 幼儿欣赏民间剪纸作品《老鼠偷油》,介绍作品内容,让幼儿思考《老鼠偷油》在

---

① 朱家雄.幼儿园主题式课程:教师用书·大班春季[M].北京:教育科学出版社,2006.

表现方法上的特点。

2. 出示绘画老鼠,引导幼儿将剪纸和绘画中的老鼠进行比较,区别两者的不同之处。例如剪纸更像剪影,剪纸描绘的细节较少,但有镂空作为装饰等。

三、做一做:剪窗花

1. 幼儿阅读《民间剪纸艺术》,欣赏作品《十二生肖剪纸》,说说动物的名字,讲讲它们是怎么做出来的。

2. 教师按照《剪纸》的演示步骤,剪出漂亮的窗花。

3. 幼儿操作,裁下正方形的红纸,大胆创造,剪出不同的镂空和花朵形状。

延伸活动

引导幼儿用故事表演、歌舞表演等多种形式表现《老鼠嫁女》的故事内容。

民间剪纸是一种十分常见的艺术创作方式,尤其在节日喜庆中更为普遍,教师可以为幼儿创造各种剪纸的机会。例如,共同制作表现老鼠嫁女的内容。

1. 共同合作,一起剪老鼠

将全班剪好的老鼠放在一起,选出最满意的一个做老鼠的女儿,在画面上排列嫁女的队伍。

2. 补充剪出其他辅助物

如锣鼓、喇叭、箱子等,布置成老鼠嫁女的场面。

(二) 案例分析

(1) "民间剪纸艺术"是一个主题教学活动,它是主题活动"我是中国人"中的"中国,我的家""中国人自己的节日""多彩的民间文化"共同组成的二级主题"多彩的民间文化"中的一个教学活动,这些教育活动之间没有密切的学科逻辑联系,由课程编制者设计,可供教师选用。在二级主题"多彩的民间文化"下,除了十二属相图、泥娃娃分家家、民间剪纸艺术、十二生肖歌、中国娃娃、京剧和脸谱等八个已有的教育活动外,也可由幼儿或教师根据教育情景生成新的教育活动。

(2) 在形式上与高结构的美术教学活动相近,该活动在以幼儿的经验、兴趣、生活、需要为活动设计的主要依据的同时,也力求兼顾美术学科的内在要求,如通过比较剪纸和绘画的不同,让幼儿了解剪纸更像剪影,剪纸没有许多细节,但有镂空作为装饰等特点。

(3) 活动的实施可以根据设计者预先设定的目标"能欣赏并喜欢民间剪纸艺术""感受剪纸的表现方法和特点"来进行,也可以在活动中由幼儿或教师生成,并作一定的调整和变化。主题中的美术教育活动除了显现出来的目标以外,在实施的过程中,教师还要关注不同美术发展水平的幼儿在活动过程中可能获得的不同经验、知识和技能。如对于剪纸技能的掌握,不同发展水平的幼儿通过剪纸的操作,可以在不同程度上获得剪纸的经验。

第三节 区角活动中的美术教育活动

区角活动是教师通过有目的、有计划地投放各种材料,创设活动环境,让幼儿在宽松和谐的环境中,按照自己的能力和意愿,自主地选择学习内容和活动伙伴,主动地进行探索与交往,从而使其获得个性化发展的一种活动形式。区角活动中的美术教育活动以幼儿的兴趣和需要为导向,通过让幼儿自主选择,并充分利用丰富的美术环境和材料,生成以自己为主的方式进行活动。在活动过程中,幼儿充分发挥想象力和创造力,积极探索,并进行自由地表达和表现。

一、区角活动中的美术教育活动的目标

区角活动中美术教育活动是一类相当低结构化的、综合性的教育活动,常常是将看一看、画一画、做一做、玩一玩融为一体,强调体验,丰富幼儿的感受。这类活动的过程与游戏活动非常接近,幼儿以他们自己已有的经验,表现和表达自己的所思所想。因此,这类活动的目标往往是教师根据学期目标或月目标制定的相对宽泛而长远的目标,有一个较长的达成过程。它并不要求幼儿在一次活动中就能实现,而是允许幼儿根据自己的学习水平和能力安排适宜的学习速度,而教师也需要在观察幼儿操作和探索水平的基础上及时地、不断地调整目标,以促进幼儿的可持续发展过程。

二、区角活动中的美术教育活动的内容

区角活动中的美术教育活动内容一方面要满足不同美术发展水平的幼儿发展的需要,另一方面也要保证每个加入活动的幼儿可持续发展的需要。例如,在美术区活动中,幼儿用各种彩纸折叠花卉,一般水平的幼儿可以从模仿简单折纸花卉示意图入手;中等水平的幼儿可以从有一定难度的折纸花卉示意图入手;高水平的幼儿,可以不看示意图就能折出自己喜欢的花卉。同样,这样一套内容材料的安排,也为参与活动的每个幼儿提供了一个可持续发展的机会。

区角中的美术教育活动内容既可以由幼儿自主发起,也可以是教学活动的预备、延伸和拓展。活动过程中,幼儿可以独立完成,也可以合作完成。

三、区角活动中的美术教育活动的实施

区角活动中的美术教育活动的实施涉及美术工具材料的投放、美术区角活动与其他活

动区的整合、美术区角活动与主题活动的结合等。

（一）美术工具材料的投放

区角活动中的材料既蕴含着活动设计者的教育理念，也承载着活动设计者的期望和智慧，它是促进幼儿学习、引导幼儿互动、激发幼儿想象与创造的重要媒介，在美术区角活动中有着非同寻常的意义。那么，在美术区角中，怎样的活动材料才是适宜的，才能满足幼儿美术创作的需要呢？

一般来说，区角活动中投放的工具材料分为常用工具材料和特殊工具材料。常用的工具材料包括各种类型的笔、各种质地的纸、颜料、彩泥（或陶土）、泥工板、泥工模具、剪刀、胶水、刺绣、编织等材料，还有自制玩具所需要的废旧瓶子、罐子、盒子等。特殊工具材料是根据教学活动需要和幼儿的兴趣临时或在一个阶段内投放到美术区域的一些工具材料，例如，在水墨画活动"美丽的树林"教学之前，教师可以在美术区域中放置水墨画所需的毛笔、墨、宣纸等材料，让幼儿探索毛笔蘸了墨以后在宣纸上试着画出的各种粗细不同的线条。

活动设计者在材料的投放上要遵循层次性、自然性、动态性等原则。

1. 层次性

教师在投放美术工具材料时应注意层次性，在同一年龄段投放不同难度的工具材料，既满足了美术能力一般的幼儿的发展需求，又照顾到那些美术能力较强和较弱的幼儿的发展需求，使他们都能在美术区角活动中探索与自己能力、兴趣相适应的美术工具材料。美术工具材料投放的层次性使缺乏自信的幼儿既能感受到成功的喜悦，也能使发展较快的幼儿不断看到前进的方向。

但是，并不是所有美术活动内容的材料投放都能显示出层次性，相同材料会有不同操作方法与水平、操作过程与结果的出现，例如同样的剪刀和纸，同样采用对称剪的方法，有的幼儿只能剪出一对对称的小兔，而有的幼儿则能剪出两对、四对，甚至更多。

2. 自然性

幼儿喜欢自然环境，在美术区角活动中投放一些的自然材料，深受孩子们的欢迎。因为自然材料没有固定的使用方法，幼儿可以根据自己的意图作灵活的变通，从而使单一的自然物具有多种表现形式。例如，幼儿运用教师提供的各种形状的树叶拼贴出不同的作品，因此，教师在美术区角活动中投放些的自然材料是非常必要的，幼儿可以利用泥、沙、木头等原始材料开展美术活动，满足幼儿的"随心所欲"，使他们进行自由想象与创造；同时，利用废旧材料，如不同材质、大小、造型的纸盒、瓶子等进行造型，让幼儿感受材料的多样性和不同的质感，并用这些材料制作出具有创意的作品。

3. 动态性

美术区角材料的投放不是一蹴而就、一成不变的，而是要根据美术教育目标和幼儿的发展需求,定期或不定期地进行调整、补充。当幼儿出现下列情况时,教师应考虑适当地调整或补充美术工具材料:当幼儿对教师提供的美术工具材料不感兴趣时,教师应适时地调整美术工具和材料;当幼儿产生与材料相关的问题时,例如在变色游戏中,由于幼儿把注意力集中在实验过程中,而忽略对两种颜色相加后变出的新颜色的记录,这时教师应适当增加一些辅助材料(如记录用的水彩笔、记录纸等),帮助幼儿解决问题;当幼儿产生创造性行为时,例如,幼儿在卖草帽的游戏中,产生了装饰草帽的想法,教师此时可在美术区角中增加装饰草帽用的颜料、笔、珠子、蕾丝、羽毛等材料,这样既满足了幼儿的愿望,又肯定和鼓励了他们的创意行为。

(二) 美术区角与其他活动区的整合

美术区角活动中包含了各类美术活动,既有绘画的,也有手工制作和欣赏的内容。美术区角活动不是孤立存在的,它可以渗透到其他活动区,和其他活动区相整合。其他各区域标牌的设计、墙饰的布置、隔离带的设置等,也都可以在美术区角活动中完成。同时,在美术区角活动中创作的作品可以用于布置其他区角或是作为表演的道具,例如,利用各种废旧的纸箱制作娃娃家的洗衣机、厨房灶台、电视机、微波炉等;制作银行、理发店等标志;用小型纸箱制作超市的收银机、医院的挂号台;等等。用皱纸制作的花卉可以用来装饰小舞台,用废旧材料制作成的项链、手链等可用作演员装扮的道具。

同时,在每个活动区,可以将美术的元素与活动区的内容相结合。例如,在糖果店中有的幼儿用彩泥通过搓、团等技能来制作糖果,有的幼儿利用彩纸进行糖果的包扎和装饰。在理发店,幼儿利用废旧的杂志、报纸等制作各种发型,并利用杂志上漂亮的服装和发型为顾客做形象设计。总之,将幼儿制作的各类作品回归于幼儿的游戏活动的同时,也拓展了其他区域活动的内容。

(三) 美术区角与主题活动的结合

鉴于区角活动与主题活动在幼儿发展中具有不同的作用,因此,我们应将这两种活动形式进行有效的结合。

一种是美术区角活动作为主题活动的生成:如果在美术区角活动中大多数幼儿都对某一活动感兴趣,教师就可以考虑将这一活动生成为全班幼儿参与的主题活动,这样,区角活动为主题活动奏响了序曲。例如,教师发现这段时间在一些区角活动中,幼儿对与青花瓷有关的活动非常感兴趣,美术区角中,幼儿用蓝色记号笔在纸上画青花瓷。因此,教师可以利用区角活动中幼儿的兴趣,形成关于青花瓷的系列主题活动。

一种是美术区角活动作为主题活动的组成:主题活动目标往往是比较宽泛的,但主题活动的内容和方式却可以以小组形式来呈现,这样,美术区角活动就可以作为主题活动的一个组成部分,从而使教师能充分地观察并指导每个幼儿。例如,在中班主题活动"春天来了"

中，教师在美术区角中有目的地投放了各种材料：提供印章、棉签、皱纸、油画棒等材料，让幼儿用印章进行花卉的拓印，用棉签画迎春花，用皱纸粘贴柳条等；提供橡皮泥、记号笔、毛笔、宣纸、剪刀等，做平面泥工"春天的景物"和"春天里人们的活动"；用记号笔画单线画"我眼中的春天"，用水墨画描绘"动物"和"花草"，用剪刀和胶水做拼贴画"春天"、折纸"美丽的花"等；教师提供报纸、塑料袋及各种包装袋等废旧物品设计制作"春装"。随着幼儿对春天认识的不断深入和经验的丰富，教师不断增加创造性的成分，让幼儿综合运用粘、贴、剪、画、撕、缝等多种技能表达对春天的感受，同时运用多种感官，听音乐后绘画"春天的音乐"，听故事后绘画"春天的故事"等，通过各种不同的美术区角活动，幼儿创造性地进行艺术的表现表达。这样，区角活动本身就成为主题活动的一部分，作为主题活动的"和声"而存在。

一种是美术区角活动作为主题活动的延续：区角活动还可以作为主题活动的延续而持续地发挥其重要的功能。比如，教师围绕"青花瓷"这一主题活动，激发幼儿在区角活动中开展进一步的延伸活动，如幼儿在美术区角中尝试用版画、剪贴等形式创作青花瓷图画，表演区中幼儿穿着带有青花瓷图案的服装走秀，科学区中观看青花瓷是如何烧制的，等等。这些区角活动都可以作为主题活动的尾声而存在。

四、区角活动中的美术教育活动案例及分析

（一）案例

你好，秋天（大班）[①]

案例背景

大班的主题"春夏秋冬"正在进行着，浓浓的秋意强烈地吸引着孩子们。户外活动时，孩子们看见树叶一片片从树上落下，像飞舞的蝴蝶。这时，他们最喜欢捡落叶了，一边捡一边会禁不住问："老师，树叶为什么要落下来呀？"也会看到孩子们蹲在某个角落观察地上的昆虫："这是什么虫子，它会飞吗？""小蚂蚁爬来爬去在干什么？""小蚂蚁这么小怎么搬东西的？"哪怕草地里只有一堆杂草他们也能观察半天。从孩子们喜悦的神情和专注的眼神中，看得出来他们真的喜欢对户外的自然景象进行观察（见图8-1、图8-2）。

大自然、社会生活都是活教材。如何在秋天的背景下在区角活动中继续延伸以满足幼儿的好奇心和渴望主动发现、主动探究的心理，让幼儿获得最真实的感受。我进行

[①] 本案例与照片由上海市黄浦区汇龙幼儿园张倩倩提供。

图 8-1　捡树叶　　　　　图 8-2　观察昆虫

了以下尝试。

案例实录

镜头一：

户外活动时捡完落叶，多余的树叶我们就带回了教室，孩子们围坐在一起，每个人都拿着一片叶子，和同伴说着她们的发现。

"我的叶子中间有一条条的，这个是树叶的经脉。"

"我发现我的叶子是长长的，你的叶子是圆圆的。"

"我的树叶像一个人的手掌。"

"我的叶子上有很多不同的颜色，左边是绿的，右边的黄的，还有一些咖啡色的圆点……"

孩子们你一言我一语，别提有多兴奋了。说完后，孩子们从区角中自选材料，有的孩子们选择了记号笔边观察边画树叶，有的孩子则直接在树叶上添画了，还有的孩子在塑封边上拓印树叶，每个孩子都在用自己的"语言"表现自己对树叶的理解（见图8-3、图8-4、图8-5）。

图 8-3　直接用记号笔描绘　　图 8-4　边观察边画树叶　　图 8-5　色彩绚丽的树叶

这和之前美术活动时,常听到孩子们抱怨"我不会画""我不知道怎么画"的场景截然不同。孩子们只有充分观察并理解事物后,才能更好地用自己的方式进行表现创作。

接下来几天孩子们对树叶的热情只增不减,大班孩子往往用简单的线条就可以装饰出一幅美丽的画作。一切事物皆可成为线描的元素:孩子们通过观察落叶,发现上面有长长的经脉,有圆圆的斑点,有一块块的叶皮,孩子们将这些发现运用到装饰树叶中。翕翕将梧桐树的树叶贴在手工纸上,用黑色记号笔沿着树叶的轮廓画下来,"我发现了树叶有很多经脉,于是我用了一条条重复的直线来装饰。"可可:"我发现经脉也有斜的,所以我在上面画了斜斜的直线,我还看到有一块块的叶片,我就用记号笔涂黑(见图8-6)。"

图8-6 用直线或斜线画树叶

自主选择美工区材料后,孩子们自发地选择自己感兴趣的主题进行创作。有的孩子选择"京剧脸谱",在京剧脸谱上进行装饰,做出了树叶脸谱,有的孩子则拿着"半成品"给自己做树叶帽。多种形式相结合进行创意表达(见图8-7、图8-8、图8-9)。

图8-7 树叶帽　　　图8-8 树叶帽　　　图8-9 "京剧脸谱"

镜头二：

为了更好地满足孩子们对昆虫的兴趣，在美术区角中，我投放了各种昆虫的标本等材料，孩子们一来园就喜欢去那观察，可过了一段时间后，孩子们看得"不过瘾"，原来，他们更渴望去户外，户外写生昆虫的活动便开始了。

一来到户外，孩子们便三三两两组成小分队去寻找昆虫了。昆虫的种类太丰富了："它们身上的花纹是什么样的？""都有触须吗？""有翅膀吗？""有几对足？"每个孩子都兴奋地边描绘着边画，就连每次画画时都久久不动笔的骐骐都在观察后就开始专心致志地边画边数着他的七星瓢虫（见图8-10、图8-11）。

图8-10 边观察边画

图8-11 描绘的七星瓢虫

图8-12 用扭扭棒做蜘蛛

在欣赏完绘本《好忙好忙的蜘蛛》后，又掀起一股做蜘蛛的热潮。每天早上美工区都热闹非凡，因人数有限，孩子们争着抢着要做蜘蛛。只见孩子们用了毛绒球、亮片、扭扭棒……五彩斑斓的蜘蛛就完成啦！有了蜘蛛后，孩子们渴望着做蜘蛛网。孩子们根据步骤图，先把手工纸折叠成六等分，只见昊昊根据蜘蛛网的形式，小心翼翼地用剪刀进行镂空，生怕一不小心就剪断了（见图8-12、图8-13、图8-14）。

图8-13 用剪刀进行镂空

图8-14 形态各异的蜘蛛

镜头三：

孩子们用完午餐，一个个小脑袋挤在一起观察透过阳光，树叶会发生什么？孩子们发现温暖的阳光透过树叶，树叶的影子在地上留下了斑斑驳驳的印记，美丽极了！那怎样才能将这美丽的影子一直保留下来。骁骁："可以把树叶画在玻璃上，这样影子就一直在了。"萌萌："可以把之前我们画的都贴在这里。"于是，装扮餐厅的活动便开始了（见图8-15）。

图8-15 把树叶贴在玻璃上

有的孩子选择画秋天的累累硕果，表现收获的秋天，有的则直接将在区角活动中做的"项链""帽子"用来装扮。在这一过程中，回归自然、原生态的稻草与幼儿的巧手成为装扮幼儿园优美环境的最佳材料，而且一举多得，让幼儿的餐厅变得更富有秋天的气息（见图8-16、图8-17）。

图8-16 制成"项链"和"帽子"

图8-17 装扮一新的餐厅

(二) 案例分析

整个案例围绕着秋天展开了各种各样的美工活动:

(1) 开展不同形式的探究活动,感受秋天独特的魅力。

围绕着秋天展开的美术区角活动中,没有让孩子们失去探究的兴趣,反而激发孩子们从不同的角度去进行探索:收集落叶——探索落叶——运用不同艺术形式表现落叶——各种形式表现昆虫,形成一种循序渐进的过程,并不断拓展孩子们对落叶的感受、表现和创造,秋天就这样在孩子们的手中展现出不同的魅力。

(2) 激发幼儿探究兴趣,享受学习过程的快乐。

陶行知曾言:"生活即教育。"秋天的落叶飘飘洒洒,孩子们看见过,也捡过,甚至用落叶来拼贴出各种动物,可以说落叶是孩子们熟悉的物品,虽然不起眼,但在对落叶的探索过程中,他们可以获得关于季节植物与美等的知识。孩子们带着愉悦的心情,在生活中探索,在探索中享受学习的快乐,并获得来自大自然的知识,这是最好的,也是最有价值的学习方式。

本章思考题

1. 请比较单一学科美术教育活动与主题活动中美术教育活动的目标和内容有何不同。

2. 围绕某一年龄段在某一主题下的美术教育活动内容，谈谈如何选择主题背景下的美术教育活动？

3. 观摩幼儿园某一年龄段的一个美术区角活动，分析区角中材料的投放以及幼儿在活动中运用材料的情况。

● 拓展资源 ●

黄露.儿童的美术语言[M].杭州：浙江人民美术出版社，2019.

在该书前四章每一章的"三、课程设计与教学、辅导设计"中，都给出了详细的关于线条、形象、色彩和空间方面的课程设计与教学的具体建议。作者认为，在儿童美术教育中，"教""育"和"美""术"同等重要。以"教"为出发点，会更多思考兴趣、方法等问题；以"育"为出发点，则会思考观察力、想象力创造性思维能力、审美修养等问题。最关键的是，每一个活动中，儿童是否用自己的美术语言酣畅淋漓地表达了自己的思考和情感。

第九章 美术教育与其他教育的整合

知识要点

- 美术教育与音乐教育的整合
- 美术教育与科学教育的整合
- 美术教育与语言教育的整合
- 美术教育与健康教育的整合
- 美术教育与社会教育的整合

思维导图

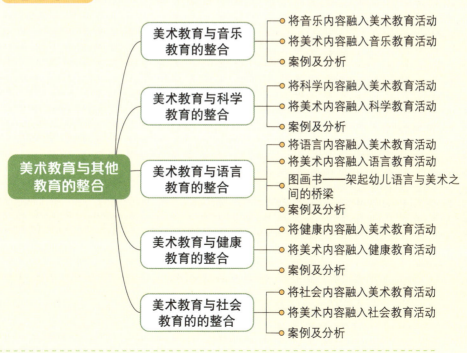

内容导入

《幼儿园教育指导纲要（试行）》中指出："各领域的内容要有机联系，相互渗透，注重综合性、趣味性、活动性，寓教育于生活、游戏之中。"《3—6岁儿童学习与发展指南》中也明确指出："关注幼儿学习与发展整体性。儿童的发展是一个整体，要注重领域之间、目标之间的相互渗透和整合，促进幼儿身心全面协调发展。"因此，美术学科与其他领域或学科的相互整合，可以消除各学科之间彼此孤立、互不相关的局面，更多地关注幼儿发展的完整性、整体性，从而使幼儿获得更大的发展空间。

美术学科和其他领域的整合，其中有以美术学科作为活动的主要内容，同时适当兼容其他领域的内容，也有以其他学科领域作为活动的主要内容，同时适当整合美术学科的内容。

一、美术教育与音乐教育的整合

美术教育和音乐教育都是幼儿艺术教育的重要内容，通过有机的整合可以使幼儿在一定的艺术氛围感染下，调动其积极向上的情感，对培养幼儿的审美情趣、提高幼儿的审美创造力具有重要的作用。

整合的方式有两种：一是将音乐内容融入美术教育活动中，主要是以美术活动内容为主，同时兼容音乐的内容，把音乐融入到美术活动的各个环节中。二是将美术内容融入音乐教育活动中，可以将声音与画面相结合，或是在音乐活动中融入美术，让幼儿更直观地了解节奏、旋律等音乐知识。

二、美术教育与科学教育的整合

科艺结合就像一枚硬币的两面。美术活动注重通过观察和想象，将客观对象的特征和内心的想法用画笔表现出来；科学活动则注重通过对现象和问题的猜想、假设和验证来得出结论。两者的整合，可以让科学教育更加生动有趣，让美术表现更加客观。

整合的方式有两种：一是将科学内容融入美术教育活动中，在幼儿获得美术知识和技能过程中，渗透科学教育内容，加深幼儿对客观世界的认识，增进幼儿用科学态度表现客观世界的能力。二是将美术内容融入科学教育活动中，在幼儿学习科学知识，进行科学探究的同时，渗透美术教育的内容，以提高幼儿学习科学的兴趣。同时，引导幼儿适当地运用各种美术手段，鼓励幼儿表达对科学认知对象的理解。

三、美术教育与语言教育的整合

在幼儿的成长过程中，语言的学习与发展，可以有效地帮助他们理解美术的内容,而美术符号的学习与使用,也可以有助于幼儿更好地表情达意,获得更为愉悦的审美感受。

整合的方式有两种:一是将语言内容融入美术教育活动中,通过用故事、散文、谜语等文学形式导入美术活动,让幼儿通过用语言进行表述、评价等形式来丰富美术教育活动的内容,引发幼儿参与美术活动的兴趣。二是将美术内容融入语言教育活动中,在语言活动中渗透美术学科的内容,通过美术欣赏、美术表现帮助幼儿理解文学作品的内涵,丰富幼儿语言表达的形式。

四、美术教育与健康教育的整合

将美术与幼儿的健康相融合,在幼儿的发展中都具有特殊的价值和重要的作用。健康教育是促进幼儿身体健康、增强体质的主要手段,也是获得感受美、体验美的一种途径。将健康内容融入美术教育活动,可以丰富幼儿美术活动的内容,使幼儿获得与健康相关的知识,同时促进幼儿身心的健康发展。将美术内容融入健康教育活动中,可以使健康教育的形式更为直观、生动,便于幼儿理解和执行。它能使幼儿运动的环境和运动器械等的设计更加具有艺术性,从而引发幼儿参与运动的兴趣,使其愉快地投入到运动中。

五、美术教育与社会教育的整合

美术教育和社会教育是紧密联系、相互渗透的。社会领域的教育往往会借助美术教育的内容、手段和方式,反之,在美术教育中也往往渗透着社会的内容和要求,从不同程度上反映了与社会相关的内容。

将社会内容融入美术教育活动中,可以加深幼儿对社会环境的认知,通过对周边生活的观察和体验,丰富美术表现的内容。同时,在美术活动中可以提升幼儿之间的合作能力并建立良好的人际关系。而将美术内容融入社会教育活动中,可以为幼儿提供表现节日、风俗等的机会,并在感受、体验和创作表现传统文化内容中,拓展幼儿对社会生活环境的认识,激发幼儿爱家乡、爱祖国的情感。换言之,抽象的内容通过美术活动变得通俗易懂,并借助创造表现,使幼儿的情感体验得到进一步升华。

教与学的建议

1. 教师带领学生观摩一节美术教育与其他领域活动整合的集体教学活动,分组讨论在该活动中教师是如何进行整合的。

2. 学生选择一本绘本,讲述该绘本中具有哪些主要的美术元素,并结合绘本内容设计一则美术教育活动(年龄不限)。

所谓整合，是指把不同类型、不同性质的事物组合在一起，形成一个整体。《幼儿园教育指导纲要（试行）》中明确指出："各领域的内容要有机联系，相互渗透，注重综合性、趣味性、活动性，寓教育于生活、游戏之中。"美术学科与其他领域或学科的相互整合，可以消除各学科之间彼此孤立的局面，更多地关注幼儿发展的完整性、整体性，从而使幼儿获得更大的发展空间。幼儿园教育活动的整合，主要反映在活动的目标、活动的内容、资源以及活动的方法、形式手段等各个方面。

第一，教育活动目标的整合。教育活动目标的整合是教育整合的基础，目标整合直接影响教育内容和方法的整合。教师在制定活动目标时要使目标内容的各部分组成一个有机的整体，美术教育活动目标与其他领域活动目标的整合，强调的是幼儿在与周围环境相互作用过程中，运用各种感官获得与生活紧密联系的，并且是该领域中最基础的知识经验，是能够满足幼儿发展需要的关于情感、态度、能力、认知、技能的体验与分享，是所整合的领域在知识技能、情感态度、探索创造、学习品质等方面具有内在互通性和一致性的目标。

第二，教育活动内容的整合。一是美术学科内的整合，即在美术学科内容中体现前后内容上的纵向整合或不同内容间的整合。美术方面的内容有关于绘画、手工制作、美术欣赏等，它们之间有一定的关联性，例如在"林中小鸟"美术活动中，教师在让幼儿通过欣赏各种飞翔的小鸟的图片和视频的基础上，在纸上画树林作为背景，再将作为装饰的折纸小鸟贴在纸上。这个美术活动中，整合了美术的绘画、欣赏和手工制作等不同的内容。二是不同活动领域间的整合，即突破相对的领域划分的界限，实现跨领域间的内容整合。五大领域的活动内容各有特点，整合主要表现在使它们之间产生有机联系，甚至可以突破领域这一内容组织形式。例如，美术活动主要包括绘画、手工制作、美术欣赏等活动内容。体育活动主要包括动作技能、基本体操、队列队形、形体训练等内容。美术活动注重幼儿的审美体验，体育活动关注幼儿的运动体验，当美术活动与体育活动整合时，力求使它们之间相互融合，在体育活动中渗透审美教育内容，让幼儿感受到体育运动是力与美的结合；也可在美术活动中通过让幼儿画或是用扭扭棒制作等形式表现运动时人物的各种造型。教育内容的整合是以教育目标的整合为前提的。

第三，教育方法、形式及手段的整合。在《幼儿园教育指导纲要（试行）》的总则中就已经明确指出幼儿园应与家庭、社区密切合作，综合利用各种教育资源，共同为幼儿的发展创造良好条件。例如，在美术综合主题活动"快乐端午节"中，教师借助社区龙船文化节活动的资源，带孩子走出幼儿园，到社区龙船展览馆参观做工精致、色彩鲜艳的龙船，同时邀请家长进入幼儿园参与做香袋、编蛋套、画龙舟等活动，共同创设浓郁的节日氛围让孩子们体验。此外，幼儿园美术教育活动的形式与方法也是丰富多样且有机结合的。例如，根据中班幼儿绘画中的色彩表现从用自己喜欢的颜色涂色到按物择色的特点和规律，可以在活动形式上选择将教师有目的的预设和幼儿自主选择的美术区角活动加以整合，更好地帮助幼儿认识色彩、感受色彩、表现色彩，教师也可以在美术教育活动的实施中有选择地整合演示、观察、欣赏等多种方法和手段。

美术学科与其他领域或学科的整合既要保持相互之间适当的、自然的、有机的融合和相互渗透，同时也要保留美术学科和其他领域或学科各自的特点，防止盲目地把美术学科与其他领域或学科的有机整合变为简单相加。

从美术学科的角度出发，整合的类型主要有两种：一种是美术学科和其他领域或学科的整合，其中有以美术学科作为活动的主要内容，同时适当兼容其他学科或领域的内容，也有以其他学科领域作为活动的主要内容，同时适当整合美术学科的内容；另一种是在主题活动中，将美术学科与其他领域或学科进行融合渗透，使它们不分主次地整合在一起，更多的是围绕主题的进程和需要，而不是以实现美术学科目标为主，最终使它们共同为主题的开展和幼儿的发展服务。以下内容是根据第一种整合类型来加以阐述的。

第一节 美术教育与音乐教育的整合

有人说美术是凝固的音乐，音乐是流动的画面。的确，音乐与美术是综合的姐妹艺术，优美的音乐是一幅幅流动的有声画面，而优美的画面同样是一首首色彩、线条、明暗的旋律。黑格尔在其著作《美学》中指出："音乐和绘画都有密切的亲族关系，部分地由于在这两门艺术里内心生活的表现都占较大的比重，现在的艺术教学，在材料处理方面，绘画可以越过边境进入音乐的领域。"因此，美术与音乐尽管所属艺术门类不同，但它们却受到相同的艺术规律制约，我们常常能从优秀的美术作品中的线条与结构方面感受到音乐的律动，也能从优秀的音乐作品的音律中感受到美术的绚丽。美术教育和音乐教育都是幼儿艺术教育的重要内容，在幼儿园的艺术教育中，通过整合音乐教育与美术教育，使幼儿在一定的艺术氛围感染下，调动其积极向上的情感，对培养幼儿的审美情趣，提高幼儿的审美创造力具有重要的作用。

一、将音乐内容融入美术教育活动

在美术活动中融入音乐，主要是以美术学科作为切入点，作为活动的主要内容，同时兼容音乐领域的内容，以实现美术学科与音乐领域的整合。这样的教育活动，其目标的设定应以美术学科为主，以保证美术学科自身要素在活动中的落实，可以在美术活动的不同环节中融入音乐。

（一）音乐融入美术活动的导入环节

导入环节是美术活动的重要的环节。导入的成功与否，关系到活动的效率和效果，也是一个活动能否顺利进行的有力保证。在美术活动的导入部分,采取创设情境的方法,运用音乐调动幼儿的多种感觉,视听结合,从而激发幼儿的学习兴趣。

例如,在手工制作活动"意大利面"中,教师选择了奥地利作曲家莫扎特创作的《G大调弦乐小夜曲》的第一章作为该活动的导入音乐,该乐曲以活泼流畅的节奏和短促华丽的八分音符颤音组成欢乐的旋律。幼儿在欢快的音乐背景中,跟着音乐的节奏,模仿大厨制作意大利面的动作,从和面、擀面、制作意大利面到给客人摆餐具等一系列的情境表演,让幼儿形象地体验了制作意大利面的全过程。此过程不仅让幼儿带着愉悦的心情进入活动,也调动了幼儿多感官参与,并为下一环节的活动做好了充分的准备。

(二) 音乐融入美术活动的过程

音乐和绘画虽然一个是听觉艺术,一个是视觉艺术,但两者在表现人的思想感情上,让人的内心产生共鸣上是一致的。把音乐带进美术活动的过程,可以使幼儿插上想象的翅膀,并通过直观感受引导他们创造性地想象,给幼儿以美的享受,进一步促进幼儿对美的感受和体验。

例如,在美术活动"各种小闹钟"中,为了能让幼儿创造设计出各种闹钟,教师选取了由德国作曲家查理·奥尔特所作的管弦乐曲《钟表店》,活泼欢快的主题旋律描绘了在琳琅满目的钟表店里,修表工人在清脆的钟声中愉快工作的情景。孩子们边听音乐边做律动,用各种带有声响的律动来表现小闹钟:有的拍手,有的跺脚,有的用手敲击椅子,有的相互掌心对拍,还有的孩子身体左右摆动扮演起了"小鸭子"钟,甚至有些孩子将头向前后有节奏地伸缩,嘴里发出"布谷,布谷"的声音,正因为有了在音乐中对闹钟造型的想象,所以孩子们才能设计出造型多样的闹钟。

尤其是在美术作品的欣赏过程中,优秀的艺术作品有着独特的艺术感染力和丰富的艺术语言,因为幼儿的生活经验少,理解能力有限,在理解艺术语言上有一定的难度。因此若能在欣赏作品的同时,配以与作品所表达的情感相似的乐曲,不仅能加深幼儿对作品的感受和理解,还可以使幼儿更加投入,更加具有想象力、创造力。如在欣赏剪纸作品《老鼠嫁女》时,引导幼儿在欣赏作品中热闹的场面、迎娶队伍中动态各异的老鼠时,配以乐曲《喜洋洋》,节奏明快、兴奋热烈、喜气洋洋的唢呐声在教室里回荡,每个幼儿都被感染。听着欢快的乐曲,看着热闹的场面,孩子们也开始模仿起作品中的迎新队伍,又唱又跳,好不热闹。

(三) 音乐融入美术活动的结束部分

美术活动的结束部分往往是展示幼儿的作品,教师进行评议。如果在此环节融入音乐,将会有意想不到的效果出现。

例如,在美术活动"小鸟的家"的结束部分,孩子们展示了自己所画的各种动态的小鸟,并在《苗岭的早晨》优美的音乐声中表演各种各样快乐的小鸟,他们一边用肢体动作表现不同小鸟飞翔的姿势,一边还模仿小鸟的叫声,仿佛自己就是那一只只在苗岭上空自由飞翔的小鸟,孩子们在音乐中充分感受着音乐的节奏,从而进一步加深了对鸟类的认识和了解。

又如亨利·马蒂斯的《舞蹈》以简洁的剪纸造型、冷暖对比的色彩形成强烈的节奏感和富有动感的画面,展现了一种梦幻般的欢乐景象。当幼儿在完成用各种彩色纸剪出不同的舞蹈动作之后,教师播放奥地利著名音乐家小约翰·施特劳斯的不朽名作《春之声圆舞曲》,曲中所描绘的大地回春、冰雪消融、一派生机的景象,宛如一幅色彩浓郁的油画,孩子们随着优美的旋律翩翩起舞,沉浸在一派欢乐的气氛中。

把音乐融入到美术活动中,可以更好地拓展艺术空间,增强艺术趣味,培养孩子们的艺术想象力与创造力。

将美术内容融入音乐教育活动

学前儿童的思维具有具体形象性的特点,他们在感受艺术形象时往往是从视觉经验出发,这些视觉经验最好的呈现方式便是绘画,通过将美术内容融入音乐教育活动,可以将声音画面有机结合,在音乐活动中融入美术,可以让幼儿更直观地了解节奏、旋律等音乐知识,并更好地去理解音乐作品。

下面以中班音乐活动"迷路的小花鸭"为例,分析在音乐活动中如何兼容美术学科的内容。

《迷路的小花鸭》是一首叙事歌曲,第一段"池塘边,柳树下,有只迷路的小花鸭",缓慢的节奏以及忧伤的旋律等,均表现了小花鸭在迷路时无助的心情。活动开始,教师先播放这一段歌曲,引导幼儿欣赏,同时出示池塘边、柳树、小花鸭等图片。通过这种视听结合的欣赏,帮助幼儿记忆、理解、想象。在引导幼儿想象故事发展和结果的基础上,教师播放歌曲的第二段"小朋友看见了,抱起迷路的小花鸭,啦啦啦,啦啦啦,把它送回家",并让幼儿进行歌唱表演,孩子们一会儿扮演的是伤心迷路的小花鸭,哭哭啼啼;一会儿是送小花鸭回家的小朋友,蹦蹦跳跳,快快乐乐……让每个幼儿在歌唱表演中既体验小花鸭迷路后伤心的情绪,又体验了小朋友送小花鸭回到妈妈怀抱时的欢快情绪。在此基础上,教师引导幼儿将歌曲中的故事内容通过绘画表现出来。由于每个孩子对歌曲的理解、感受和想象不同,加上歌曲本身蕴含着丰富的美术意境,所以,孩子笔下"迷路的小花鸭"千姿百态:有的画池塘边、柳树下在水里嬉戏的小花鸭,有的画迷路的小花鸭伤心地哭泣,还有的画小朋友抱着小花鸭送它回家……

这是一个以音乐为主要内容的活动,整个活动通过欣赏、表演、绘画等环节,使幼儿学会唱《迷路的小花鸭》。活动过程中美术的融入起到了画龙点睛的作用。如出示在不同场景中的小花鸭图片、幼儿用画笔表现不同心情时的小花鸭等,这些美术内容的融入,很好地帮助幼儿记忆、理解歌词,并用绘画的形式帮助幼儿体验小花鸭迷路时伤心的心情以及回到妈妈怀抱后高兴的心情。

综上所述，当音乐走进美术，音乐以其明快的旋律改变了美术活动时的沉闷气氛。而美术则以其清晰的画面，使抽象的音乐语言增强了形象性。因此让音乐走进美术活动，或是让美术走进音乐活动，既有利于创设教学的审美氛围，又有利于幼儿愉悦身心、激发灵感、发展思维和陶冶情操。

三、案例及分析

（一）案例

母鸭带小鸭（中班）

活动目标

1. 尝试结合歌曲《母鸭带小鸭》，用动作表现鸭子走路和游水时的基本姿态。
2. 运用绘画表现母鸭带小鸭的情景，体验绘画的快乐。

活动准备

1. 歌曲《母鸭带小鸭》，母鸭头饰一只，小鸭头饰若干。
2. 幼儿用绘画纸、油画棒。

活动过程

一、复习歌曲《母鸭带小鸭》

1. 播放歌曲《母鸭带小鸭》，幼儿复习歌曲。

今天老师请来了喜欢游水的动物朋友和我们一起游戏，听听是谁来了？

2. 幼儿复习歌曲《母鸭带小鸭》，要求幼儿能用较为短促的声音表现鸭子"嘎嘎"的叫声，并表达出愉快的心情。

二、幼儿用动作表现小鸭走路的姿态

1. 鸭妈妈带着小鸭们到哪里去呢？（教师出示图片）原来，它们是要去池塘。一路上，它们是怎么走到池塘的呢？

2. 鸭子走路时脚是怎样的呢？我们一起来试一试吧（幼儿自由模仿鸭子走路的姿势，掌握鸭子走路的基本动作）。

3. 小鸭子和妈妈来到了池塘，它们要游泳。你们知道鸭子是怎样游水的吗（请个别幼儿做鸭子游水的动作）？

4. 教师和幼儿一起戴上头饰，跟着音乐做动作。

三、幼儿用绘画表现母鸭带小鸭

1. 幼儿观看鸭子的动画片。
2. 大家看了动画片中鸭子走路、游水等各种各样的姿势,现在请大家把它们画下来吧!
3. 幼儿创作母鸭带小鸭的绘画作品。
4. 分享与交流幼儿的作品。

(二)案例分析

这是一个以音乐活动为主要内容,将美术融于其中的教育活动,教师让幼儿在学习歌曲的基础上引导幼儿用各种动作表现鸭子的各种姿态。小鸭子是幼儿熟悉的动物,因此对于用各种肢体动作来表现鸭子走路、游泳并不是一件很难的事情。教师通过引导,让幼儿在充分感受音乐的基础上,跟着音乐旋律的变化而变换动作。一方面教师可以用故事的形式和角色扮演展开情节,生动有趣的情节、优美动听的歌曲,使幼儿身临其境,从而较好地理解作品并进行模仿、想象和创造。另一方面,教师通过让幼儿观看关于小鸭子的动画片,进一步让幼儿熟悉鸭子的各种动态,为绘画创作打下了基础。

第二节 美术教育与科学教育的整合

物理学家李政道曾说过:"科学和艺术是不可分割的,就像一枚硬币的两面。"有位艺术家也曾经说:"绘画中处处有科学。"由此可见,二者是一种自然而融合的关系。美术教育活动注重引导幼儿通过观察和想象,以画笔表现客观对象的视觉特征和对象在内心中的感受;科学教育活动重在通过对现象和问题的提出,进行猜想、观察与实验验证,进而得出结论,通过科学探究过程培养幼儿研究问题、解决问题的意识和方法。在科学探究中,图画、符号、剪贴等美术活动是幼儿经常使用的记录手段。因此,把幼儿美术教育与科学教育进行整合,可以让科学教育生动有趣、活泼可爱,幼儿可以把在此过程中观察到的内容用美术的形式表现出来,表达自己的想法。

一、将科学内容融入美术教育活动

在美术教育活动中融入科学内容是以美术教育活动为主要内容。在幼儿获得美术知识

和技能技巧,培养其审美能力的同时,渗透科学教育的内容,加深幼儿对客观世界的认识,扩展幼儿审美思维空间,增进幼儿用科学态度去表达客观世界的能力,促进幼儿审美能力的提高。

(一)把科学知识融于美术教育活动中

在美术教育活动中,有些活动内容会涉及科学知识。例如:幼儿自制风车,涉及风车转动的快慢与跑的速度、风的大小的关系;不倒翁的制作与重心原理;降落伞制作与重力的关系;等等。教师可引导幼儿探索材料的特性,掌握工具、材料的使用方法,并在美术活动中将科学知识隐含其中,通过幼儿的自主探索来获得科学知识。例如,在风筝制作的活动中,蕴含着一系列科学探索的问题,如骨架与筝面的材料特性、风筝的制作方法、骨架中心的测量、风筝放飞时的风力等问题,幼儿通过探索获得了有关风筝材料的一般经验、风筝骨架制作的基本技能,以及运用对称的手法装饰风筝的美术表现技能。通过做风筝、装饰风筝、放风筝等活动,与风筝相关的科学知识自然而然地融入了美术教育活动中。

(二)用科学探究丰富美术教育活动的内容

美术教育活动中有相当一部分内容是以科学知识为基础的,在活动中,幼儿通过探索了解相关的科学知识,同时通过美术活动又深化了幼儿对科学知识的理解,在美术教育活动中渗透科学探究内容和过程可以进一步丰富美术活动的内容。如在"有趣的叶子"造型活动中,教师先组织幼儿到户外认识各种树叶,并收集了各种落叶,然后让幼儿根据叶子颜色、形状的不同,创造性地拼贴出动物和人物等造型。有的将叶子拼成熊猫、金鱼、孔雀等动物造型,有的将叶子拼成戴着帽子的小朋友、玩耍的小朋友等人物造型。通过拼贴活动,幼儿了解了各种树叶具有不同的形状以及落叶的现象,深化了对树叶的认识。

二、将美术内容融入科学教育活动

科学教育活动中融入美术内容是以科学启蒙教育为主体的。在幼儿学习科学知识,进行科学探究的同时,渗透美术教育的内容,以提高幼儿学习科学的兴趣。同时,引导幼儿适当地运用各种美术手段,表达幼儿对科学认知对象的理解,从而更好地达成科学活动的目标。

(一)将审美感知与科学观察相结合

审美感知是一种整体感知的方式,它是幼儿将身心和所感知的事物融合在一起对事物进行感性把握的方式,而科学观察是一种结构性的理性感知观察方式;审美感知倾向于把握事物的姿态、色彩、形状和感觉,而科学观察则着重于事物的大小、组成、外部形态特征。

下面以小班科学活动"秋天的梧桐树"为例加以说明。

活动设计

秋天的梧桐树(小班)

活动目标

引导幼儿用多种方式感知梧桐树树叶的色彩变化；通过幼儿的亲身体验帮助幼儿发现梧桐树对人类的益处，懂得爱护树木的重要性。

活动过程

一、引导幼儿感知和观察梧桐树及树叶

1. 教师带领幼儿观察幼儿园内的梧桐树："你们知道这种树的名字吗？""这棵树长得是什么样的？它由哪几部分组成？"（引导幼儿整体感受，并说出梧桐树由树根、树干、树枝和树叶组成。）

2. 大家摸一摸树的身体，再闻一闻树干和树叶的味道。（教师引导幼儿通过看一看、摸一摸、闻一闻来感受树干的粗大，再捡一捡地上的落叶，观察并感受树叶色彩的变化美。）

3. 现在我们再站远一些，看看这棵梧桐树，你们感觉它像什么？有什么感觉？（梧桐树很高，有很多的树叶，像一把伞。有些树叶已经开始发黄、掉落。）

二、引导幼儿发现梧桐树的好处，萌发保护树木的情感和意识

1. 引导幼儿和梧桐树玩游戏，在游戏中感受树木带给人类的益处。
2. 你们找一找，树上还有什么？（小鸟）
3. 如果没有了梧桐树，没有了其他树，会怎样？
4. 我们应该怎样爱护梧桐树？

上述活动目标是使幼儿知道梧桐树的名称、外形特征以及树叶的色彩变化，培养幼儿观察梧桐树的兴趣，使幼儿知道梧桐树给人们带来的好处，教育幼儿要爱护树木。这一活动过程以科学观察方法为主，旨在获得对梧桐树的认知，并通过视觉、嗅觉、触觉等多通道的感知，来感受梧桐树的高大和树叶色彩的变化美。其实，对幼儿来说，他们对世界的观察是通过多通道来感知的，更是一个将自身与观察的事物融为一体去体验和发现的过程。幼儿对梧桐树的观察不仅是了解梧桐树的外形特征，也感受着梧桐树的生命以及它对人类的价值。这种发现不可能仅仅依靠科学观察来获得，它必须依赖幼儿对梧桐树的生命感悟。

（二）将科学探索和艺术表征相结合

美术是记录、表现儿童科学发现和科学探索过程的载体，儿童运用这一特殊的载体交流着他们的问题、新发现、探索的方式、实验的结果、行动计划等，儿童在艺术表现的过程中，对

事物形象的创造性把握和想象会促进儿童的科学发现。因此,在儿童的科学活动中融入绘画、手工、造型等活动,可以使幼儿从不同层面对探究的事物进行表现。

在传统的科学教育活动中,教师虽然也给儿童提供了各种感知的机会,但其目的是让幼儿获得客观的认识,并且往往只停留在用语言描述的水平上。如对水的观察,教师会在幼儿进行玩水游戏后提问:"水是什么颜色的?水有什么味道?水是怎么流动的?"在幼儿用想象和象征语言描述之后,教师进行总结,"水是无色、无味、透明和流动的",并要求幼儿重复和掌握知识点。而当美术融入科学教育活动后,教师则会尽量创设幼儿探索水的环境,并让幼儿在充分感知和体验的基础上,用绘画的形式表现水的特性。例如,在"玩水"探索活动中,教师为幼儿提供了盛水的水盘,里面装有不同的水瓶,并提供高低不同的水管,盛水的小碗等容器。幼儿通过探索以后,用绘画的形式表现"水最有趣的地方"。杨杨:"我用水壶倒水,水冲在我手上,感觉很舒服。"亭亭:"我把水倒到瓶子里,扭上盖子,水就出不来了。"楠楠:"我把水放到瓶子里,然后弄一个小洞,水就会流出来了。"心心:"水可以装到各种各样的瓶子和碗里。"①

三 案例及分析

(一) 案例

风车(大班)②

活动目标

1. 学习运用折、剪等方法制作风车。
2. 通过玩风车,感知风车转动的快慢与风的大小、跑的速度之间的关系。

活动准备

1. 幼儿手工书《风车》、剪刀、一次性筷子、双面胶、图钉、纸。
2. 教师自制的风车。

活动过程

一、风在哪里

1. 教师带幼儿到户外场地,引导幼儿在视觉上感受风的存在。例如:小草摆动,树

---

① 郑惠萍.幼儿园自主性"探索—表达"教育活动[M].上海:上海社会科学院出版社,2007:131.
② 朱家雄.幼儿园主题式课程:教师用书·大班秋季[M].北京:教育科学出版社,2007:121—122.

叶摇摆等。

2. 引导幼儿用身体感知风。例如：头发飘动起来，脸上有点凉，听到风声。

3. 引导幼儿以不同的动作(如站、走、跑)感知、区别风的大小。

二、欣赏风车

1. 教师出示自制的风车，幼儿观察风车的形状、构造等特点。

2. 教师请几个幼儿玩一玩风车。

3. 教师：想不想有自己的风车呢？我们一起来做一做吧，做好了再到外面去玩好吗？

三、制作风车

1. 幼儿翻看幼儿手工书《风车》，分组观察和探索风车的制作方法。

2. 教师重点讲解剪的方法。

3. 幼儿制作，教师指导。

四、玩风车

1. 幼儿在户外玩风车。

2. 比一比：谁的风车转得快？感知风车转动的快慢与风的大小、跑的速度之间的关系。

延伸活动

幼儿用不同形状、质地、颜色的纸张制作风车。如用圆形纸、长方形纸、五角星形纸、六边形纸、花瓣形纸、挂历纸、卡纸等制作风车，帮助幼儿获得风叶转动必须要对称、平衡的感性认识。

(二) 案例分析

风车是孩子们比较喜欢的一个小玩具，也是他们用来寻找风最直接工具。该活动的目标是："1. 学习运用折、剪等方法制作风车。2. 通过玩风车，感知风车转动的快慢与风的大小、跑的速度之间的关系。"目标一是美术手工制作方面的目标，目标二是科学方面的目标，目标体现了科学与美术、动作技能与认知的整合。

首先，活动开始时，通过教师带幼儿到户外场地引导幼儿用视觉、身体以及动作的大小来感受风的存在，让幼儿知道生活中可以通过很多方法来感受风的存在。接着，幼儿运用教师提供的材料，在观察风车的形状、构造等特点以及分组探索风车的制作方法的基础上，自己动手制作风车。最后教师鼓励幼儿借助于小实验来发现答案，让幼儿通过自己的主动探索获得一系列的经验，知道风车转动的快慢与风的大小、跑的速度之间的关系。活动过程中，教师为幼儿创设了感受和探索风的环境，让幼儿运用多种感觉器官多通道地进行充分的感知和体验。活动以风车为载体,通过手工制作以及猜想、讨论、验证等过程,进一步去感受风的存在以及风车转动和风之间的关系。活动从美术领域入手,以风车制作为教育内容的切入点,并通过玩风车,让孩子们在愉悦的互动活动中体验风及风力与风车转动的关系,使美术领域的制作活动与科学领域的认识探索活动、孩子们的情感态度等进行了有效沟通和联系。

第三节 美术教育与语言教育的整合

语言与美术,前者是交流和思维的工具,后者是表现和表达的工具,两者都有各自的符号系统。语言作为一种符号系统,可以与美术的符号系统进行沟通、互动,从而实现幼儿表情达意的功能。在幼儿的成长过程中,语言的学习与发展,可以有效地帮助他们理解美术的内容,如解释一幅美术作品的画面;而美术符号的学习与使用,也可以有助于幼儿更好地表情达意,获得更为完满而愉悦的审美感受。

一、将语言内容融入美术教育活动

将语言融入美术活动,是以美术活动为线索,同时兼容语言领域的内容。在这类活动中,其目标的设定是以美术学科为主,通过用故事、散文、谜语等文学形式导入美术活动,让幼儿用语言进行表述、评价等形式来丰富美术教育活动的内容,引发幼儿参与美术活动的兴趣。

(一)以故事、谜语、儿歌等形式导入,引发幼儿美术活动的兴趣

故事、谜语和儿歌等都是幼儿园语言教育中重要的文学形式,也是幼儿喜欢的文学形式。教师用故事、谜语、儿歌等形式导入美术活动,能引起幼儿参与美术活动的兴趣,有助于幼儿从故事的情节、人物与儿歌、谜语有节奏的语言中把握将要表现的对象。例如,手工活动"小狗"教学中,教师给小朋友讲了一个小故事:"有一天,狗妈妈带着一群小狗到草地上去玩耍,可是有一只小狗跑着跑着不见了,狗妈妈到处找都找不到,我们帮狗妈妈一起把小狗找回来,好不好?"教师利用幼儿爱听故事的特点,采用故事形式导入活动,吸引了幼儿的注意力,将他们动手操作的兴趣调动起来,所以在之后制作小狗的过程中就特别用心和仔细。又如,在美术活动"可爱的小白兔"中,教师用谜语"长长耳朵三瓣嘴,红红的眼睛四条腿,一年四季穿皮袄,爱吃萝卜和青菜"来引起幼儿画兔子的兴趣,提高了幼儿画画的积极性。

(二) 以文学作品贯穿,体验美术活动的乐趣

儿童文学作为文学的一种,因为其具有形象性的特殊功能,所以更易于被幼儿所接受。儿童文学是以语言塑造艺术形象来感染和教育儿童,使儿童从作品的形象中获得美感享受。在美术教育活动中,以儿童文学作品为载体,贯穿美术活动的始终,能使幼儿在故事情境中不断地体验美术活动的乐趣。

以下列大班美术活动"热闹的菜园翻了天"加以说明。该活动选用绘本《一园青菜成了精》,活动的过程如下[①]:

热闹的菜园翻了天(大班)

活动目标

1. 学会观察辨认各种蔬菜,说说它们的名称。
2. 比较它们的不同的形状,用圆圆的、长长的和尖尖的来进行分类。

活动准备

绘本《一园青菜成了精》、水粉颜料、记号笔、课件。

活动过程

一、欣赏画面

1. 欣赏画面1,找一找菜园里的蔬菜长在哪里?它们都是什么颜色,怎么会都是绿色?
2. 欣赏画面2,菜园里的蔬菜分成两队对阵,找一找两队的司令和小兵分别是哪些蔬菜。说说它们的动作与表情。
3. 欣赏画面3,葫芦兄弟来劝架,大家乐得笑哈哈,蔬菜都变成了哪些颜色。

二、观察尝试

1. 观察教师演示用手指蘸水粉绘画的方法:藕将军,胡(萝卜)司令。
2. 蔬菜大军开来了:用手指蘸水粉颜料,选择相似的颜色画蔬菜。例如:番茄军、茄子军、辣椒兵、黄瓜兵。
3. 观察教师利用记号笔添加藕将军和胡司令的细节。

三、想象创造

1. 有目的地选择蔬菜参加藕将军或胡司令的队伍。

---

① 李慰宜,林建华.幼儿园绘画教学手册[M].上海:华东师范大学出版社,2009:121—122.

2. 按照蔬菜的颜色选择相似的水粉颜料,用手指蘸水粉颜料的方式画出各种蔬菜的特征。换色时注意先将手指擦干净。

3. 大胆想象,画出各种蔬菜的图像,使画面丰满,表示大队人马开来了。

四、分享交流

1. 分别将自己的作品贴在藕将军或胡司令的身后,表示两队人马。

2. 找一找:按照实物对应的方法在各队中寻找哪些蔬菜参加了蔬菜兵团,有没有谁没来参加(凡是参加了的可在画面上插一面令旗,最后计算令旗数量的多少决定胜负)。

3. 两队分别集合队伍,整队出发。

绘本中的各种蔬菜形象简单又诙谐,如瘦瘦长长的胡萝卜插上三角令旗,转眼便成了威风凛凛的胡司令;粗粗大大的莲藕手持大刀,俨然成了勇猛的藕将军……在不断变化的组合排列中,这些原本静止的蔬菜,竟然成了一幅连续不断又热闹非凡的儿童游戏画面。幼儿跃跃欲试,进而从观赏者成为参与者,将自己绘画的各种蔬菜分别参与到藕将军或胡司令的战队中,一场"蔬菜大战"就此拉开。

(三)提供幼儿自我表达的机会

在美术活动中,教师可以提供让幼儿解说自己作品、评价同伴作品、描述作品欣赏后的感受等机会。如果把创作过程看作是幼儿情感抒发的过程,那么表述自己作品的内容和欣赏作品后的感受、评价同伴作品则是一个用语言再现自己的构思、诱导幼儿审视艺术作品和自己创作作品的过程,以激活其心理活动、社会经验和自然知识,并通过语言建构出新内容的过程。这一过程可以帮助幼儿把在创作中、欣赏中获得的感性经验予以归纳,获得更新的经验,同时学会用准确的语言表达自己的想法、感受和观点。而对于其他幼儿来说,他们在边听边看的过程中,不但感受到了作品的画面效果,体会作品的"画外音",还发现了同伴作品中的创意,从而进一步激发自己的创新意识和欲望。

例如,在自画像活动中,幼儿要将自己对艺术家们表现的不同风格的自画像进行比较,说出自己的感受。同时,幼儿对着镜子观察镜中的自己,特别是自己的五官与同伴的不同之处,如嘴角处的一颗痣,浓密的眉毛等,然后画出自画像。在展示和评析环节中,孩子们要猜一猜,并说一说画上分别画的是谁?又是从自画像中哪些特征看出来的?

二、将美术内容融入语言教育活动

在语言活动中融入美术,是以语言活动为主要内容。在语言活动中渗透美术学科的内容,通过美术欣赏、美术表现帮助幼儿理解文学作品的内容,丰富幼儿语言表达的形式。语言活动中美术教育的渗透充分利用了美术的表现形式,为幼儿的学习创造一个生动形象的学习氛围,调动幼儿学习语言的积极性、主动性,使幼儿的审美能力得到提高。

(一) 以美术作品为载体,帮助幼儿感受语言美

在语言活动中,教师经常会让幼儿欣赏一些优美的散文诗、儿歌等,通过这些语言材料的欣赏、朗诵、理解,能培养幼儿对语言美的感悟以及语言表达的语感能力。由于幼儿身心发展的限制,他们对诗歌、散文、儿歌等有些内在意义的理解存在一定的难度,因此也就很难在欣赏诗歌、散文、儿歌等的过程中通过想象来再现丰富的画面。通过运用美术作品,借助画面能有效地烘托、渲染语言欣赏的氛围,促进幼儿入情、入境。

例如中班儿歌《伞可以做什么》:"伞可以做什么? 遮太阳。伞可以做什么? 避风雨。伞还可以做什么? 当拐杖。伞还可以做什么? 看不见,遮住你。"短短几句话,道出了伞的功能,但对于伞可以当拐杖这一功能,幼儿并没有相应的生活经验,这时教师出示一幅老爷爷拄着伞当拐杖的图片时,幼儿就能明白了。又如,大班幼儿在欣赏散文《梦》时,教师适时地出示了做梦的小姑娘、盛开的鲜花以及潺潺的溪流的画面,使幼儿对文中甜蜜、沐浴、微风等词汇有了一定的理解。

因此,对以依赖事物的具体形象进行思维的幼儿来说,美术作品的直观性、生动性给予了幼儿良好的审美感受,从而促进其语言理解能力的发展。

(二) 用绘画创作表现不同的文学形式

1. 故事配画

故事有引人入胜的情节,有用拟人、夸张、象征的表现手法所创造的个性化的人物形象,有重复变化、均衡、完满的整体结构,因此能较好地引起幼儿强烈的情感共鸣。故事的语言浅显易懂,想象丰富奇特,是幼儿喜闻乐见的文学形式,而故事画是让幼儿运用不同的方法和手段,表现不同的故事情节或意境。通过有趣的故事情节,激发幼儿的创造欲望。如根据童话故事《小蝌蚪找妈妈》,让幼儿发挥想象,用绘画形式反映故事情节。有的幼儿画小蝌蚪遇到乌龟妈妈时的情节,有的幼儿画小蝌蚪遇到白鹅妈妈时的情节,还有的幼儿画小蝌蚪找到自己的青蛙妈妈时的情节,最后鼓励孩子们把所画内容整理后编成连环画,教师可以帮助幼儿在绘画作品的下面配上文字,一本自制连环画就完成了。

2. 画童谣(儿歌)

童谣、儿歌来自儿童自己的生活,是从活动之中产生的。童谣所表达的是孩子们最单纯、最开心的童年游戏生活。读童谣、画童谣,能让孩子们的形象思维得到进一步的发展,拉近了文字与绘画的距离,激发了他们对绘画表现题材的兴趣。童谣表现的形式可以是多种多样的,除了绘画以外,还可用剪纸、折纸、泥塑等形式进行表现,采用不拘一格的形式,在更大的范围里拓展幼儿的创作空间,更适合不同年龄段幼儿的需求。例如,童谣《小老鼠上灯

台》:"小老鼠上灯台,偷油吃,下不来,喵喵喵,猫来了,叽里咕噜滚下来。"对于这个童谣,幼儿既可以用绘画的形式来表现,也可以用泥塑的方法制作上灯台偷油吃的小老鼠,还可以用剪纸的方式进行表现。同样耳熟能详的儿歌:"一只青蛙一张嘴,两只眼睛四条腿,扑通一声跳下水。两只青蛙两张嘴,四只眼睛八条腿,扑通扑通跳下水。"也可以让幼儿尝试用绘画、折纸、版画、剪纸、泥塑等丰富多样的形式进行再现。

3. 诗配画

诗歌是我国传统文化的瑰丽结晶,它具有语言简练、意境优美等特点,将诗词中美好的意境通过绘画来展现,将绘画表现出来的画面用古诗词来朗诵,这种诗画的融合可谓是"诗中有画,画中有诗"。两者紧密结合不但可以激发幼儿学习的兴趣,加深幼儿对诗词的理解,而且在"诗配画"的同时也提升了幼儿对语言的鉴赏能力和审美能力。例如,在绘画古诗《梅花》的教学过程中,教师先带孩子们观赏幼儿园内盛开的梅花,看看梅树的外形,看看梅花的花瓣形状,闻闻梅花的香味,在熟悉了梅花的基本形态后再让幼儿了解古诗的内容,并在学习古诗的基础上,运用手指点画的形式来表现梅花。

三、图画书——架起幼儿语言与美术之间的桥梁

图画书以其精美的外观造型、色彩搭配、构图方法、表现手法、艺术风格带给幼儿各种不同的视觉领略。它通过丰富的颜色引发幼儿的联想,通过对不同故事情节的描写传达不同的意义,用不同的背景色暗示人物的心情,表现不同的情景意境。还可通过不同的构图方式,带领幼儿领略不同角度的风景,欣赏不同的艺术风格。然而,图画书在美术教育中最为重要的作用是引发幼儿对艺术创作的兴趣,为他们的想象力提供源源不断的灵感,并丰富他们的创造力,培养他们的审美情趣。换言之,图画书阅读整合美术教学活动,即整合语言与美术教学,如此不仅能丰富幼儿的阅读材料,也为幼儿的美术活动提供了多样的形式,同时发展了幼儿的绘画表现能力和语言表达能力。

(一)关于图画书的选择

人们常说:图画书是用画来讲故事的。确实如此,优秀的图画书,单单看图画就能大体明白故事梗概和内容,而且只有这样的图画书才算是优秀的图画书,才能使尚不识字的幼儿自己独立看书,从中享受阅读的快乐。因此,对幼儿来说,图画比文字更为重要。

有专家指出,"每个幼儿都是在其已有的心理发展水平或知识经验的基础上走进图画书世界的,都是在与图画书的对话、互动中逐步发现、欣赏和品味图画书的——幼儿走进图画书世界的过程就是幼儿与图画书主动对话、主动建构的过程"。[①] 孩子在阅读图画书时,常常凭借着自己仅有的体验,进入到想象的世界中去,他们会与书中的角色一道走进幻想的世

---

① 转引自:肖涓.论图画书阅读与儿童发展[J].湖南第一师范学报,2004,004(003):116—118.

界,与它一起去体味人生的各种滋味。因此,孩子心中想象的形象质量毫无疑问会受到图画的影响。如果图画的质量高,艺术性强,孩子心中描绘的形象也就好,反之,他们心中描绘的形象就贫弱。久而久之,图画的质量亦决定了儿童想象力的质量。

同时,图画书中的艺术语言也会潜移默化地滋润着孩子们的心灵,丰富他们的艺术审美,幼儿甚至会在绘画中不知不觉地吸收图画书中的构图、线条以及对色彩的运用,逐渐成为一个真正的图画书艺术欣赏者。

那么,教师该如何从审美的角度来选择合适的图画书进行美术教学呢?下面就从图画书中的造型、色彩、构图、风格等绘画语言进行阐述。

1. 图画书中的造型

在图画书中,造型经常可以被找到,最常见的就是人物和物体的造型。造型具有很强的表现力,还能传达作者的情绪。由于每一本图画书中的故事意图都各不相同,因此,绘画者笔下的造型千姿百态,所传递的情感也就千差万别。

在对图画中造型的感知上,"面对只用最明显的暗示描绘的一个物体的画,幼儿不是毫不费力就能理解它表现的内容。例如,对不完整的轮廓素描、线条乱糟糟的图形、焦距不准的相片的识别能力是因年龄而提高的"。"能用多种方式理解的、意义不明确的图画,也给幼儿造成困难。"[1]所以,给幼儿阅读的图画书中的造型应清晰,有完整的轮廓,线条简练、意图明确。

"无字书"是一套形式独特、绘制精美的幼儿图画书,是世界著名插画大师莫妮克·弗利克斯的代表作(见图9-1、图9-2)。全书没有一个文字,完全以画面来表现内容。画家用写实的方法为读者描绘了一只活泼好动、形象可爱的小老鼠,在雪白的页面上一点儿一点地咬出若干个洞,使整个页面或形成字母的形状,或经过折叠成为小房子、飞机、小船等。

图9-1 《无字书:小船》　　图9-2 《无字书:大风》

---

[1] [美]艾伦·诺温.创造的世界——艺术心理学[M].陶东风,等,译.倪闻,等,校.郑州:黄河文艺出版社,1988:121—122.

由英国的比阿特丽克斯·波特所著的《彼得兔的故事》是把现实和幻想完美结合的最杰出的图画书之一(见图9-3、图9-4)。

图9-3 《彼得兔的故事》　　　　图9-4 图画书中的画面

日本图画书出版人松居直在《我的图画书论》中对彼得兔有这样一段评论：书上的兔子和人一样穿着衣服。兔妈妈提着篮子，打着洋伞去买东西。但是，尽管这样，仍然使人觉得，这就是兔子，它们最细小的表情动作中都流露出兔子的特性。与那种仅仅把脸换成兔子脸的拟人化方法不一样。故事也好，图画也好，都是从兔子的性格和生活中产生的。这本小小的书创造出了一个自然的世界：在那里，幻想世界，兔子穿上衣服像人一样生活。现实世界，兔子仍然是兔子。两个世界结合得天衣无缝、浑然一体。

《彼得兔的故事》与波特的画可谓是配得十分相宜。假设，在温馨地描绘小兔子生活的故事中，配以北川民次的《兔子为什么长着长耳朵》中那样的兔子形象则不合适；反之，情节凶猛激烈的故事，如果配上《彼得兔的故事》那样温馨的画面也不会生动。

2. 图画书中的色彩

色彩缤纷的图画是儿童图画书中最能吸引孩子们眼球的部分。幼儿对于色调十分敏感，一本色彩好的图画书能使幼儿获得美的感受。那么，图画书中什么样的色彩才能吸引幼儿的眼球呢？首先让我们一起来看一看学前儿童对色彩感知的特点。

瓦伦汀对儿童色彩偏爱研究所得出的结论也是十分有价值的，即个体在婴儿早期对色彩的偏爱主要是由色彩的刺激性因素决定的。这种刺激性因素就是色彩的亮度。婴儿喜欢明亮的色彩，这些色彩当然是在光谱"暖色"一端，而不喜欢太暗的色彩。瓦伦汀把这种现象归因为"直接的生理效应"。"早在四岁的时候，一些儿童就已经表现出对于色彩和谐的感知能力。"随着儿童经验的增多，联想内容的丰富，这种生理效应逐渐减弱。[①]

丁绣玲(1993)的研究显示：①幼儿对色彩的冷暖色性有一定的识别力；②幼儿对色彩

---

① [英]瓦伦汀.实验审美心理学(绘画篇)[M].潘智彪,译.台北：商鼎文化出版社,1991：41—43.

的轻重识别力较强,多数幼儿能说出色彩的轻重感觉;③幼儿已有较好的色彩搭配感觉;④幼儿对色彩的审美趣味表现为由鲜艳、对比强烈的色彩构成向协调、柔和的色彩构成转变。①

虽然幼儿最初喜欢鲜艳的、对比强烈的色彩,但并不是一切色彩鲜艳的图画书都是适合幼儿的。色彩中必须要有主色调,就像音乐中不同的曲子必须有一个主旋律一样,在这个主色调的基础上,再加进一些活泼的色彩,便能让读者体会到色彩的丰富性。因此,在为幼儿提供的图画书的色彩选择上,可以随着年龄的增长更加柔和、和谐。

例如,荷兰儿童图画书大师迪克·布鲁纳创作的"兔子米菲"系列享誉世界(见图9-5、图9-6)。他的图画语言采用最为简单的元素,线条单一,粗直且均匀,而且颜色采用最简单、最常用的红色、绿色、蓝色、黄色和白色,而且都是纯色。

图9-5 《米菲在海边》 图9-6 图画书内文

书中的图画传达了直接而简单的信息:米菲穿着游泳裤,表示要下海游泳;米菲指着蓝白相间的裙子,代表要去海边;米菲拿着铲子被遮住了大半,表示垒了一个大沙堡;米菲露出半截身体,两边几滴大水珠,表示在戏水;米菲的头侧在车上,眼睛从黑点变成下弯线,表示睡着了。这些信息,简单直白,不需要任何解释,孩子们一看就明白!

画面的背景用色也是非常讲究的。虽然是一些红、黄、蓝、绿的色块,但是如果仔细看,会惊奇地发现原来这些简单的背景色向读者发出了不同的信息:红色是在家里;绿色是在路上或海边的山;蓝色是大海或天空;黄色是在沙滩或岸上。

这样的图画书很适合低龄幼儿阅读。

《猜猜我有多爱你》([英]山姆·麦克布雷尼著,[英]安妮塔·婕朗图,梅子涵译,少年儿童出版社)中,一大一小两只兔子,画得相当拙朴,安妮塔·婕朗运用少许的褐色加上钢笔墨线勾画出毛茸茸的轮廓,便为读者呈现出一对惹人爱怜、情深意切的兔子母子(见图9-7)。

---

① 转引自:屠美如.儿童美术欣赏教育研究[M].北京:教育科学出版社,2001:54.

图 9-7 《猜猜我有多爱你》

画家没有使用浓重的彩墨,而是小心翼翼地挑选了褐色、淡橄榄绿色和淡蓝色三种颜色,褐色画兔子、大树和栅栏,淡橄榄绿色画小草和树叶,淡蓝色画天空。柔和的色彩以及大面积的留白和接近纸色的背景,营造出了一种恬静的视觉效果,体现了水彩画天然质朴的性质。

就图画书的图画来说,可以不用丰富的颜色,只要能充分表达故事就行。即使是用三四种颜色,或是单纯的黑色、褐色,只要能出色地描绘出故事的世界,孩子们就能从画中充分地了解故事,想象色彩的世界。重要的是,图画的色彩要采用与故事内容相吻合的画法。

3. 图画书中的构图

在幼儿空间构图感知方面,瓦伦汀认为,六七岁的儿童在审视或欣赏图画时缺乏整体感,儿童感兴趣的只是图画中的个别具体事物,因此在感知时很大程度上受到画面内容的影响,而且往往局限于画面的局部。

我国儿童心理学家丁祖荫把儿童对图画的感知能力的发展划分为以下几个阶段:一是认识"个别对象"时期:该阶段的儿童只看到各个对象或各个对象的一方面,但是还看不到对象和对象之间的联系,只是孤立地来理解事物;二是认识"空间联系"时期:该阶段的儿童可以看到对象之间能够直接感知的空间联系,说出物体在画面上的相对位置;三是认识"因果联系"时期:儿童已能从对象之间的联系看到间接的因果关系;四是认识"对象总体"时期,儿童能从整体上把握对象总体,开始理解图画的主题。幼儿主要处在前两个阶段。

虽然从各种图画书来看,其中的构图是十分自由的,完全可以打破客观世界的排列规则。但是根据幼儿感知空间构图的特点,应当为不同年龄阶段的幼儿提供不同构图形式的图画书。那些具有简单构图的图画书更适合低龄幼儿阅读,而那些有着较为复杂构图的图画书,则对中、大班的幼儿较为合适。

《想吃苹果的鼠小弟》是日本著名图画书作家中江嘉男和上野纪子合作创作的经典图画

图9-8 《想吃苹果的鼠小弟》

片"可爱的鼠小弟"系列中的一本(见图9-8)。图画书的画面构图非常简单,几乎每一幅画的中间都是一棵高高的苹果树,与鼠小弟的身形形成强烈的对比。这种构图形式和幼儿在绘画中所表现的并列式构图形式是相似的,更令人惊讶的是,画面上常留有大片的空白,这些留白和画面之间的停顿给读者留下了一个可以展开的想象空间。

《爷爷一定有办法》([加]菲比·吉尔曼著,[加]菲比·吉尔曼图,宋珮译,少年儿童出版社)(见图9-9、图9-10)是一本有着奇妙构图的图画书。

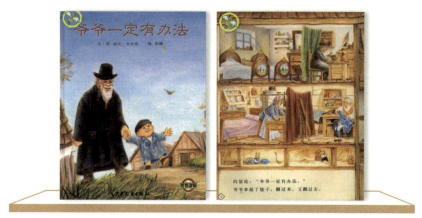

图9-9 《爷爷一定有办法》　　图9-10 图画书中的画面

吉尔曼首先在书的上面描绘出一个充满人情味的古老的社区,有房子、街道、学校……在画面的四周,她还用木头"钉"出的框架进行装饰,这些框架是梁柱、是地板,也是窗户。在图画书的版面下边则描绘了另一个小世界,表现小老鼠一家的精致生活。这种上下平行式的构图吸引幼儿认真地观察和发现图画中有趣的细节,使他们在精彩纷呈的小故事里体验阅读的乐趣。

4. 图画书中的风格

识别风格是理解图画必不可缺的组成部分,风格的感受往往能激发儿童洞察和发现的能力。

"加德纳的研究发现,在没有主题或控制主题的情况下,儿童能像成人一样把一个艺术家的作品区分出来,并且通过训练,大多数6—7岁儿童是能够感知作品的风格的。"[1]涉及风

---

[1] 屠美如.儿童美术欣赏教育研究[M].北京:教育科学出版社,2001:56.

格感受方面的其他研究证明了,"幼儿有能力认出风格的特征,但不会想到去寻找或不知道怎么去寻找它。一旦他们领会了要求,在十分相近的风格之间也能很好地作出区别"。①

因此,"儿童在经过恰当的训练(直接知道或基于大量的图画接触)之后,他们的识别能力是能够有很大提高的。这种训练会增加儿童在其绘画中所包含的信息量,会提高他们看待艺术品的方法,加强他们对感官与特质方面的注意程度,也会提高他们从事某种标准知觉工作的能力"。②

阅读不同风格的图画书有利于幼儿吸收不同流派大师作品中的构图、线条、作画方式、对色彩的运用,以及画面的总体感觉,从而丰富其艺术感觉。

"提姆与莎兰"系列图画书(全7册)丛书([日]芭蕉绿著,[日]猿渡静子译,南海出版社)是一个文图参半的故事系列(见图9-11、图9-12)。在这个由日本著名绘本家芭蕉绿创作的系列中,主人公提姆与莎兰是一对可爱的双胞胎形象,虽然是一对小老鼠,但生活与行为却完全像是小孩子。这套图画书的图画非常温馨和谐,人物的动作、表情描绘得特别生动。画风优美,细节丰富,整体柔和的色彩、精致的笔触、传神的细节描绘、和谐的画面安排使孩子们在阅读的过程中不知不觉地受到美的熏陶,自出版以来深受孩子们和家长的喜爱。

图9-11 "提姆与莎兰"系列图画书

图9-12 图画书中的画面

---

① [美]艾伦·诺温.创造的世界——艺术心理学[M].陶乐风,等,译.倪闯,等,校.郑州:黄河文艺出版社,1988:137.
② [美]H·加登纳.艺术与人的发展[M].兰金仁,译.北京:光明日报出版社,1988:292.

《兔子先生去散步》([日]五味太郎著,[日]五味太郎图,南京师范大学出版社)这本书(见图9-13),从画风上来说是水彩渲染画,但书中的兔子和安妮塔·婕朗笔下的那一对母子兔在风格上截然不同。五味太郎笔下的绅士兔不是用白颜色画出来的,而是以绿色、褐色或黑色等颜料"围"出来的,再点上小小的红眼睛、一条线似的嘴巴,再加一条红、黑相间的条纹领带。一个活脱脱的兔子绅士便展现在读者的眼前。整本书的风格轻松而幽默,孩子们且笑且看,随着各式各样的路标和兔子先生一起经历了一路的趣事。

图9-13 《兔子先生去散步》　　图9-14 《收集东·收集西》

《收集东·收集西》(何云姿著,何云姿图,南京师范大学出版社)是一本绘画与剪贴相结合的图画书(见图9-14)。作者用彩色画报纸剪贴出质感很强的"东西",如衣服、拖鞋、垃圾等,看上去就像"真"的一样,同时用蜡笔勾勒出人、物的简单轮廓。运用蜡笔、画报纸等媒介营造独特的视觉效果。"应当说,不论是叙述的内容或是图画的形式,这本书都给幼儿创造了参与或模仿的阅读场。"

总而言之,造型、色彩、构图等是组成图画表达的基本要素,是画家传情达意的绘画语言,在任何一本图画书中都可以找到它们的身影。但这些要素并不是单独存在的,每一种要素中都包含了其他要素,一本优秀的图画书应该是让它们有机地结合在一起。

(二) 以图画书为载体,整合语言教育与美术教育

1. 利用图画书激发幼儿的想象力

松居直认为:"……对于读图画书而言,读书就是读故事,通过图画读懂故事,那对于孩子来说,就是把故事这个眼睛看不见的世界变成在自己心中看得见的画(形象)的能力,也就是一般被称为想象力的能力。如果想象力丰富,人就能看到看不见的东西。图画书和想象力有很大的关系。"图画书,正是迎合了幼儿天马行空的想象天性,引领着幼儿进入想象的故事世界。

最重要的是,图画书能激活幼儿的想象,有利于幼儿创造力的培养。任何人都不是生来就具有丰富想象力的,想象力是通过直接、间接的体验获得的,体验越丰富,想象力也越丰

富,而图画书就为幼儿提供了丰富体验的机会。图画书故事横跨国界,穿越各种文化背景,透过文字与画面,孩子得以进入不同的世界,让创造力无限扩大。图画书里还会预留给孩子许多想象的空间,让孩子根据图画书的整体意境,对故事情节展开丰富的联想,设计书中人物的语言、动作。画面中的一些细枝末节也会让孩子产生丰富的联想,对故事进行自我扩充、延伸。

幼儿在阅读过程中,会对所阅读的故事进行加工,还会以表演、绘画等形式表现出来,无形中发展了幼儿的想象力、创造力。例如,《胡萝卜火箭》是日本资深文学作家佐佐木牧的作品,她以儿童生活为出发点,对日常的生活用品进行借物想象,使那些平平无奇的生活用品通过想象变得奇幻无比,故事由形状和色彩的巧妙结合引发幼儿的联想,如眼镜变成了自行车;妈妈的高跟鞋变成了小船;彩色铅笔变成了竹筏;易拉罐变成了火车头;等等,为孩子们的想象提供了大量的素材。幼儿阅读了这本图画书以后,也对生活中的日常用品进行想象和创造,以下是孩子们创作的作品①:把靴子变成了一只在水里游的小鸭子(见图9-15);把灯罩变成了小朋友的头(见图9-16);把汉堡变成了一个美丽的城堡(见图9-17);把手工剪刀变成了一辆环保车(见图9-18)。

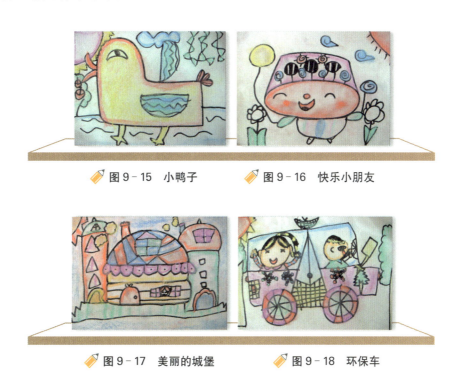

图9-15 小鸭子　　图9-16 快乐小朋友

图9-17 美丽的城堡　　图9-18 环保车

2. 利用图画书提升幼儿的美术表现力

图画书画面精美,富有内涵,能给幼儿美的熏陶。目前图画书中的图画部分,多数由世

---

① 幼儿绘画作品由上海市普陀区大风车幼儿园提供。

界上知名插画家绘制,他们运用各种手法,或水彩,或剪贴,或水粉,或单色画,营造生动有趣的故事情节,让幼儿在阅读过程中,享受文学,也熏陶美学。优秀的图画书,绘画精美,构图、色彩能使幼儿在视觉上引起愉悦,在阅读上能把幼儿带入美好故事情节的过程中,使幼儿的情感受到陶冶,艺术审美能力不断发展,而这种能力的提升绝不是单单凭借文字阅读所能替代的。

通过与优秀图画书经常接触、对话和欣赏,幼儿在不知不觉中吸收了插画大师作品中的线条造型、构图、对色彩的运用与作画方式等,作品中的某些艺术语言在潜移默化地丰富着幼儿的艺术感觉,这些有益的影响也必然会在他们的作品中自然而然地表现出来,从而进一步提升幼儿的美术表现力。

3. 利用图画书丰富幼儿美术表现的方法

图画书是用图画和文字共同叙述一个完整故事的书,图文交融是它的特征,图画书中的画面呈现着不同的表现方法,如有油画处理的、有撕贴的、有印染的、有拓印的等。日常美术教学中,幼儿较多地是用油画棒、记号笔、蜡笔、水彩笔等较为单一的工具材料进行表现,而图画中这些富有特色的表现方法,让幼儿在阅读图画书的过程中,不仅发展了他们的读图能力,同时也让他们欣赏到插画家们是如何根据表现的主题内容选用迥然不同的表现方法的,使幼儿对这些表现方法产生好奇,同时也不断丰富着幼儿的创作表现方法。

例如,图画书《蜡笔小黑》采用拟人化的方式,通过蜡笔颜色的特征,说明了没有哪种颜色是一无是处的,不同颜色用在不同的地方,都能有出色的表现。在活泼生动的故事中,幼儿自然地获悉了刮蜡画这一极具吸引力的创作方式。又如,图画书《我的手掌印创意绘本——动物园》,该书以手掌盖印的方式,将五彩缤纷的手掌印配以作者的创意与巧思,组合成一个个可爱的小故事。手印画是幼儿喜欢的画画游戏中的一种,用手掌画画的时候,随着手掌张开程度的大小,就能创造出各种各样的动物造型。由此可见,图画书中蕴藏着创意无限的表现方法,教师可以借鉴图画书中的表现手法引导幼儿去发现,去探索,从而使幼儿在阅读的过程中获得更多的绘画表现方法。

四、案例及分析

(一)案例

我的连衣裙(大班)

活动目标

1. 感受图画书中连衣裙图案变化的特点,尝试设计不同图案的连衣裙。

2. 续编《我的连衣裙》的故事内容,并用连环画的形式进行表现。

活动准备

绘本《我的连衣裙》PPT、彩色纸、记号笔。

活动过程

一、幼儿听故事,欣赏绘本

1. 出示图画书《我的连衣裙》:画面中的小兔有一条神奇的连衣裙,我们一起去看看吧!

2. 教师边讲故事边演示PPT,幼儿理解故事情节,欣赏绘本。

二、共同探索连衣裙图案变化的特点

1. 小兔子去了哪些地方?它的裙子发生了什么变化?

教师小结:小兔子来到不同的地方:花园里、雨中、天上等,她裙子上的图案随着环境的变化而变得不同。

2. 找一找,连衣裙上的图案是如何变化的?

教师小结:小鸟花样的连衣裙的图案是向一个方向一排排的重复;小雨花样的裙子是雨滴和线条按一个方向的重复;星星和云朵的裙子是散点状的重复;草籽裙是一排排的重复。图案的重复可以是大小、方向、色彩等的重复。

3. 教师提示:如果我们把小兔子穿上连衣裙这张画叫做1,走进花田这张叫做2,连衣裙变成了花朵这张叫做3,那么,故事就变得很有节奏地"1、2、3""1、2、3"地重复。

4. 幼儿找一找图画书中重复1、2、3的内容,并和同伴交流。

三、续编故事,激发创作

1. 小兔还会走到哪里?她的连衣裙又会变成什么花样呢?

如:小兔走到马路上,连衣裙变成汽车花样了。

2. 如果你是小兔,穿上连衣裙你会走到哪里?连衣裙会变成什么花样呢?

四、幼儿创作,教师指导

1. 要求幼儿用记号笔每人画3张:第一张表现小兔来到什么地方,第二张表现小兔穿着连衣裙来到这个地方,第三张表现连衣裙变成了什么图案样式。

2. 教师了解幼儿续编的故事内容,并帮助其用连环画的形式进行表现。

3. 帮助幼儿把续编的故事装订成册。

五、展示作品,交流分享

幼儿介绍自己的作品,出示图9-19至图9-24,并说说小兔穿上连衣裙来到哪里?连衣裙变成了什么花样?

图9-19 这是美丽的花园

图9-20 小兔来到花园里

图9-21 小兔的连衣裙上有花朵图案

图9-22 这是上海

图9-23 小兔来到上海

图9-24 小兔的连衣裙上有上海元素的图案

(二)案例分析

(1)日本插画家西卷茅子编绘的《我的连衣裙》是一本真正画给孩子们看的书,画中兔子的形象简单可爱,线条明快,故事情节随着小兔的走动不断变化,变化中又有重复,孩子们喜欢这种重复,也很期盼这样的重复。本活动的教学设计重点就锁定在其中的一个美术元素

"重复"上：小兔子走进花园，连衣裙就变成了花朵花样；走进雨里，连衣裙就变成了雨滴花样等，让孩子在轻松愉悦的欣赏氛围中，联系自己的生活经验，用绘画的方式续编故事，并为小兔重新设计有着重复图案的连衣裙。

（2）本活动以图画书《我的连衣裙》为载体，在目标、内容上进行了语言和美术的整合。目标："1. 感受图画书中连衣裙图案变化的特点，尝试设计不同图案的连衣裙。2. 续编《我的连衣裙》的故事内容，并用连环画的形式加以表现。"既有语言上的要求，如续编故事内容，也有美术上的要求，如设计不同图案的连衣裙并以连环画的形式进行表现。在活动内容上，该活动的教学设计也整合了语言和美术两方面的内容：①在美术方面，幼儿通过欣赏图画书，尝试用连环画的形式进行表现，每人用记号笔画 3 幅画，并装订成册；②在语言方面，幼儿一方面要续编故事内容，另一方面，能用语言表述自己所画的内容：我来到什么地方？连衣裙变成×××花样了，啦啦啦，啦啦啦，我穿上×××花样的连衣裙，漂亮吗？

通过续编故事并绘制故事，幼儿加深了对故事的理解，而且在原有故事的基础上进行了丰富的联想，并用绘画的形式表现出来，拓展延伸时还可以根据续编的故事讲一讲自己画面上的故事。

第四节　美术教育与健康教育的整合

美术与健康，两个看似不相关的学科，其实它们是密切相关的、相互促进的。健康教育是促进幼儿身体健康、增强体质的主要手段，也是获得感受美、体验美的一种途径。将美术与幼儿的健康相融合，这在幼儿的发展中具有特殊的价值，起着特定的作用，也是幼儿园美育实施不可缺少的环节。

一、将健康内容融入美术教育活动

美术教学对提高幼儿整体的身心发展水平，促进稳定而积极的情绪，养成健康良好的性格等方面都有着独特的意义和作用。所以，教师可在美术教育中适时地渗透健康教育，发挥其特殊的教育功能，为幼儿身心和谐健康的发展创造条件。

（一）通过体育活动丰富幼儿美术活动的内容

体育活动有利于美术创造力的发展。在体育活动中，幼儿通过自身的体验掌握动作的要领，在他们进行美术活动时，就能形象逼真地用绘画或手工表现出一些动态的人物特点。如在绘画"跑步的人""跳绳"等之前，教师先让幼儿跑步、跳绳，让幼儿在运动中体验跑步、跳绳时身体各部分的动作，并通过观察其他小朋友的不同动作来进行绘画创作，创造出形态各异、生动有趣的动态人物,这样既锻炼了身体,又提高了美术表现能力。

运动类游戏也是孩子们所喜欢的,孩子们往往沉迷于在一场快乐的运动游戏之后完成一幅有趣的作品。如在"动物宝宝大聚会"的游戏中,教师将幼儿分成人数相等的四组,设置相同的游戏障碍,每组幼儿按照先后次序出场,经过障碍来到画板面前,然后在纸上画出自己过障碍时所模仿的动物。同组中的动物不能重复,在规定时间内画出的动物最多的一组获胜。活动最后,教师和幼儿一起将各组所画的作品合成动物大聚会的画册。这样的游戏活动,既丰富了幼儿的创作经验,也使其身体得到了锻炼,又令其体验了游戏的快乐。

(二)在美术活动中渗透健康知识

健康知识的传递有很多种方法,对幼儿来说,由于其自身的年龄和身心发展的特点,决定了健康知识的传递不能以一种灌输式的方式来传递。如果能将健康知识渗透在美术活动中,让幼儿在愉快的、生动的、有趣的美术活动中自然而然地学习健康方面的知识,那么就会收到良好的学习效果。如中班绘画活动"我喜欢吃的水果"中,教师在引导幼儿观察各种水果的形状、色彩以及剖面的结构基础上,通过看一看、摸一摸、尝一尝,并试着运用各种美术工具和材料进行多样的表现表达,与此同时,宣讲多吃蔬菜、水果营养均衡等健康知识。又如,在大班绘画活动"运动的人"中,通过对各类体育运动中肢体动作的感受,以及对运动时人的各种动态的表现,传播天天运动有益身体健康的知识。

(三)提供自由创作和表达的空间

在美术活动中,教师应为幼儿的主动参与和学习提供宽松、自由的时间和空间,以利于幼儿心理健康的发展。当幼儿在创作时,教师不应在幼儿刚创作时就开始介入指导,不管幼儿是否有这个需求,也不应催促幼儿赶紧完成作品,而应给予幼儿充分的创作时间,在运用工具和材料进行表达和表现上也有自由选择的空间。如在大班美术活动"自画像"中,幼儿有的选择记号笔在彩纸上表现;有的选择白色铅画纸,先用黑色记号笔勾线再用油画棒涂色;有的选择色粉笔在黑色卡纸上表现……活动中,教师给予幼儿充分的选择权,最后幼儿运用不同的工具材料表现出具有不同绘画效果的自画像。这种自由创作空间的创设,让孩子们变得情绪高涨,非常积极地投入到活动中来,当作品完成时他们更是欢呼雀跃、分外欣喜。同时,教师还要为幼儿提供自由表达的机会,让孩子用自己的语言表达想法和感受,和同伴一起分享创作的快乐。

二、将美术内容融入健康教育活动

(一)运用图式使良好习惯的培养直观化

健康教育活动的内容包括了身体素质和运动能力、个人卫生习惯、环境卫生教育、生活方式教育、心理卫生教育、性教育及安全教育等。其中有些内容如果只是通过教师的说教进行传递,是难以行之有效的,但是通过美术的表现、表达,运用图式化的形式,可以非常直观地将一些幼儿难以理解的生活习惯、卫生习惯以及安全制度和行为规范等方面的内容形象化,便于幼儿理解和执行。例如:日常生活中幼儿经常会看到各种安全标志、交通标志等,教师可以通过设置一些问题让幼儿自己寻找、描绘、记录生活中的各种标志,主动感知和了解标志的特征、种类及其与人们的关系,并体会标志所蕴含的规则。同时,鼓励幼儿设计与制作幼儿园内的各类标志:活动区游戏规则标志、饮水处的排队标志、不乱扔纸屑标志、楼梯处不奔跑标志等,在设计、创作标志的过程中,幼儿可建立初步的规则意识,同时感受遵守规则给自己带来的便利,这样幼儿能更自觉地遵守规则,生活也更加安全、有序。

(二) 通过美术创作丰富幼儿的运动表现

绘画是幼儿期的孩子表达、交流最擅长的一种艺术手段。幼儿用画笔表达着自己对周围人或事物的一种理解和关注。在运动活动中,教师可以借助美术创造,激发幼儿的想象和创造力,从而营造一种宽松自由、无拘无束的运动氛围。

例如,在有趣的海洋生物的体育游戏中,教师将幼儿之前创作的各种海洋生物的美术作品布置在运动场地的周围,在教师的带领下尝试用肢体动作来模仿各种海洋生物:用手脚的伸展表现海星;用身体的扭动表现水草;用四肢横行来表现螃蟹的行走;几个孩子抱成团手舞足蹈地表现章鱼……如果没有之前有关海洋生物的美术创作,也许孩子们就不能表现出这么丰富的肢体动作。

(三) 艺术性运动环境和运动器械的创设

环境对于幼儿来讲具有一定的视觉效果。逼真有趣的场景和色彩鲜明、富有美感的运动器械,不仅可以给予幼儿美的体验,还能激发幼儿运动的兴趣,对幼儿的运动起着极大的暗示和激励作用。因此,教师可以和幼儿共同创设具有艺术性的运动环境与运动器械。

例如,教师和大班幼儿一起把纸箱拼成一条长长的海底隧道,孩子们在这些纸箱上画上自己喜欢的海洋生物,并用蓝色装饰背景形成大海。在运动的时候,形象生动的海底世界刺激着孩子的视觉神经,当他们在从长长的海底隧道爬出来后,非常自然地用肢体模仿着各种海洋生物,这样既使孩子获得了美术创造的成功感,也使他们体验了运动的乐趣。

很多幼儿园在运动中会利用到一些废旧的轮胎,有的幼儿园让孩子用颜料装饰轮胎,把轮胎变成南瓜、色彩鲜艳的彩虹球;有的在轮胎上画上可爱的五官;有的在轮胎上画上自己喜爱的小动物的形象;也有的幼儿园将轮胎挂在木质的装饰船上变成攀爬墙……不一而足,通过对运动器械的装饰可以引发幼儿参与运动的兴趣,使幼儿愉快地投入运动当中。

三、案例及分析

(一) 案例

活动设计

爱吃水果的牛(小班)[①]

活动目标

1. 知道多吃水果有利于身体健康,初步建立关心、帮助他人的意识。
2. 尝试用圆形、方形、三角形等简单形状表现几种常见水果的简单特征。

活动准备

1. 故事课件,范例:大奶牛的图片,背景1幅。
2. 小奶牛的图片人手一份,红、黄、橙、绿四色炫彩棒若干。
3. 牛奶2罐,香蕉2根,料理机1台。

活动过程

一、故事导入

1. 导入故事情景。在一个长满各种水果的果园里,住着一头神奇的牛。这头牛特别喜欢吃水果,果园的主人每天喂它许许多多的水果……

2. 播放课件。一天晚上,突然刮起了一阵阵凉风,冻得动物朋友们都生病了,果园的主人也病了,只有爱吃水果的牛没有生病。

二、操作表现

1. 出示大奶牛图片,师生共同演示。主人生病了,爱吃水果的牛非常着急。它想:主人平时最喜欢吃草莓牛奶,我要吃许多草莓,挤出草莓牛奶给主人喝,主人的病就会好了。

2. 我们一起喂爱吃水果的牛吃草莓。共同提炼草莓的形状和简单特征,并请幼儿演示。

神奇的牛吃了许许多多的草莓,挤出草莓牛奶给主人喝,果然第二天主人的病就痊愈了。

三、给神奇的奶牛喂水果

农场里许多小动物都生病了,我们一起来喂神奇的牛吃水果,用水果牛奶给小动物

---

① 李慰宜,林建华.幼儿园美术教学手册[M].上海:华东师范大学出版社,2009:75—76.

治病。

1. 说说幼儿最喜欢吃的水果,分辨不同水果的形状。

2. 喂奶牛吃水果。尝试添画各种水果,了解不同的水果有不同的颜色,尝试调换颜色表现不同的水果。

3. 保持水果的新鲜,不能给虫子咬过(涂色时不留白点)。

四、交流与分享

1. 欣赏作品

(1) 交流自己的作品:说说神奇的奶牛吃了哪些水果(观察水果的外形及特征),这些水果是否新鲜(观察涂色的质量)。

(2) 模拟挤牛奶动作,喂小动物喝水果牛奶。

小动物喝了多种口味混合的水果牛奶,病都好了,大家又一起高兴地玩了起来。

2. 现场制作香蕉牛奶,幼儿共同品尝。

情景链接

在一个长满各种水果的果园里,住着一头神奇的奶牛。说它神奇是因为它特别喜欢吃水果,果园的主人每天喂它吃许许多多的水果:有圆圆的苹果、弯弯的香蕉、半圆形的西瓜、尖尖的草莓……

有一次,冷空气突然降临,果园的主人不幸病倒了,许多动物朋友也都冻得生了病,只有爱吃水果的牛没有生病。因为它平时喜欢吃各种各样的水果,所以从来不生病。看见主人病倒了,什么也吃不下,爱吃水果的牛非常难过。它想起主人平时最爱喝草莓牛奶,爱吃水果的牛吃了许多许多的草莓,挤出草莓牛奶给主人喝,第二天主人的病就好了。

消息一传出去,大家纷纷来喂爱吃水果的牛吃各种水果,然后挤出了各种各样水果口味的牛奶,有香蕉牛奶、葡萄牛奶……小动物喝了水果牛奶病也全好了。大家都说爱吃水果的牛是一头神牛。

(二) 案例分析

美术活动"爱吃水果的牛"是根据汤姆牛的图画书《爱吃水果的牛》设计的一个活动,该活动向幼儿展示了一个关于神奇的牛的有趣故事:爱吃水果的牛在主人和动物朋友不幸病倒后发现,因为自己平时喜欢吃各种各样的水果,所以从来不生病。爱吃水果的牛吃了各种水果,然后挤出了各种各样的水果口味的牛奶,有香蕉牛奶、草莓牛奶……主人和小动物们喝了水果牛奶病都痊愈了。"吃水果,身体好,不感冒。"这样一个信息,是由一头爱吃水果的神奇的牛引出来的,孩子们一下子就被这头神奇的牛所吸引了。

很多幼儿平时不爱喝牛奶、吃水果，在活动过程中，教师借助于这样一个故事情景，让幼儿尝试用各种不同的几何图形，如圆形、半圆形、三角形等图形符号表现各种水果特征，通过操作了解各种水果的基本形状。通过给神奇的牛喂食各种"新鲜的水果"，挤出水果牛奶给生病的小动物们喝，孩子们沉浸在有趣的情景中，最后大家品尝自制的香蕉牛奶，很自然地将健康内容融入美术活动中，让孩子们了解多吃水果有营养，能让身体变得健康，少生病。

第五节　美术教育与社会教育的整合

社会领域与美术领域是紧密相关、相互渗透的。一方面，社会领域教育不是封闭的，它总是要借助一些内容、手段和方式，而这些内容、手段和方式往往与美术领域有着联系。在实现这些内容和要求的过程中必然要渗透美术领域的内容和要求。另一方面，美术领域的教育也必然渗透社会领域教育的目标和内容。这是因为幼儿园的教育内容无不渗透着社会教育的内容和要求，美术领域不同程度地反映了亲近社会和自然、人类的关爱和良知、合作与友善、同情与帮助。由此可见，将美术教育和社会教育进行整合，可以有效地实现各自领域所提出的教育目标。

一、将社会内容融入美术教育活动

（一）运用美术表现加深幼儿对社会环境的认知

美术表现是幼儿在生活中观察到的内容的体现，也是幼儿了解社会生活的一种表现方式，通过美术表现可以进一步加深幼儿对社会环境的认知，促使幼儿由个性人走向并发展成为社会人。在幼儿创作之前，教师可以引导幼儿走出教室，去观察生活、体验生活，这些观察的内容可以丰富头脑中的表象，为美术创作打下基础。例如在主题活动"超市的新鲜事"中，通过"盒"你有约、"盒马"探秘、"盒"享智能等让幼儿去探索新型超市中与众不同的购物方式、结账方式，并将自己最感兴趣的内容用绘画的方式表现出来。在这个活动中，我们看到幼儿用自己独特的方式观察社会、了解社会，发现生活中的新鲜事物，不断拓展幼儿对社会环境的认知。

（二）利用美术活动提升幼儿的合作能力并建立良好的人际关系

幼儿美术教学中潜藏着许多相互合作、共同交流的契机，是发展幼儿交往能力和合作技能，并建立良好人际关系的有效途径。如在连环画《小蝌蚪找妈妈》的创作过程中，幼儿便在分组交流中共同进行了绘画情节的构思,并尝试根据自己的特点和能力进行分工,如绘画能力较强的小朋友负责创作,色彩感较强的小朋友负责配色、涂色,而语言表达能力较强的小朋友则负责介绍小组的作品。在这个美术活动中,幼儿既发挥了各自的美术特长,也在合作过程中感受到互帮互助的快乐,也为自己是该组的一名成员感到自豪,具有初步的归属感。

二、将美术内容融入社会教育活动

(一) 运用美术丰富节日文化教育的手段

各种重要节日和纪念日是对学前儿童进行社会教育的宝贵资源和重要机会,也是儿童分享不同风俗习惯的好时机。教师常常利用我国的传统节日以及世界上不同文化的节假日,对儿童进行优秀的传统文化教育和多元文化教育。在此期间,这些文化教育也为幼儿提供了宝贵的艺术创作机会。例如,在端午节对幼儿讲述我国民间"包粽子""划龙舟"的由来,幼儿进行包粽子的手工制作,用绘画表现划龙舟的热闹场面。在农历正月十五元宵节组织儿童包汤圆、吃汤圆、做灯笼以及用绘画表现元宵节的各种活动等。幼儿对各种节日庆祝活动的感受,对每个节假日的意义和象征符号的认识,都体现在他们所描画的造型、运用的色彩、制作的手工作品的过程中。

(二) 融入美术活动激发幼儿的自豪感和热爱之情

"扩展幼儿对社会生活环境的认识,激发爱家乡、爱祖国的情感。"这是《幼儿园教育指导纲要(试行)》中对社会领域的教育要求,爱家乡、爱祖国的情感对幼儿来说是抽象的,在社会领域的教育活动中,教师会运用幼儿喜闻乐见和能够理解的方式激发幼儿爱家乡、爱祖国的情感。例如,和幼儿说一说或在地图上找一找自己家所在的省、市、县的名称;和幼儿一起外出旅游,一起收集有关家乡、祖国各地的风景名胜、著名的建筑、独特的物产的图片等。如果在社会领域活动中融入美术的内容,则会使活动更加生动有趣、直观形象。例如,在主题活动"我是中国人"中,在活动"首都北京"中有让幼儿用贝壳、短铅笔等拼贴北京天安门的画面,有用各种纸盒、罐头等做"烽火台"并用剪折的"古城墙"连接起来的长城;在活动"登长城"中,让幼儿用绘画的形式表现攀登长城的景象;在活动"金山农民画"中,幼儿欣赏具有独特绘画风格的金山农民画;在"京剧脸谱"活动中,幼儿尝试运用颜色、图案的夸张和对称,为京剧人物面部进行装饰;在"航天科学家有功劳"活动中,幼儿学习制作火箭模型。这些美术活动内容丰富了社会教育领域的内容,使抽象、难理解的爱家乡、爱祖国的情感通过美术活动变得通俗易懂,并通过幼儿的创造表现,使幼儿的情感体验得到进一步的升华。

三、案例及分析

(一) 案例

小黑鱼的故事(大班)[①]

活动目标

1. 有目的地构成大鱼和安排画面,体会共同努力战胜困难的快乐。
2. 乐于运用多种拓印方法,再现小鱼战胜大鱼的过程。

活动准备

1. 各色水彩色(浅),印泥,小毛巾。
2. 水溶性彩笔,幼儿自制小鱼印章,黑色勾线笔。
3. 小块纱布,幼儿搜集的贝壳、盒盖、蔬菜根茎等印章材料。
4. 欣赏画面:小鱼们在海里游动;小鱼游成一条大鱼。

活动过程

一、欣赏谈论

1. 再现故事情境,体会小黑鱼逃进漆黑的大海时的害怕和难过。
2. 思考:小鱼在大海里看见些什么,他们用什么办法对付大鱼。

二、操作表现

1. 在小组中,按各自的想象在画面上画出各种能对付大鲔鱼的海洋生物。
2. 关注同伴的图像,用表现相同内容不同特征或不同海洋生物的方法,使画面越来越丰富。
3. 在观赏与同伴一起创作的画面中,享受换回小黑鱼的好心情。

三、进一步讨论

1. 小红鱼的躲避和小黑鱼的逃走是不是好办法?
2. 弱小的鱼用什么办法才能对付大鱼?
3. 一群小鱼怎样游成一条大鱼?

四、共同创造

1. 小组合作,运用小鱼印章,进行敲印。

[①] 李慰宜,林建华. 幼儿园美术教学手册[M]. 上海:华东师范大学出版社,2009:266—267.

2. 关注同伴敲印的位置,相互补充与调整,共同敲印成一条大鱼。

五、分享交流

1. 观赏画面,再现赶走大鲔鱼故事情景。
2. 体会我们都是小红鱼、共同努力赶走大鱼的快乐。

延伸活动

利用以上材料,创作其他海底世界的画面。

附故事

小黑鱼

有一群快乐的小红鱼住在大海的一个角落里,其中有一条小黑鱼,他比其他兄弟姐妹游得都快。

可是一天,从波浪里冲出一条饥饿的金枪鱼,一口就把所有的小红鱼都吞到肚子里,只有小黑鱼逃掉了。他逃进漆黑的深水里,又孤独、又害怕,可是,大海里充满了奇妙的生物,他游啊游啊,慢慢又精神起来。

他看见了像彩虹果冻似的水母……

他看见了走起路来像水中机器似的大龙虾……

他看见了像被看不见的线牵着游的怪鱼……

他看见了长得几乎不知道自己的尾巴有多长的鳗鱼……

后来,他看见了一群跟他一样小的小红鱼躲在岩石和海草的黑影子里。"我们一起出去玩吧",他高兴地说。"不行,大鱼会把我们吃掉的",小红鱼说。"可是你们不能老待在这里啊,我们一定要想个办法",小黑鱼说。

他想啊想啊,突然说:"有了,我们可以游在一起,变成海里最大的鱼!"

等小红鱼们能游得像一条大鱼后,他说"我来当眼睛"。于是,他们在清凉的早晨里游,也在充满阳光的中午游,大鱼一见,弄不清这是什么鱼,通身红红的,这么大——这家伙一定很厉害吧,于是就扭头逃走了。

(二)案例分析

美术活动"小黑鱼的故事"根据儿童图画书作者李欧·李奥尼的同名绘本故事《小黑鱼》进行设计。整个故事的结论是:弱小的鱼群只有团结起来才能战胜强大的敌人。图画书的表现方法中使用水彩拓印的技法再现了海底世界的众多生物,书中一群小红鱼是作者刻了鱼形印章后一个个拓印出来的,只有小黑鱼是画上去的,如此图画书的画面构成了梦境般的色彩。

本活动虽然是一个美术活动,但是教师从大班幼儿特点出发,整合了社会性行为的培养。在大班幼儿社会化的发展中,虽然合作的需要越来越多,但是合作并非一件容易的事。幼儿的合作能力(如协商、妥协、关注等)必须是在与同伴的磨合中不断形成的。这就需要教师利用具体的情境进行对应的引导,除了随机教育以外,有必要、有目的地创设特定的教育情境,开展相关的教学活动。因此,在"小黑鱼的故事"活动中,教师安排幼儿以合作形式来完成绘画作品,使幼儿对故事中的合作意义的体会,不仅仅停留在说的层面上,而是通过自己的实际操作来加深对合作的体验。这一体验在该活动中主要通过两个环节来实现:一个环节是三人共同在一张画纸上画出各种海洋生物,这一环节还谈不上真正意义上的合作,因为仅仅是要求幼儿互不干扰地在一张纸上共同作画;另一个环节是要求每个幼儿各拿一个小鱼状的印章,在原来作画的纸上合印成一条大鱼。这一环节在创造大鱼的图像上要求不高,但三个人必须相互关注和配合才能完成,对合作行为的实施有一定的难度。正是通过实际操作,幼儿才真正体会到小组作品只有大家的默契配合才能完成。

本章思考题

1. 美术教育与音乐教育是如何整合的?
2. 请选择一本绘本,运用该绘本设计一则美术教育活动。
3. 设计一则将美术教育与社会教育进行整合的活动,并说说你的设计思路。
4. 请结合教学实际谈谈美术教育是如何与科学活动整合的。

拓展资源

林琳.绘本中的创意美术[M].上海:复旦大学出版社,2016.

该书精选了25本经典绘本,根据幼儿园小、中、大班儿童不同的发展水平和学习能力,在分析绘本中凸显的有关色彩、造型、构图、风格、媒介等美术元素的基础上,设计了35个美术教育活动方案,并详细指出了实施美术教育活动方案时的注意事项和延伸活动的建议。最后,带领读者欣赏孩子们充满创意的作品,与孩子们一起分享绘本阅读的愉悦和成果。

第十章 学前儿童美术教育评价

知识要点

- 学前儿童美术教育评价的原则
- 学前儿童美术能力发展状况的评价内容
- 潘元石关于儿童美术作品的评价
- 从教师角度出发的学前儿童美术教育活动的评价内容

思维导图

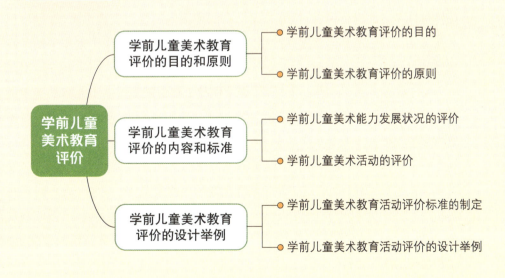

> **内容导入**

什么是学前儿童美术教育活动评价？评价的目的是什么？评价的内容是什么？怎么评价？带着这些问题我们一起进入第十章的学习。

对学前儿童美术教育进行评价，可以让教师了解本班幼儿当前美术能力发展的水平，以及运用美术语言进行表达表现，及时发现美术教育过程中的问题，从而反思教育活动从目标到内容、组织与实施的情况，以及幼儿学习的有效性，进一步制定新的教育目标以及与之相适应的教育活动方案。

一、学前儿童美术教育评价的内容和标准

关于学前儿童美术教育评价的内容，以往教师更关注的是美术教育活动的结果，即幼儿的作品，但是这是有失偏颇的，作品只是活动效果的体现，而幼儿活动过程中的行为表现和其作品是紧密相关的。因此，除了评价作品外，还要重视评价活动过程。

从评价不同的角度出发，评价包括从幼儿角度出发的评价和从教师角度出发的评价。前者包括学前儿童美术活动过程和美术作品的评价，后者则从美术教育活动的目标、内容、过程等进行评价。

二、学前儿童美术能力发展的评价

关于学前儿童美术活动过程的评价，我们以陈帼眉教授主编的《学前儿童发展与教育评价手册》中关于美术教育评价内容为基础，从构思、主动性、兴趣性、专注性等九个方面进行评价，每个方面又有四种不同的行为表现水平，教师根据幼儿在美术活动中的具体表现进行相应的评价。通过评价，可以了解本班幼儿在美术活动过程中的行为表现。

关于学前儿童美术作品的评价，美术作品可以清晰地反映出儿童的美术能力的水平和特点。学者从不同的角度对幼儿作品进行了分析：美国的美术教育家罗恩菲尔德根据儿童在美术作品中所反映的七个层面的成长情况作为评价的标准，制定了一般评量表；我国台湾地区资深的美术教育工作者潘元石在其著作《幼儿画教学艺术》一书中从五个方面来评价儿童的美术作品等。此外，幼儿园现在常用的档案袋评价，则通过收集幼儿学习过程中具有代表性的作品和典型的表现记录，并以此为依据来判断幼儿的学习状况。这种评价强调真实材料的收集，强调幼儿学习的成长过程。

三、学前儿童美术教育活动的评价

学前儿童美术教育活动的评价主要针对教师的行为表现。评价主要有以下

几个方面:活动目标、活动内容和工具材料、活动过程(活动准备、活动设计、活动组织和活动指导)、活动效果。

对于学前儿童美术教育活动的评价,应该是全面而具体的,这样我们才能更好地了解儿童美术能力发展的水平以及教师设计和实施美术教育活动的能力,通过评价和反思,设计出更加适合于幼儿的美术教育活动。

教与学的建议

教师带领学生观摩一节美术集体教学活动,活动结束后:

1. 师生共同对该集体教学活动进行评价。
2. 收集幼儿的绘画作品,尝试用潘元石关于绘画作品的评价内容进行评价。

教育部颁布的《幼儿园教育指导纲要(试行)》(以下简称《纲要》)中明确指出:"教育评价是幼儿园教育的重要组成部分。教师应自觉地运用评价手段,了解教育活动对幼儿发展的适宜性和有效性,以利调整、改进工作,提高教育质量。"美术教育评价是整个美术教育系统中的一个重要组成部分。学前儿童美术教育评价有目的、有系统地对学前儿童美术能力发展和学前儿童美术活动进行客观的了解,为进一步的美术教育和指导提供依据。

第一节 学前儿童美术教育评价的目的和原则

一、学前儿童美术教育评价的目的

学前儿童美术教育的评价是一种整体的评价,不仅包括对儿童美术学习结果和儿童美术发展状况的测量与评价,还包括对美术教育活动中教师的活动设计、活动组织、活动指导和活动效果的评估。学前儿童美术教育评价要达到如下目的。

(一) 了解学前儿童当前达到的水平

通过评价,教师了解幼儿当前的美术水平,包括他们的美术能力水平和美术活动过程中的身心发展水平。《纲要》中指出,通过"了解幼儿的发展需要,以便提供更加适宜的帮助和指导""全面了解幼儿的发展状况,防止片面性,尤其要避免只重知识技能的掌握,忽略情感、社会性和实际能力的倾向"。根据评价的结果,教师可以总结出儿童美术发展的规律和一般特征,为今后设计美术教育活动提供依据。

(二) 对以往的美术教育作出反思

通过对学前儿童美术教育的评价,可以及时发现美术教育过程中的新问题、新情况,验证教师制定的美术教育目标、选择的美术教育内容、活动的组织过程等是否符合儿童的年龄特点、发展水平,从而对教育活动的各个环节作出反思,总结出成功的经验和失败的教训。

(三) 促进美术教育的发展

对美术教育评价的根本目的是促进美术教育的发展。美术教育的发展有赖于学前儿童美术能力和教师美术教育质量的提高。经过对幼儿美术能力及美术活动的评价和反思,教师还应根据对幼儿以往发展水平的了解和自己的教育知识与经验来预测儿童未来的发展趋势,并进一步制定新的教育目标以及与之相适应的教育方案,更好地促进美术教育的发展。

二、学前儿童美术教育评价的原则

(一) 客观性原则

美术教育评价的客观性原则,是指进行评价必须把握美术教育和美术教育评价的客观规律,实事求是,以客观事实为依据,从客观实际出发获取真实信息,依据科学的标准,对美术教育活动的过程和结果进行分析判断。

贯彻美术教育评价的客观性原则,要求评价者确定的评价指标必须符合评价的目的要求,反映被评对象的本质特征;评价标准要合理,评价者要正确理解和把握评价标准,克服主观随意性和感情因素的影响;评价方法的选择要与评价内容的性质相适应,多种方法相结合。这样,才能使评价信息的搜集更为全面准确,评价结论更可靠。

(二) 激励性原则

美术教育评价的激励性原则,是指评价应促使被评对象形成继续努力或在进一步的活动中克服不足之处,增强提高活动效果的动机或期望。这是由美术教育评价要激励评价对象前进、促进其发展的目的所决定的。

贯彻美术教育评价的激励性原则,首先要使美术教育评价过程及其结果客观、公正、准确;其次,制定美术教育评价目标和具体标准时要从评价对象的实际出发,充分考虑评价对象的客观环境和条件,不要过高或过低;再次,要求评价的实施者注意评价对象个体的心理状态,了解并尊重评价对象的意见,及时反馈评价结果,以激发评价对象在进一步的活动和教育过程中保持优势、克服不足之处的动机和行为。

(三) 实效性原则

美术教育评价的实效性原则,是指评价要有实际作用,即要有指导美术教育实际、改进工作的效用。美术教育评价活动,如果不能帮助被评对象找出工作或学习中存在的问题,并对其改进提出有价值的帮助,那么这种评价就不具有现实意义。

第二节 学前儿童美术教育评价的内容和标准

学前儿童美术教育评价包括两个方面:一是对学前儿童美术能力发展状况的评价;二是对学前儿童美术活动的评价,包括对美术活动目标、内容、活动过程和活动效果等方面的评价。

一、学前儿童美术能力发展状况的评价

对学前儿童美术能力发展状况的评价大致包括两个方面:一是评价学前儿童美术活动的过程;二是评价学前儿童的美术作品。

(一) 对学前儿童美术活动过程的评价

美术活动过程是从某一艺术表现的构思到完成作品的过程,其中既有内部的心理活动,又有外部的行为表现,这两方面在实际活动中是融为一体的。评价学前儿童美术活动的过程,要观察和记录儿童在美术教育活动中的行为表现,然后整理、分析材料,对记录作出解释。学前儿童美术活动过程的评价具体可分为九个方面,每方面又分四种水平的行为表现。①

1. 构思方面

构思方面是观察和评价幼儿是否能在创造之前预先想好创造的主题和内容的标准。幼儿在这方面的行为表现可以分为以下四种水平或四种类型:

(1) 事先构思出主题和主要内容,动手之后围绕构思进行创造;
(2) 预想出局部内容,完成一项后再做新计划;
(3) 动笔后构思,由动作痕迹出发,想到什么画什么;
(4) 只有动作活动,没有形象创造,表现为在纸上随意涂抹或反复掰泥、撕纸。

2. 主动性方面

主动性方面是观察与评价幼儿在发起和投入美术活动时的情况的标准,具体可分为以下四种水平:

(1) 由自身兴趣、愿望支配,自动进行美术活动;
(2) 由特定材料引发,开始进行美术活动;
(3) 看到别人从事美术活动,自己跟着做;
(4) 在成人的要求下开始美术活动。

3. 兴趣性方面

兴趣性方面是判断幼儿是否愿意投入美术活动,在活动中是否有热情,是否感到愉快和满足的标准,具体分为以下四种水平:

(1) 自动从事美术活动,对美术活动灌注极大热情,完全沉浸在活动之中,默默无语;
(2) 欣然从命,愉快地从事活动,在做的过程中会自言自语地流露出愉快之情;
(3) 对美术活动迟疑不前,活动中企图离开或张望别人做什么;

---

① 陈帼眉. 学前儿童发展与教育评价手册[M]. 北京:北京师范大学出版社,1994.

(4) 拒绝参加美术活动。

4. 专注性方面

专注性方面是观察评价幼儿对美术活动的注意集中与持久的程度的标准,具体分为以下四种水平:

(1) 能较长时间持续从事已选定的活动,不受外界的影响,有时甚至第二天接着干;

(2) 能在同年龄幼儿一般可维持的时间内持续从事活动,中途偶有离开的现象发生,但还会自动回来,直到活动完成;

(3) 需要鼓励,才能把活动进行完毕;

(4) 不能把活动进行完,中途改变活动。

5. 独立性方面

独立性方面是判断幼儿能否自己决定活动任务并完成的标准,具体分为以下四种水平:

(1) 自己决定活动任务,解决问题,拒绝别人干涉,独立完成任务;

(2) 主动请教他人,考虑别人的建议,然后自己完成任务;

(3) 模仿他人完成自己的作品;

(4) 接受并在他人的帮助下完成作品。

6. 创造性方面

创造性方面是判断幼儿在美术活动中是否具有独创和表现意识与能力的标准,具体分为以下四种水平:

(1) 别出心裁地构思与利用材料进行造型;

(2) 重新组织以前学过的造型式样、方法和技能进行造型;

(3) 重复以前学过的造型式样、方法与技能进行造型;

(4) 只按教师当时传授的造型式样、方法与技能造型。

7. 操作的熟练性方面

操作的熟练性方面是判断幼儿从事美术活动时动作是否灵活、准确的标准,具体分为以下四种水平:

(1) 掌握工具姿势正确、轻松,操作动作连贯、迅速、准确,一次完成动作,作品质量好;

(2) 掌握工具姿势正确,操作动作平稳,但欠准确,中途修改,作品质量较好;

(3) 掌握工具动作正确但笨拙,操作动作迟缓、准确性差,有失误不知修改,作品显得粗糙;

(4) 掌握工具的姿势笨拙有误,只有重复性动作,不能完成作品。

8. 自我感觉方面

自我感觉方面是判断幼儿对自己美术成果的看法如何的标准,具体分为以下四种水平:

(1) 自己认为很成功,主动请别人看自己的作品,并讲解作品的含义,能慷慨地将作品赠人；

（2）对自己的作品感觉满意，但不主动展示，听到别人的称赞感到愉快，希望保留作品；

（3）认为不太成功，接受别人的看法，希望将作品交给教师；

（4）感到沮丧，对别人的反应无动于衷或抵触，对作品去向不关心或毁掉作品。

9. 习惯方面

美术活动中的习惯是多方面的，习惯可以指个人的习惯做法、美术风格等，也可指大家都要自觉遵守的惯例和秩序。这里讲的是后者，共提出两项，目的在于判断幼儿在美术活动中能否有步骤、有秩序地工作。

一是工作的顺序性方面，分以下四种水平：

（1）有顺序、有步骤地完成作品；

（2）弄错步骤，发现后主动纠正，完成作品；

（3）想到什么就做什么，混乱中完成作品，作品有缺陷；

（4）只完成局部，作品半途而废。

二是保持工具材料的秩序方面，分以下四种水平：

（1）保持工具材料的固定位置，用时取出，用后放回；

（2）大致保持原位置，错放后能找到；

（3）一片混乱，用后乱放，取时找不到；

（4）不会取放，拿到什么用什么。

（二）对学前儿童美术作品的评价

美术作品是学前儿童美术教育活动的结果，它清晰地反映出儿童的美术能力的水平和特点。作品是静态的，可以长时间反复地分析一幅作品或将不同作品放在一起对照比较，因此，作品分析是一种常见的简便易行的评价方法。

在对学前儿童美术作品的评价上，罗恩菲尔德根据儿童在美术作品中所反映感情、智慧、生理、知觉、社会性、美感、创造性七个层面的发展情况作为评价的标准，制定了一般评量表（见表10-1），并结合不同美术发展阶段中儿童美术发展的特点，把七个层面的成长情况具体化（见表10-2、表10-3）。

表10-1 一般评量表

客观批评标准	很少	一些	很多
作品是否在其发展阶段中有足够的表现：			
1. 人物			
2. 空间			

续　表

客观批评标准	很少	一些	很多
3. 色彩			
技巧是否足以表现？			
技巧是否儿童作品的一部分？			
完成作品时表现的努力程度是怎样的？			
作品细节单独部分的意义？			
作品单独部分在环境中的意义？			
儿童遵循一种表现方式的程度为何？			
任何改变对作品意义的扰乱程度为何？			

自我体验的程度	是	否
1. 经常的定型重复		
2. 偶然的定型重复		
3. 只是客观的报告		
4. 在客观报告中增加特殊的特征，而且包含一些自我		
5. 间接或直接的包含自我		

成长的属性		很少	一些	很多
感情成长	免于定型			
	缺乏物体的普遍性（没有树是相同的）			
	经常偏离普遍性			
	自我的经验			
	使用自由的线条和笔触			
智慧成长	包含许多细节			
	色彩的变化			
	主动知识的其他说明			
生理成长	视觉和动作的协调（控制线条的程度）			
	有意识的投射身体动作			
	技巧的熟练度			
知觉成长	视觉经验：光 　　　　　影 　　　　　透视空间 　　　　　颜色变化			

续 表

	成长的属性	很少	一些	很多
	非视觉经验：触觉 　　　　　　纹理组织 　　　　　　听觉			
	运动感经验：(身体动作)			
	在作品中反映自己的经验			
社会成长	体验他人的需要			
	社会环境(家庭、学校、工厂、办公室)的概括和特征化			
	参与群体制作			
	对于其他文化的欣赏			
	合作的程度，直接的(经由作品)或间接的(经由画题)			
美感成长	思想、感觉和感受力的统整			
	对于调和色彩的敏感性			
	对于纹理组织的敏感性			
	对于调和线条的敏感性			
	对于调和形体的敏感性			
	喜爱装饰性的设计图案			
创造性成长	独创而不抄袭			
	独创而不模仿他人的风格			
	内容的创造力和发明能力			
	表现方式与他人有显著的不同			
	与别人完全不同			

资料来源：[美]罗恩菲德.创造与心智的成长[M].王德育,译.长沙：湖南美术出版社,1993:70—72.

表 10-2　评量表(2—4 岁：涂鸦阶段)

评价项目	成长的属性	是		否
心智年龄	2—3 岁　是否有未控制的线？			
	3—4 岁　儿童对他的涂鸦加以命名吗？			
		没有	有些	很多
感情的成长	儿童喜欢涂鸦吗？			
	涂鸦是否没有定性的重复？			
	涂鸦的线条是否受到干扰？			
	动作果决而有力吗？			
	动作的强度和方向有所改变吗？			

续　表

评价项目	成长的属性	没有	有些	很多
智慧的成长	所有的动作是有控制和重复的吗？			
	运用纵横线或圆圈？			
生理的成长	动作有力吗？			
	线条粗犷吗？			
	儿童作画时使用整条胳膊吗？			
知觉的成长	当儿童命名他的涂鸦时，是否不同的色彩来区别不同的意义？			
	儿童表现出大动作的欲望吗？			
	儿童在涂鸦作品中反映自己的经验吗？			
社会性的成长	儿童专注于自己的动作吗？			
	要转移这儿童注意力或活动是否很难？			
美感的成长	儿童把他的动作分布于整张纸上吗？			
	儿童在分配紧密和稀松的涂鸦时，显示出平衡的感觉吗？			
创造性的成长	儿童在涂鸦时是独立的吗？			
	当他（她）与其他幼儿一起涂鸦时，他（她）受影响吗？			
	他（她）是否反对模仿？			
	当他（她）对其涂鸦加以命名时，他（她）会独自发展故事吗？			

（＊本评量表只适用于用蜡笔画成的涂鸦。）

资料来源：[美]罗恩菲德.创造与心智的成长[M].王德育，译.长沙：湖南美术出版社，1993：100—101.

表 10-3　评量表（4—7 岁：样式化前阶段）

评价项目		成长的属性	是		否
心智年龄	4—5 岁	儿童所表现的"人"是否只是"头和脚"？			
	5—7.5 岁	儿童所画的"人"是否不仅是"头、身体、手臂和容貌"？包括了眼睛、鼻子、嘴巴吗？是否用不同的表现符号来代表容貌？			

评价项目	成长的属性	没有	有些	很多
智慧成长	与以前的绘画比较时，细节有没有增加？（主动知识）儿童的画是否具体？画表现出了细节吗？			

续 表

评价项目	成长的属性	没有	有些	很多
感情成长	儿童是否经常改变他对"人""树""眼睛""鼻子"等细节的观念?			
	儿童是否没有千篇一律的重复?			
	对儿童是否多少地夸张了重要部分?			
	是否缺乏连续的和过度性的夸张?			
	绘画在线条和色彩上是否很明确,而显出儿童对他(她)作品的信心?			
	这儿童是否描述过对他(她)很重要的事物?			
社会成长	儿童的作品是否与明确的经验有关系?			
	次序是否由感情关系而建立的?			
	儿童是否显示了空间的相互关系:天在上,地在下?			
	儿童是否显示出他(她)意识到特殊环境(家庭、学校等)?			
知觉成长	儿童除了几何式的线条外,还使用其他线条吗?(与整体分离亦不会丧失意义的线条)			
	儿童描述动作或声音吗?			
	儿童是根据物体而着色的吗?			
	儿童是否从整块黏土入手来开始塑造?			
生理成长	是否连续省略同样的身体部分?			
	是否连续夸张同样的身体部分?			
	线条是否坚决而有力?			
	是否包括身体动作?			
美感成长	有意义的空间与无意义的空间是否分配得很好?			
	题材的组织是否与其内容有同等的重要性?			
	色彩的分配是否富于装饰性呢?			
	儿童是否显示出对装饰的欲望?			
创造性成长	儿童是否运用独立的观念?			
	假如儿童在团体中制作,他(她)是否仍不受影响?			
	当儿童独处时,他(她)是否自动利用任何媒介物来创造?			
	当儿童独处时,他(她)是否为了模仿的缘故而避免创造?			

资料来源:[美]罗恩菲德.创造与心智的成长[M].王德育,译.长沙:湖南美术出版社,1993:119—120.

罗恩菲尔德在分析和解释儿童美术发展的各个阶段的个人成长特征时,从智慧成长、感情成长、社会成长、知觉成长、生理成长、美感成长和创造性成长七个层面来评价儿童的美术作品。其视角的出发点是儿童的发展。对于儿童美术作品的评价来说,这种发展既有儿童在身心方面的发展,又有儿童在美术方面的发展。

我国台湾地区资深的美术教育工作者潘元石在其著作《幼儿画教学艺术》一书中从以下五个方面来评价儿童的美术作品:①

(1) 幼儿画的表现要符合幼儿身心的发展。幼儿的绘画能力要配合他的身心发展,两者才得以平衡地发展。

(2) 幼儿画要能表达出内心心象,并能宣泄个人的情感。绘画的生命在于表达属于自己内心心象的感受,以及宣泄情感,也就是能强烈地表现出自己的内心心象。例如,将自己内心的恐惧、害怕的感受通过绘画明确而强烈地表现出来。

(3) 幼儿画要能发挥幼儿的个性,要有自我的表现。绘画对幼儿而言,是一种按照自己的个性,表现自我、主张自我的手段。因此,只要是属于幼儿自己的感受,对幼儿本身来说,都是有意义的,而且值得被重视。

(4) 幼儿画要能表现出活用绘画材料的特性。各种绘画材料都有其不同的用法和不同的风味、特性,幼儿能够把握其特性,充分地活用它,描绘出生动的画面,才是发挥特质的作品。

(5) 幼儿的图画作品,要和画纸的大小相称,才会令人感觉舒适。幼儿在大大画纸的角落描画出小小的形象,或把整个形象描绘得连上下左右的空白都没有的话,令人感觉整个画面不协调。

对儿童美术作品的评价由于评价者的视角不同,因此也就有了不同的评价方法和标准。目前在幼儿园教育评价中,档案袋评价方法是一种较为科学的评价方法。

档案袋评价是收集幼儿学习过程中具有代表性的作品和典型的表现记录,并以此为依据来判断幼儿的学习状况。这种评价强调真实材料的收集,强调幼儿学习的成长过程。

幼儿档案袋中最典型的内容就是幼儿的作品,"如果幼儿、教师和家长对学习的反思是档案评价的心脏,那么幼儿的作品就是档案评价的脊椎。幼儿原创的图画、写作和各种立体创作都是幼儿认知和创作能力的真实反映。持续收集和评价幼儿的作品,可以反映出幼儿的进步情况"。②

虽然幼儿发展的速度各不相同,但是对大部分幼儿来说,美术能力的发展都是循着可预测的途径,从最初的涂鸦期到象征期再到图式期。教师可选择较为经典的绘画作品、手工作

---

① 潘元石.幼儿画教学艺术[M].台北:信谊基金出版社,1989:126—140.
② [美]Shores E F, Grace C. 幼儿学习档案——真实记录幼儿学习的历程[M]. 何厘琦,译. 南京:南京师范大学出版社,2004:52.

品,以原始作品、照片、录像的形式加以保存。教师应在作品上注明幼儿的名字、创作日期和教师对幼儿美术发展能力的评价,同时记录幼儿对作品的解释以及记录的背景资料,如"王明提供的关于泥工作品的说明""李文自愿口述她所画的'我的梦'"。幼儿的口述记录可以用书面的形式加以保存,或将其录音保存,当然也可以两者并用。

二、学前儿童美术活动的评价

幼儿在美术活动中受到教育,美术表现能力得到提高。美术活动的过程如何,既是幼儿美术能力发展水平的标志,也是教育者对美术活动组织的质量进行监测的一个标志。从改进教育工作的目标出发,学前儿童美术教育活动的评价主要针对教师的行为表现。评价教师在美术活动中的行为可以从以下几方面着手。

(一) 活动目标

活动目标是指教师期望通过活动所达到的教育结果。评价活动的目标应从两方面着手:一是活动目标与分类目标、年龄目标以及总目标之间的联系是否紧密一致;二是活动目标与本班幼儿的实际情况是否相适应。

学前儿童美术教育的目标是一个完整而有序的体系:每个具体的活动目标都是从总目标、年龄阶段目标、分类目标中分化而来的;每个活动目标的实现,都是向阶段目标和总目标迈进了一步。因此,在评价美术教育活动目标时,必须从目标体系的统一性出发,分析该目标与上级目标的关系,以此评价目标的合理性。

有时,当活动目标被孤立起来看时可能是合理的,但和上级目标及本班幼儿实际情况联系起来看时,就有可能是不合理的,则需要调整。所以,判断活动目标是否合理一定要结合上级目标和本班幼儿的实际情况来看。

每个活动目标的制定还必须符合本班幼儿的实际情况,虽然年龄阶段目标概括的是某一具体年龄儿童的一般的发展趋势和教育要求,但是对于不同幼儿园、不同的班级、不同的幼儿还是会有一定的差异。因此,评价活动目标时还要看教师制定的目标是否与本班幼儿的实际水平和发展特点相联系。例如,中班幼儿的美术欣赏目标中"能体验作品中线条、形状、色彩、质地等"这一目标,教师将其运用到具体的美术欣赏活动中时,就要根据班级的实际情况区别对待:如果班级儿童美术能力发展水平相对较差,平时欣赏的次数较少,那么不宜盲目地照搬这一目标,而应相应地降低目标要求,把该目标分解为若干个分层递进的分目标来实施。

(二) 活动内容和工具材料

评价活动内容,首先要看活动内容的选择是否与美术教育目标相一致,是否与儿童的美术能力发展水平相一致。其次,活动内容和工具材料与活动目标是相互联系、相互影响的,因此在评价活动内容和工具材料时，必须考虑相关的因素，从活动的整体效果来评价各个因素存在状况的合理性。活动工具材料的准备要充分，并且要根据美术活动的主题准备相应的工具材料。各种绘画材料都有其不同的用法和不同的风味、特性。就以纸张为例，有些主题适合用长方形纸，如画高楼大厦、树木、电视塔等；有些主题适合用圆形，如花坛、游泳池、养鸡场等，应给幼儿提供不同形状的纸张，使之体验不同的感觉。

另外，还应评价在一个具体的美术活动中各部分内容之间的比例关系是否合理，评价活动内容与活动形式是否相适应，评价活动内容的组织安排是否突出重点、难点，评价活动内容各个部分之间的过渡衔接是否流畅等。

(三) 活动过程

教师的活动准备　主要包括能否熟悉活动的内容，了解幼儿的知识水平与技能水平的高低，了解幼儿一般水平和个别差异，对活动所需的材料、工具、场地因素要考虑充分。

教师的活动设计　主要包括活动设计的目标是否明确，结构是否合理，内容是否为幼儿所理解、所接受，是否具有独创性。

教师的活动组织　主要包括教师能否发挥和调动大多数幼儿的活动积极性、主动性，教师能否有次序地执行教育活动的计划，教师能否灵活地根据幼儿的实际情况调整活动目标与计划等。

教师的活动指导　主要包括讲解示范是否准确、熟练、清晰，能否了解幼儿的活动意图，帮助他们实现自己的构思，能否通过提问有效地激发幼儿创作的欲望，能否适时地给幼儿以具体帮助，针对个别差异进行指导。

(四) 活动效果

这主要是指从幼儿的行为表现和创作的作品中反映出来的教育效果，主要包括：活动中，幼儿的情绪是否愉快，注意力是否集中，是否坚持完成作品，完成作品的积极性、主动性如何，幼儿创作的作品的好与差等。

第三节　学前儿童美术教育评价的设计举例

一、学前儿童美术教育活动评价标准的制定

为了使美术教育活动评价真正促进幼儿教育事业的发展，评价时首先要确定评价的标

准。美术教育活动评价标准的制定,对幼儿园的管理工作以及教师的自我调整、自我提高具有指导性作用。所以,在制定各种有关评价标准时,应考虑以下几个因素。

(一) 美术教育目标

美术教育目标是制定美术教育活动评价标准的主要依据。教师通过对美术教育规律、幼儿美术活动特点的研究,以及对美术教育方法的改进来提高美术教育的质量,实现学前儿童美术教育目标。因此,制定美术教育活动评价标准的第一步就是要对美术教育目标进行恰当的分解,以便制定出切实可行的评价标准。

(二) 实际情况

因为不同地区、不同幼儿园、不同班级的教师、幼儿、环境、物质条件各不相同,所以在制定美术教育评价标准时不要单纯追求统一的标准,忽视实际情况。因为这样很容易挫伤教师与幼儿活动的积极性。

(三) 具体操作

美术教育活动的评价标准最终必须具体化,成为便于操作的评价工具。在评价工具中,各项评价标准应该能够体现方向性。评价标准要切合实际,不能要求过高。评价标准应尽量具体,描述明确,为操作者所理解和接受,否则便失去了存在的意义。

二、学前儿童美术教育活动评价的设计举例

由于美术教育活动评价的具体目的、内容、评价者的不同,在实际评价过程中,收集评价资料的方法、选择的评价工具以及分析、研究的工作方式都各不相同。在设计美术教育活动的评价方案时,必须综合考虑相关的因素,针对具体的目的、需要、条件来制定评价方案和选择、设计评价工具。

表10-4所示的表格可用于登记一个幼儿在不同类型或是多次活动中的行为表现情况,以及一群幼儿在同一活动中的行为表现情况。在活动中,如果具有符合项目的特征,在表的相应格中标上"√",如果不具有则在相应格中填上"○"。完成记录后,就可以看出一个幼儿美术活动中的特征倾向,并可对各幼儿美术活动倾向加以比较,从而较客观地了解每个幼儿的美术活动倾向,为更好地因材施教提供可靠的依据。

在表10-5中详细填写活动的原始情况,并进行分析评价。此表可以用于领导或同事对执教教师的评价,也可用于执教教师的自我评价。通过领导或同事将评价意见反馈给执教教师,并与其一起探讨存在的问题与解决方法,或是执教教师将自我分析、评价的结果向领导或教研组汇报,并征求他人的意见和建议,也可作为教师工作资料的积累,以备后用。

表 10-4 幼儿美术活动行为表现统计表

序号	姓名	项目类型	构思				主动性				兴趣性				专注性				独立性				创造性				操作熟练性				习惯性			
			1	2	3	4	1	2	3	4	1	2	3	4	1	2	3	4	1	2	3	4	1	2	3	4	1	2	3	4	1	2	3	4
1																																		
2																																		
3																																		

表 10-5 美术教学活动综合评价表

活动名称_____　　　　时间_____　　　　地点_____
班级_____　　　　执教教师_____

项目	原始情况	分析评价		
活动目标				
活动内容				
工具、材料				
活动过程		教师表现	活动组织	
			教学方法运用	
			个别化指导	
			创作欲望激发	
			教具、多媒体运用	
		幼儿表现	注意力集中	
			情绪表达	
			活动积极性	
			材料运用	
			作品表现	

本章思考题

1. 幼儿园美术教育评价的目的是什么?
2. 进行幼儿园美术教育评价应遵循哪些原则?
3. 收集2—3幅幼儿绘画作品,运用潘元石关于绘画作品评价内容对幼儿的作品进行评价。
4. 观摩一节幼儿园的美术集体教学活动,并从教师的角度对该美术教育活动进行评价。

拓展资源

蓝剑虹.许多孩子,许多月亮[M].北京:东方出版社,2017.

该书呈现了很多孩子的作品,每幅作品背后都有着不同的故事,我们又应该如何去阅读这些作品?作者娓娓道来:要用尊重与平等姿态和每个孩子交流。承认"不同",接纳"不同",发展"不同",让每个孩子的天性得以自由、无拘束的释放。正如本书中所提到的"扬弃那些图像范本,让孩子自己去替世界万物重新命名"。

附录

幼儿园美术教育活动设计案例

好吃的沙拉(小班)

活动目标

1. 感受沙拉中各种蔬菜水果的色彩美。
2. 尝试用图形和线条表现各种沙拉,体验制作沙拉的快乐。

活动准备

课件、炫彩棒、盘子(椭圆、圆形)纸型、各种食物贴纸。

活动过程

一、图片导入,唤起幼儿对沙拉的回忆

1. 教师分别出示图附 1-1 和图附 1-2,提问:这盘沙拉里有什么呀?(引导幼儿说说图片内容以及水果蔬菜等的颜色、形状等)

图附 1-1 什锦沙拉

图附 1-2 蔬菜沙拉

2. 好吃的沙拉是怎么做出来的呢？（教师播放沙拉制作视频）

（播放完毕后，根据视频内容提问制作沙拉的步骤）

二、欣赏教师做的沙拉，感受各种图形和线条的美

1. 教师出示制作的"沙拉"，提问：这道沙拉里有什么？（引导幼儿感知各种图形、点和线条，如红红的圆圈是番茄、绿色的圆圈是生菜、黄黄的三角是菠萝等）

2. 教师小结：沙拉里有各种各样的水果、牛肉、虾仁，这些东西都很有营养，可以让我们的身体长得棒棒的！

三、幼儿学做沙拉，教师指导

1. 今天我们也来做大厨，做一盘美味的沙拉。

2. 教师出示盘子形的底纸，邀请小朋友们把自己喜欢吃的水果、蔬菜、鱼、虾、肉都放到盘子里。

3. 幼儿操作，教师巡回指导：

（1）引导幼儿根据个人喜好将蔬菜、水果或海鲜等用线条或图形画在纸盘中。

（2）画完以后，可以贴上自己喜欢的食物贴纸。

（3）幼儿绘画时，教师倾听幼儿绘画过程中的自言自语，了解图形代表的含义。

四、交流与分享

展示幼儿作品并分享：请各位"大厨们"来介绍一下自己的美味沙拉。

绿色畅想曲(小班)

活动目标

1. 欣赏画面中的绿色,感受绿色带来的勃勃生机。
2. 找找生活中的绿色,体验绿色在生活中的运用。

活动准备

课件、彩色底纸、绿色超轻黏土、贴纸、炫彩棒。

活动过程

一、欣赏生活中和画家笔下的绿色

1. 教师分别出示绿色物品图附1-3至图附1-7,提问:这是什么?它是什么颜色的?

图附1-3 西瓜

图附1-4 西兰花

图附1-5 小椅子

图附1-6 大卡车

图附1-7 草地

2. 绿色总是让我们的眼睛感觉很舒服,你知道还有什么东西是绿色的?
3. 找一找小朋友身上穿的、教室里的摆设,哪些也是绿色的?
4. 原来我们生活中有很多东西都是绿色的,有个画家画了一只特别奇怪的绿颜色的苹果,我们一起来看看吧。

(1) 教师出示图附1-8,提问:这只苹果在哪里?苹果上有什么?

(一只很大很大的苹果飘起来了,苹果面嵌有一张桌子)

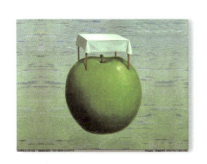 

图附1-8 "大苹果"之一　　　图附1-9 "大苹果"之二

(2) 教师出示图附1-9,提问:这幅画里,苹果在哪里?

(3) 教师出示图附1-10,提问:这只苹果在哪里?你觉得它有多大?(幼儿用动作表示)

图附1-10 "大苹果"之三　　　图附1-11 马格里特

5. 教师出示图附1-11,这些画就是这位马格里特爷爷画的,他像魔术师一样,让绿色的苹果飞到不同的地方,是不是有很有趣呢?

二、制作绿颜色的作品

1. 今天我们也来做一只会变魔术的绿苹果,看看它会飞到哪里去呢?

2. 用绿色超轻黏土做一只苹果,然后贴到底纸上,想象一下这只苹果飞到了哪里,并添画背景。

3. 教师也可提供幼儿一些贴纸,丰富画面背景。

三、欣赏和交流作品

教师展示幼儿的作品,相互欣赏,说说绿色的苹果飞到了哪里。

春如线(小班)①

活动目标

1. 初步感受画面中线条和色块的交织,感受春天美的气息。
2. 尝试运用滴色、撕贴、点画等方法表现,体验制作的快乐。

活动准备

PPT、墨汁、绿色颜料、画板、毛笔,黄色橘色红色的手工纸,长方形铅画纸、炫彩棒、固体胶。

活动过程

一、欣赏吴冠中的作品,感受画面中的点与线

1. 教师出示图附1-12:春天来了,小树发芽了,小树从泥土里钻了出来,它们在阳光的照射下长啊长啊,变成了一棵开满鲜花的大树。你们看这些树干、树枝是什么样的?粉红色的花朵长在什么地方?

图附1-12 粉红色的花

小结:这些树的树干是粗粗的、树枝是细细的,有的直、有的弯。美丽的鲜花开在树枝上。

2. 教师出示吴冠中作品《春如线》:有一个画家施展了魔法,把漂亮的树和花变成了一幅画,这幅画好看吗?请你找一找,有些什么颜色的花?

小结:春天的花真美,五颜六色的,这些花远远地看过去就像一个一个点。

3. 树枝长得什么样?(长长的,像一根根的线,下面的树枝是粗粗的,上面的树枝是细

---

① 活动方案设计:华东师范大学教育学部 林琳;上海市宝山区乾溪第二幼儿园 "欣赏+创想"美术课程课题组。

细的)

4. 让我们一起来将自己变成一棵大树吧。(请小朋友用动作模仿大树)

二、讲讲吴冠中的故事,加深幼儿对作品的理解

1. 教师出示吴冠中作品《春如线》:这幅画是著名的画家吴冠中爷爷画的。他小时候喜欢看江南的房子、小桥流水、大自然中的树,他发现水波的波纹就像一根根漂亮的线,树枝也像一根根的线,这些线条无拘无束非常自由,吴冠中爷爷用毛笔画下了很多线条。

2. 教师引导幼儿用手指随着画面中的线条一起书空,感受画面中线条的变化。

三、幼儿操作,教师巡回指导

1. 刚才这幅画有个好听的名字:春如线,我们也像吴冠中爷爷一样施展魔法用点和线来变出一幅漂亮的画。

2. 怎么施展魔法把点和线请到纸上呢? 我们邀请滴管来帮忙。

(1) 先来变出细细长长的树枝,用滴管吸一吸绿色的颜料,然后把吸管放在纸的上方,贴着纸,让它慢慢地"吐"出来。

(2) 小滴管放在纸的不同位置上滴出颜料,就会有不同的树枝变出来。

(3) 树上的鲜花越开越多。(教师边说,边将撕下的小纸片贴到树枝上)

3. 让我们一起来施展魔法变出更多更漂亮的树吧!

4. 幼儿操作,教师指导

(1) 鼓励幼儿大胆尝试滴画法,画好后作品晾干。

(2) 引导幼儿用碎纸片或是炫彩棒涂染、手指点画等方式表现花朵。

四、展示作品、欣赏交流

将幼儿的作品展示出来,出示图附 1-13,教师和幼儿一起扮演蝴蝶飞到花丛中:春天来啦,我们一起去找一找新鲜又美丽的花朵。

a. 作品 1　　b. 作品 2　　c. 作品 3　　d. 作品 4

图附 1-13　幼儿作品

魔法线条（中班）

活动目标

1. 欣赏绘本，感受绘本中线条的变化美。
2. 尝试用线条表现物体的轮廓，并用线条装饰物体。

活动准备

绘本《艺术启蒙大书：线条魔法，变变变》、PPT、记号笔、彩色底纸。

活动过程

一、绘本导入，感受绘本中的线条美

1. 教师出示玩具蜘蛛，提问：这是谁？它有什么本领？

小结：蜘蛛会吐丝，它说我会用吐出来的丝变魔术，它会变出什么来呢？我们一起去看看吧！

2. 教师出示图附1-14，提问：蜘蛛用蛛丝织出了一块布，这是一块怎样的布？（竖线和横线交织在一起，密密麻麻）

3. 教师出示图附1-15，提问：蜘蛛接着用蛛丝变出了什么？（章鱼）这是一个怎样的章鱼呢？（头部的线条是放射状的，然后由里往外一圈一圈地画线，最终呈格子状）

4. 教师出示图附1-16，提问：蜘蛛变出了更加复杂的动物，这是什么？（一匹马）这是一匹怎样的马？（马的全身都是横线和竖线，形成格子状）

图附1-14 蜘蛛网　　图附1-15 章鱼状的蛛网　　图附1-16 马匹状的蛛网

5. 蜘蛛的本领真大，用蛛丝变出了那么多东西来，这些东西有一个特点就是只有横线和竖线，每条线从头到底，不与其他的线条交汇。如果你是一只蜘蛛，你会用蛛丝变出什么东西来呢？

二、幼儿创作表现，教师指导

1. 师幼共同探讨创作的步骤：

(1) 先想好用蛛丝织什么，可以是动物，也可以是其他的东西，画出这件东西的轮廓。

(2) 然后用横线和竖线来织,不能让它断开。

2. 幼儿创作,教师巡回指导:

(1) 引导幼儿画出各种物品的轮廓。

(2) 教师提醒幼儿线条的方向以及线条之间不能交汇和断开。

三、交流与分享

教师将幼儿的作品贴在展示板上:蜘蛛魔术表演开始了,请你介绍一下蜘蛛变出了什么。

树叶上的点线面（中班）

活动目标

1. 欣赏各种树叶上的装饰画，体会自然元素本身所具有的美。
2. 尝试运用点、线、面装饰树叶，体验装饰画的乐趣。

活动准备

各种形状的树叶、丙烯颜料、水、装饰用工具（笔、棉签、红酒瓶盖等）。

活动过程

一、生活经验导入

1. 秋天来了，我们走在马路上，眼睛总会情不自禁地被地上那些五彩缤纷的落叶所吸引，你看到过哪些颜色的落叶？又是什么树的落叶？

2. 小结：我们看到红红的枫叶、黄黄的银杏、宽大的梧桐树叶……这样美好的树叶如果只留在路上被清扫，该是多么令人惋惜。所以，今天老师带来了各种形状和颜色的树叶，我们要将这大自然的美细细地品味。

二、欣赏和理解树叶装饰画

1. 教师出示图附1-17，提问：这片树叶上的圆点有什么不同？（大圆、小圆、同心圆）

2. 小结：这些树叶上只是用简单的大点和小点以及不同颜色的排列组合，就能使它变得与众不同。

图附1-17　树叶上的圆点

图附1-18　树叶上的线条

图附1-19　图案丰富的树叶

3. 教师出示图附1-18，提问：这片树叶上的线条有什么不同？（直线、曲线、波浪线、交叉线等）

4. 小结：顺着叶脉的走向，可以画出主要的线条，然后再变化出不同的线条，一片美丽的树叶便诞生了。

5. 教师出示图附 1-19,提问:这些树叶和之前的树叶有什么不同?(引导幼儿观察图案的区别)

6. 小结:一片树叶上,当我们用不同的点、线、面进行装饰时,可以变化出不同的图案来,使得树叶具有装饰美。

三、创意操作,大胆创作

1. 今天,我们也要来打扮树叶,让它变得更漂亮。

2. 先选择一片树叶,然后考虑用什么样的图案进行装饰。

3. 可以用一种颜色,也可以用不同的颜色进行装饰。

四、作品展示,交流学习

展示幼儿作品,说说树叶上都有哪些图案。

活动延伸

教师可以将材料和工具继续投放于美术区角中,让幼儿在更多的树叶上进行装饰。

菊黄蟹肥好时节(中班)①

活动目标

1. 了解中秋节吃螃蟹的民间习俗,感受菊黄蟹肥的美好时节。
2. 尝试运用超轻黏土表现螃蟹并进行装饰,感受手工制作的乐趣。

活动准备

经验准备:幼儿已了解螃蟹的基本特征,并有吃螃蟹的经验。

材料准备:课件、各色纸盘,剪刀、超轻粘土。

活动过程

一、视频导入,引起幼儿的兴趣

1. 教师播放视频:你知道这是什么动物? 你有吃过吗?
2. 教师小结:这是螃蟹,我们平时吃过的螃蟹有梭子蟹、大闸蟹、面包蟹、帝王蟹,等等。螃蟹的种类很多,世界上有大约4 700种,我国大约有800种。

二、了解中秋吃蟹的习俗和蟹的吃法,感受独特的蟹文化

1. 当中秋节来临的时候,你们吃过大闸蟹吗? 你觉得味道如何?
2. 教师出示图附1-20:中秋节吃大闸蟹的习俗由来已久,俗话说"西风响,蟹脚痒",说的就是每年立秋以后,秋风送爽,肥美的大闸蟹黄满膏肥,甘香流油的蟹黄、白嫩鲜甜的蟹肉,让大家馋得直流口水。

图附1-20 蒸熟的大闸蟹

3. 中国人喜欢吉祥的数字和词语,而"蟹"和"谢谢"的"谢"同音,正是极好的寓意。每逢佳节倍思亲,什么最能表达自己思念亲人的情谊呢,那当然是肥美的螃蟹最为合适不过了,中秋佳节,

---

① 活动方案设计:华东师范大学教育学部 林琳;上海市宝山区乾溪第二幼儿园 "欣赏+创想"美术课程课题组。

全家人团圆围桌而坐,桌上是一道道美味的家常菜和肥美的螃蟹,全家人一起品尝这样的美味,也是一件幸福的事情。

4. 中国人喜欢吃螃蟹,所以,当我们与螃蟹相遇时,便会绞尽脑汁将螃蟹变得更加美味。让我们一起来看螃蟹的72变。教师出示图附1-21:这些是什么?你吃过吗?

a. 蟹粉豆腐

b. 螃蟹年糕

c. 蟹粉狮子头

d. 蟹粉小笼

图附1-21 有关螃蟹的美食

三、欣赏齐白石的螃蟹图,感受螃蟹墨色的变化

1. 不仅我们现代人喜欢吃螃蟹,古人也喜欢吃螃蟹,像唐代的诗仙李白、北宋的大文豪苏东坡、南宋爱国诗人陆游等。

2. 教师出示齐白石作品《赛蟹图》:人们为了表达对螃蟹的喜欢,不仅写诗,还把它画了下来。我们一起来欣赏齐白石老爷爷画的螃蟹吧。

3. 这两张画里的螃蟹有什么不同?(幼儿讨论)

小结:一张画的是活的螃蟹,齐白石爷爷运用墨色的变化来表现蟹的背面和腹部,一张画的是煮熟的螃蟹,旁边有酒壶和酒杯,可以想象出来齐白石爷爷一边喝着小酒,一边慢悠悠地品蟹。

4. 据说齐白石老爷爷非常喜欢吃螃蟹,也喜欢画螃蟹。一天他与家人吃饭,忽然停下筷子,屏气凝神地盯着盘中的螃蟹,若有所思。家人问他什么原因,他才如梦初醒,一边把蟹腿指给家人看,一边眉飞色舞地说:"蟹腿扁而鼓,有棱有角,并非常人所想的滚圆,我辈画蟹,当留意。"自此之后,他笔下的蟹脚,变得更加逼真,刚劲有力,棱角分明。

四、幼儿尝试用超轻粘土制作，教师指导

1. 教师出示图附 1-22：这些螃蟹有什么相同和不同的地方？

a. 梭子蟹

b. 大闸蟹

c. 面包蟹

d. 帝王蟹

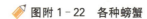

图附 1-22　各种螃蟹

小结：很多螃蟹都有两只小小的眼睛、一对大钳子和八条腿。但由于品种的不同，螃蟹的钳子、身体的形状也有所不同。

2. 今天我们要用超轻粘土来做一只威风凛凛的大螃蟹。

（1）选用自己喜欢的材料黏土颜色，先制作螃蟹的身体。

（2）再做钳子和八条腿。做钳子时可以用剪刀来帮忙在圆形上剪出一个口子。

（3）可以在螃蟹的身上以及盘子上进行装饰，让自己的螃蟹变得独一无二。

3. 幼儿操作，教师巡回指导。

（1）鼓励幼儿用不同颜色的超轻粘土表现螃蟹。

（2）提醒幼儿使用剪刀时注意安全。

（3）尝试用点、线等装饰背景。

五、展示作品，欣赏交流

1. 展示幼儿的作品，引导幼儿互相欣赏。

2. 说说自己最喜欢的螃蟹以及喜欢的理由。

幼儿作品呈现如下，出示图附 1-23：

a. 作品1　　　　　　b. 作品2　　　　　　c. 作品3　　　　　　d. 作品4

图附1-23　幼儿作品

活动建议

1. 活动之前,幼儿已了解螃蟹的基本特征,并有吃螃蟹的经验,为集体教学活动积累经验。

2. 有条件的话,教师可以买几只活的螃蟹供幼儿观察,以便幼儿了解螃蟹的基本结构与特征。

3. 活动结束后,教师可以在美术区角中投放各种材料,让幼儿尝试用不同材料多元化地表现不同的螃蟹,如图附1-24。

a. 材料1　　　　　　　　b. 材料2　　　　　　　　c. 材料3

图附1-24　多种材料展现螃蟹

各种各样的马（大班）

活动目的

1. 欣赏作品中马的不同姿态，感受不同画家笔下马的造型和色彩。
2. 尝试用肢体动作和各种材料表现马的姿态，体验不同材料的表现效果。

活动准备

音乐《赛马》、课件、蜡笔、水粉颜料、铅画纸、黑色卡纸、抹布、胶水、炫彩棒、记号笔、毛笔、墨、宣纸、洗笔筒。

活动过程

一、欣赏音乐《赛马》

1. 幼儿听音乐《赛马》。
2. 教师提问：

(1) 从音乐里你能感觉到一种什么动物？你觉得它们在做什么？

(2) 你见过马吗？是在哪里看到的？

二、欣赏马克的《蓝马》

1. 教师出示图附1-25，提问：

(1) 画面上有几匹马？它们在做什么？

(2) 你从什么地方可以感觉到马是很强壮的？

图附1-25 《蓝马》

(3) 你能模仿一下马的姿态吗？

2. 小结：我们看到画家马克笔下的蓝马，低着头，闭着眼，安详而温和，它们自由、欢快、悠闲，给人以一种健壮的感觉。马背的轮廓像起伏的山峰，仿佛和远处的山丘融为一体。

3. 从色彩上来感知和体验，教师提问：

(1) 这些马是什么颜色的？你看了后有什么感觉？

(2) 远处有什么？是什么颜色的？和前面的蓝马结合在一起,你感觉怎么样？

(3) 这些蓝马和你平时看到的马有什么不同？你喜欢这幅画吗？为什么？

小结:这幅画的色彩非常绚丽、明快,近处的三匹蓝马在远处红色的山丘、绿色的森林的衬托下,显得生机勃勃。三匹马的神情让我们看到它们在大自然中生活得非常愉快。

三、欣赏徐悲鸿的《奔马图》

1. 画家画的马是低着头,闭着眼睛,好像在休息。教师出示图附1-26,提问:那么请你想象一下,马在奔跑的时候、行走的时候或是在小河边喝水的时候,会是什么样的?

图附1-26 《奔马图》

2. 这些马是什么样的？给你什么样的感觉？

3. 小结:一匹匹马在广袤的土地上飞奔,英姿飒爽,神态各异。

它们有的腾空起飞,有的蹄下生烟,有的一往直前。这些奔马是徐悲鸿爷爷画的,人们说画马难画骨,他却画出了马的神韵。

四、欣赏郎世宁的《十骏图》

1. 教师出示图附1-27至图附1-29,提问:这些马和前面看的有什么不同？给你什么样的感觉？

2. 郎世宁是一位清代的意大利画家,他在中国作为传教士时也画了很多马,他画的马其中一

图附1-27 《十骏图》之
如意骢

图附1-28 《十骏图》之
赤花鹰

图附1-29 《十骏图》之
大宛骝

部分就是根据自己的观察、体会而创作的。他画马尤为注重马匹的解剖结构,采用短细的小线来造型,讲究马匹皮毛质感的表达,强调马匹的立体感和厚重感。

五、幼儿操作,教师巡回指导

1. 刚才我们看了画家画的各种各样的马,他们用了各种不同的工具和材料。如果让你来画一匹马,你想用什么材料呢?(幼儿讨论)

2. 幼儿操作,教师指导:

(1) 教师提示:你的马在做什么?这些马在什么地方?

(2) 鼓励幼儿尝试运用不同的材料来表现马。

六、作品展示与欣赏

1. 展示幼儿作品并作评析。

2. 教师播放音乐《赛马》,幼儿随音乐表现马的各种姿态。

我是一条快乐的鱼（大班）

活动目标

1. 了解各种不同形状鱼的特点，感受绘本中鱼的多样性。
2. 尝试表现各种拟人化的鱼，感受创意的乐趣。

活动准备

绘本《我是一条快乐的鱼》、PPT、铅画纸、炫彩棒。

活动过程

一、欣赏图画书，引导幼儿感受鱼儿不同的形状和花纹

1. 在大海里，生活着各种各样的鱼，它们长得什么样呢？请大家跟着老师到大海里去看一看。
2. 教师出示图附1-30，提问：有的很大很大，有的很小很小，你从哪里看出来的？

图附1-30　体型不一的鱼

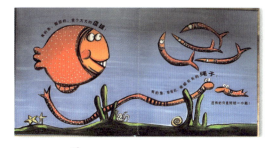

图附1-31　形态不一的鱼

3. 教师出示图附1-31，提问：有的圆圆的，像个什么？（大大的皮球）有的鱼细细的像什么？（一根长长的绳子）还有的只是短短的一小截。

4. 教师出示图附1-32，提问：这些鱼，有的打扮得像女孩，有的打扮得像男孩，你从哪里可以看出来？

图附1-32　打扮得像男孩子和女孩子的鱼

5. 教师继续讲述故事:

(1) 鱼的身上有各种不同的颜色,有哪些颜色呢?看上去像什么?

(2) 这些鱼儿有的愉快玩耍,有的经常吵架,从哪里可以看出来?

6. 大海里生活着各种不同的鱼儿,但一起生活在大海里,每天都像过节一样快乐!所以它们是一条快乐的鱼!(教师出示绘本封面)

二、讨论操作方法,说说自己想表现怎样的鱼

1. 刚才看了这么多不同的鱼,如果你也是生活在大海里的一条鱼,你想变成一条怎样的鱼呢?(幼儿讨论)

2. 教师可以从造型、颜色两方面引导幼儿画出鱼的特点:如爱打扮的鱼,可以添加漂亮的衣服;爱思考的鱼,可以架一副眼镜等。

三、幼儿操作,教师巡回指导

1. 引导幼儿根据自己的想法画出拟人化的鱼。

2. 引导幼儿进行想象,画出与同伴不一样的鱼。

四、展示作品,欣赏交流

1. 教师将幼儿的作品贴在展示板上,相互欣赏。

2. 教师引导幼儿说说作品中各不相同的鱼。

树叶变变变（大班）①

活动目标

1. 观察各种树叶的形状，并对树叶进行想象添画。
2. 尝试在 KT 板上进行刻画并印成版画，激发幼儿对版画的兴趣。

活动准备

经验准备：幼儿已有制作版画的经验，初步了解绘本的内容。

材料准备：绘本《风中的树叶》、PPT、塑封的树叶、铅笔若干、铅画纸、KT 板、油墨、滚筒。

活动过程

一、欣赏绘本，引起幼儿兴趣

教师播放绘本《风中的树叶》课件，出示图附 1-33：在一根柳树枝上，长着十片各不相同的柳叶。秋天来了，秋风一吹，树叶纷纷离开了柳树枝头，它们飘到了哪里？变成了什么？

二、师幼共同梳理柳树叶的不同命运

1. 教师和幼儿一起完成表格：风中的树叶飘落的地点以及变成了什么（教师请幼儿上台用表征的方式表现）。

2. 原来飘落的柳树叶可以有这么多用处，其中第 1、4、5、6、8 片树叶变成了小船、描画成三条鱼以及小船的风帆。你们有没有发现一个小秘密，变成的东西和柳树叶之间有什么关系呢？

小结：变成的这几样东西与柳树叶的形状很相似。

图附 1-33 《风中的树叶》

三、师幼共同讨论版画制作过程

1. 我们收集了各种不同形状的树叶，你想把它变成什么呢（幼儿讨论）？

2. 今天我们用版画的形式来进行树叶变变变（教师讲解制作步骤）。

步骤一：先选择一片你喜欢的树叶，把它放在 KT 板的任何一个位置上，想一想，你想把它变成什么，然后一手按住树叶，一手用铅笔沿着树叶的轮廓画下来，并添画其他内容，使它成为一幅完整的画。画完之后，再用铅笔把每条线都加深、加粗，用手摸上去有凹凸不平的感觉。

步骤二：用滚筒在油墨上反复滚动，使油墨均匀地布满滚筒。

步骤三：用沾满油墨的滚筒在 KT 板上用力滚动，尽可能使整张 KT 板都能沾满油墨（遇到操作有困难的幼儿，教师可适当帮助）。

---

① 活动方案设计：普陀区大风车幼儿园　虞丽娜。

步骤四:在油墨未干之前,把铅画纸覆盖在KT板上,并用手掌用力抚平。

步骤五:揭开铅画纸,完成版画的制作。如遇铅画纸上的油墨不均匀,还可重复前面步骤。

四、幼儿创作,教师巡回指导

1. 鼓励幼儿选择形状不同的树叶印画并合理布局。
2. 启发幼儿根据树叶形状,大胆想象添画。
3. 提示幼儿把线条刻深、刻粗,帮助有困难幼儿完成印制过程。
4. 鼓励幼儿尝试用二至三种油墨进行印刷。

五、展示作品,互相交流

展示幼儿的作品,交流各自的作品中把树叶变成了什么。

幼儿作品呈现如下,如图附 1-34 至图附 1-38:

作品1:树叶变成了左边小朋友的头,添画上身体和手,就变成了树叶宝宝。树叶还变成了右边小朋友的身体,添画上四肢和头就变成了一个可爱的小女孩。

图附 1-34 作品 1

作品2:树叶变成了小金鱼漂亮的尾巴,再添上身体和眼睛就变成了在水里游的金鱼,树叶还变成了细细的水草。

图附 1-35 作品 2

作品3:树叶变成了一棵棵大树,每一棵树都是由不同的树叶变出来的,添画上小朋友、太阳、云朵,就成了一幅"去郊游"的图画。

图附 1-36 作品 3

图附 1-37　作品 4

作品 4：飞机的机身是由不同形状的树叶变成的，添画上机翼、飞行员、云朵，就变成了翱翔在空中的飞机。

图附 1-38　作品 5

作品 5：树叶变成了小乌龟的头、身体和四肢，再添上背上的乌龟壳，一只神气的小乌龟就出现在我们的眼前了，不过这只乌龟可是从上往下看的哦！

活动建议

1. 活动之前幼儿已有制作版画的经验，了解版画的制作过程。

2. 活动之前教师将绘本放在图书角中供幼儿阅读，让他们初步了解故事内容，为集体教学活动做好准备。

3. 幼儿用树叶进行借形想象时，教师要引导幼儿根据树叶的形状，将其想象成不同的物品。有能力的幼儿可以在一张作品中呈现几片不同形状树叶的想象。

参考文献

一、中文部分

1. [美]鲁道夫·阿恩海姆.艺术与视知觉——视觉艺术心理学[M].滕守尧,朱疆源,译.北京:中国社会科学出版社,1984.
2. [美]鲁道夫·阿恩海姆.视觉思维[M].滕守尧,译.北京:光明日报出版社,1987.
3. [美]鲁道夫·阿恩海姆.对美术教学的意见[M].郭小平,翟灿,熊蕾,译.长沙:湖南美术出版社,1993.
4. [英]赫伯·里德.通过艺术的教育[M].吕廷和,译.长沙:湖南美术出版社,1993.
5. [美]罗恩菲德.创造与心智的成长[M].王德育,译.长沙:湖南美术出版社,1993.
6. [美]罗恩菲德.儿童美术与成长[M].李睿明,译.台北:世界文物出版社,1991.
7. [美]艾斯纳.儿童知觉的发展与美术教育[M].陈武镇,译.台北:世界文物出版社,1990.
8. [美]H·加登纳.艺术与人的发展[M].兰金仁,译.北京:光明日报出版社,1988.
9. [美]H·加登纳.艺术涂抹——论儿童绘画的意义[M].兰金仁,高金利,译.北京:中国商业出版社,1994.
10. [美]鲁斯·斯特劳斯·盖纳,伊莱恩·皮尔·科汉.美术,另一种学习的语言[M].尹少淳,译.长沙:湖南美术出版社,1992.
11. [德]玛克斯·德索.美学与艺术理论[M].兰金仁,译.北京:中国社会科学出版社,1987.
12. 姚全兴.审美教育的历程[M].上海:上海社会科学出版社,1992.
13. 周帆.艺术的教育功用[M].贵阳:贵州人民出版社,1993.
14. 尹少淳.美术及其教育[M].长沙:湖南美术出版社,1995.
15. [日]霜田静志.儿童画的心理与教育[M].蔡金柱,等,译.台北:世界文物出版社,1993.
16. 朱家雄.儿童绘画心理与绘画指导[M].上海:上海教育出版社,1991.
17. 张奇.儿童审美心理发展与教育[M].北京:北京师范大学出版社,2000.
18. 楼必生,屠美如.学前儿童综合艺术教育研究[M].北京:北京师范大学出版社,1997.
19. 屠美如.儿童美术欣赏教育研究[M].北京:教育科学出版社,2001.
20. 滕守尧.审美心理描述[M].成都:四川人民出版社,1998.
21. 王大根.美术教学论[M].上海:华东师范大学出版社,2000.
22. 崔光宙.美感判断法则研究[M].台北:师大书苑有限公司,1992.
23. [英]瓦伦汀.实验审美心理学(绘画篇)[M].潘智彪,译.台北:商鼎文化出版社,1991.
24. 常锐伦.美术学科教育学[M].北京:首都师范大学出版社,2000.
25. [德]席勒.美育书简(第26封信)[M]//古典文艺理论译丛编辑委员会.古典文艺理论译丛(五).北

京:人民文学出版社,1963.
26. [英]J. G. 弗雷泽. 金枝——巫术与宗教之研究[M]. 汪培基,徐育新,张泽石,译. 北京:商务印书馆,2012.
27. [美]苏珊·朗格. 艺术问题[M]. 滕守尧,朱疆源,译. 北京:中国社会科学出版社,1983.
28. [俄]普列汉诺夫. 论艺术(没有地址的信)[M]. 曹葆华,译. 上海:生活·读书·新知三联书店,1964.
29. [俄]普列汉诺夫. 没有地址的信 艺术与社会生活[M]. 曹葆华,丰陈宝,杨民望,译. 北京:人民文学出版社,1962.
30. [英]瓦尔特·赫斯. 欧洲现代画派画论选[M]. 宗白华,译. 北京:人民美术出版社,1980.
31. 王宏建、袁宝林. 美术概论[M]. 北京:高等教育出版社,1994.
32. 马奇. 西方美学史资料选编(下卷)[M]. 上海:上海人民出版社,1987.
33. [英]李斯托威尔. 近代美术史评述[M]. 蒋孔阳,译. 上海:上海译文出版社,1980.
34. 赵吉惠. 中国传统文化导论(修订版)[M]. 西安:陕西人民教育出版社,1994.
35. 彭吉象. 艺术学概论[M]. 北京:北京大学出版社,1994.
36. [德]罗泽·弗莱克-班格尔特. 孩子的话告诉我们什么——儿童画与儿童心理解读[M]. 程巍,许玉梅,译. 北京:北京师范大学出版社,2010.
37. 朱家雄. 幼儿园教育活动设计与实施[M]. 北京:高等教育出版社,2008.
38. 边霞. 幼儿园美术教育与活动设计[M]. 北京:高等教育出版社,2009.
39. 滕守尧. 儿童艺术教育的理论与实践研究[M]. 南京:南京师范大学出版社,2010.
40. 李慰宜,林建华. 幼儿园绘画教学手册[M]. 上海:华东师范大学出版社,2009.
41. [德]Wolfgang Grozinger. 儿童涂鸦·线画·彩画[M]. 王玉,梁波,译. 台北:世界文物出版社,1996.
42. 范琼方. 幼儿绘画心理分析与辅导[M]. 台北:心理出版社,1996.

二、外文部分

1. Brittain W L. *Creative, Art and the Young Child* [M]. New York: Macmillan Publishing Co., 1979.

2. Chapman L H. *Approaches to Art in Education* [M]. New York: Harcourt Brace Jovanovich, 1978.

3. Hargreaves D J, Gardner H, Perkins D. Art, Mind, and Education: Research from Project Zero [J]. The Journal of Aesthetic Education, 1993, 26(1): 112.

4. Golomb C. *The Child's Creation of a Pictorial World* [M]. California: University of California Press, 1992.

5. Goodnow J. *Children Drawing* [M]. Cambridge: Harvard University Press, 1977.

6. Kellogg R. Analyzing Children's Art [J]. Leonardo, 1969, 4(1): 84.

7. Langer S K. *Feeling and Form: a Theory of Art Developed from Philosophy in a New Key* [M]. New York: Charles Scribner's sons, 1953.

8. Szekely G. *From Play to Art* [M]. Portsmouth: Heinemann Educational Books, 1991.

9. Fineberg J D. *The Innocent Eye: Children's Art and The Modern Artist* [M]. Princeton: Princeton University Press, 1997.
10. Malchiodi C A. *Understanding Children's Drawings* [M]. New York: Guilford Press, 1998.

后记

随着《幼儿园教育指导纲要(试行)》的颁布,为了适应我国学前儿童美术教育改革和发展的需要,我们对原有的《学前儿童美术教育与活动指导(第3版)》再次进行了修订。

在修订中,本书力求反映当前幼儿美术教育改革的进展情况,从总体上把握学前儿童美术领域的发展,力图充分阐明儿童美术发展的多元性和时代性。同时,注重理论的概括,并与实践相结合。当前世界正处在一个飞速发展的时期,互联网、大数据、人工智能等对儿童美术教育提出了新的挑战。为了充分发挥美术教育教学的铸魂育人功能,我们需要不断创新美术教育教学的方式方法。党的二十大报告指出,全面贯彻党的教育方针,落实立德树人根本任务,培养德智体美劳全面发展的社会主义建设者和接班人。儿童美术教育是审美教育的一部分,是丰富儿童想象力和培养创新意识的教育,通过美术教育,儿童可以提升审美素养、陶冶情操、温润心灵,激发创新创造活力。同时,在美术教育中,要坚守中华优秀传统,挖掘和利用优秀的传统资源,培养下一代对中华传统文化的情感认同,帮助儿童树立了解传统、热爱传统的文化自信,体验中华传统文化的独特魅力。本书在介绍儿童美术教育理论的同时,更强调理论的实际价值,如对儿童美术发展的阶段与特征的相关理论进行了梳理,结合我们的研究提出了儿童绘画、手工制作、美术欣赏能力发展的阶段及特点,为一线教师结合幼儿美术发展的水平进行各种类型美术活动的指导提供了可供借鉴的理论和方法。此外,结合当前美术教育实际,考虑到不同地区美术教育发展的实际情况,对美术教育从高结构的单一学科的美术教育到低结构的区角活动的美术教育进行了比较,并结合实践分析了如何将美术教育与其他领域教育进行整合。同时,通过来自一线教师实际教学经验的总结,结合案例的分析,帮助读者更加透彻地理解所学内容,掌握实施美术教育的操作技巧,从而有利于读者日后将实践技能迁移至实际的教学之中。

此外,本书还提供了适量的图片,形象、直观地再现了不同年龄阶段幼儿美术的发展水平和表现特点。

本书由林琳主持修订,全书共十章。其中,第一章的第一节由周雅屏撰写,第一章的第二节、第二章、第四章、第五章由朱家雄撰写,第一章的第三节、第三章、第六章至第十章由林琳撰写。

　　本书若有不妥或错误之处,敬请读者批评指正。

林　琳

2023 年 6 月